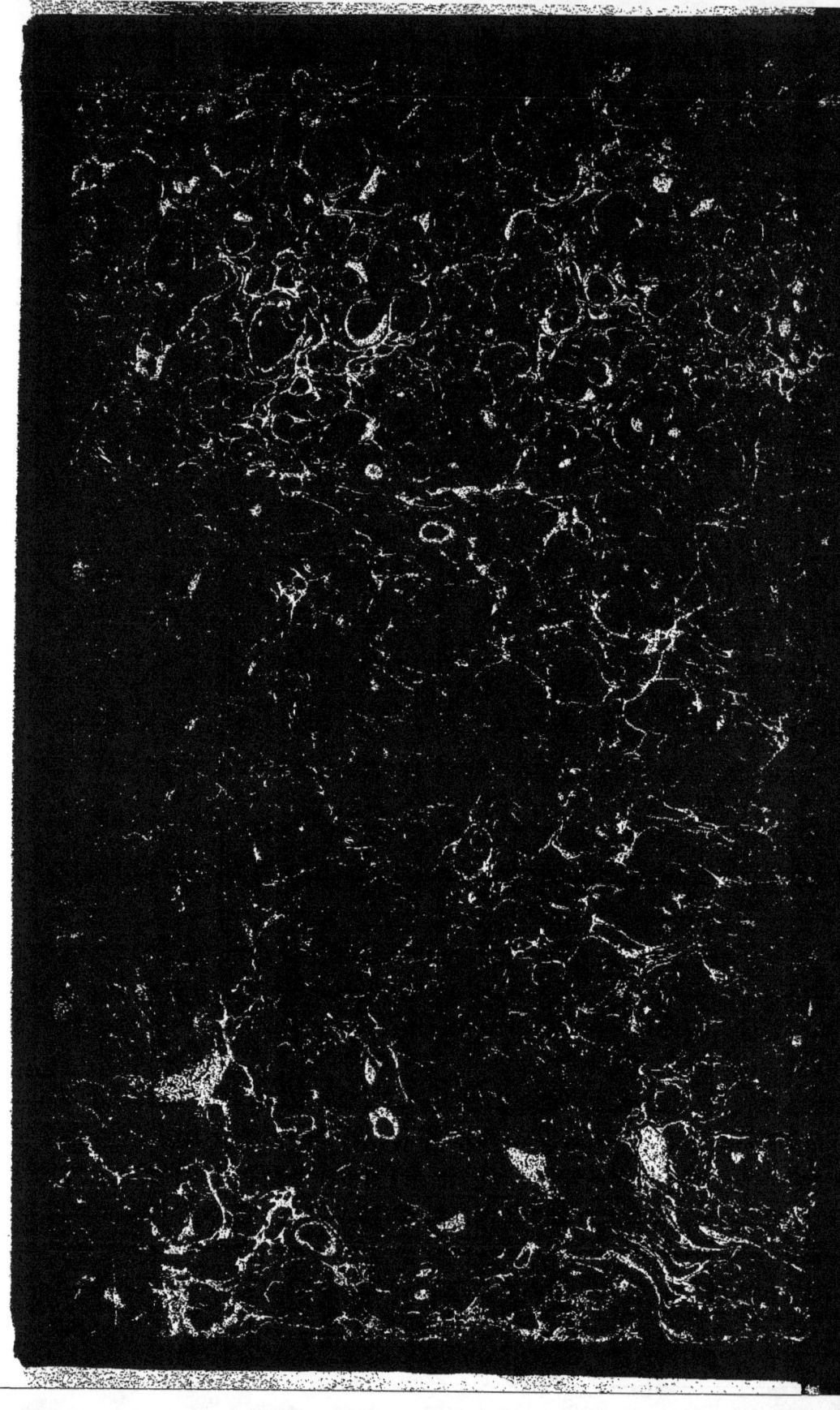

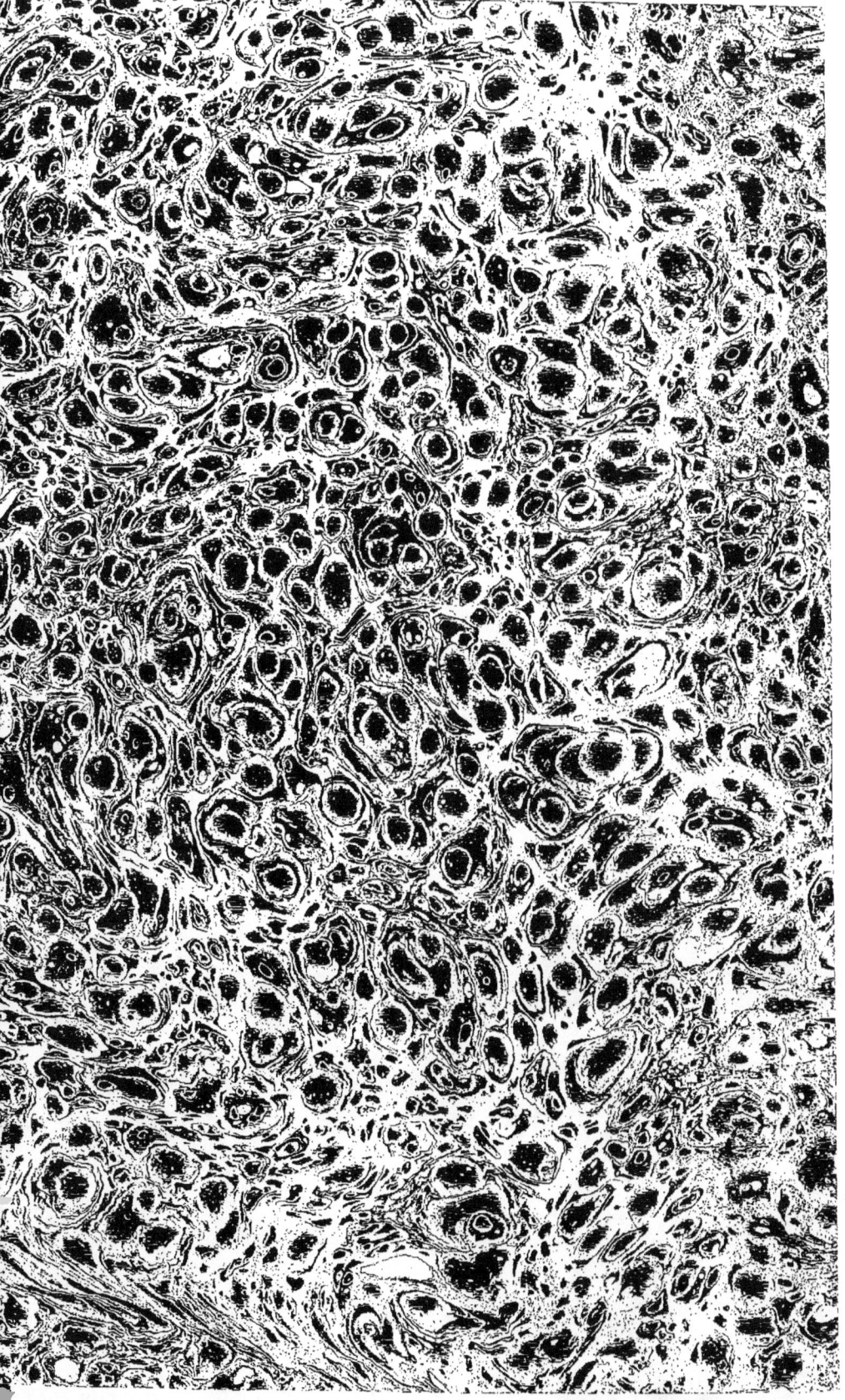

1291. 9ter
H.

VOYAGE

AUX RÉGIONS ÉQUINOXIALES

DU

NOUVEAU CONTINENT.

DE L'IMPRIMERIE DE J. SMITH.

VOYAGE

AUX RÉGIONS ÉQUINOXIALES

DU

NOUVEAU CONTINENT,

FAIT EN 1799, 1800, 1801, 1802, 1803 ET 1804,

PAR AL. DE HUMBOLDT ET A. BONPLAND,

RÉDIGÉ

PAR ALEXANDRE DE HUMBOLDT;

AVEC UN ATLAS GÉOGRAPHIQUE ET PHYSIQUE.

TOME SECOND.

A PARIS,

A LA LIBRAIRIE GRECQUE - LATINE - ALLEMANDE, RUE DES
FOSSÉS-MONTMARTRE, N.º 14.

1816.

VOYAGE

AUX RÉGIONS ÉQUINOXIALES

DU

NOUVEAU CONTINENT.

SUITE DU PREMIER LIVRE.

CHAPITRE III.

Traversée de Ténériffe aux côtes de l'Amérique méridionale. — Reconnoissance de l'île de Tabago. — Arrivée à Cumana.

Nous quittâmes la rade de Sainte-Croix le 25 juin au soir, et nous dirigeâmes notre route vers l'Amérique méridionale. Il ventoit grand frais du nord-est, et la mer offroit de petites lames courtes et serrées, à cause de l'opposition des courans. Nous perdîmes bientôt de vue les îles Canaries dont les montagnes élevées étoient couvertes d'une vapeur roussâtre. Le Pic seul paroissoit de temps en temps dans des éclaircies, sans doute parce que le vent qui régnoit dans les hautes régions de l'air, dispersoit par intervalles les nuages qui enveloppoient le Piton. Nous éprouvâmes, pour la première fois, combien sont vives les impressions que laisse l'aspect de ces terres qui se trouvent placées aux limites de la zone torride, et dans lesquelles la nature se montre à la fois si riche, si imposante et si merveilleuse. Notre séjour à Ténériffe avoit été de courte durée, et cependant nous nous séparâmes de cette île comme si nous l'avions habitée pendant long-temps.

Notre traversée de Sainte-Croix à Cumana, port le plus oriental de la Terre-Ferme, fut des plus belles. Nous coupâmes le tropique du Cancer le 27; et, quoique le *Pizarro* ne fût pas un vaisseau très-bon voilier, nous parcourûmes, en vingt jours, l'espace de neuf cents lieues, qui sépare les côtes d'Afrique de celles du nouveau continent. Nous passâmes à cinquante lieues à l'ouest du cap Bojador, du cap Blanc et des îles du cap Vert. Quelques oiseaux de terre, que l'impétuosité du vent avoit poussés au large, nous suivirent pendant plusieurs jours. Si nous n'avions pas connu exactement, par les montres marines, notre point en longitude, nous aurions été tentés de croire que nous étions très-près des côtes d'Afrique.

Notre route étoit celle que suivent tous les bâtimens destinés aux Antilles, depuis le premier voyage de Colomb. On diminue rapidement en latitude, presque sans gagner en longitude, depuis le parallèle de Madère jusqu'au tropique : parvenu à la zone où les vents alisés sont constans, on parcourt l'Océan de l'est à l'ouest, sur une mer calme et paisible que les navigateurs espagnols appellent le Golfe des Dames, *el Golfo de las Damas*. Nous éprouvâmes, comme tous ceux qui ont fréquenté ces parages, qu'à mesure que l'on avance vers l'occident, les vents alisés, qui étoient d'abord est-nord-est, se fixent à l'est.

Ces vents, dont la théorie la plus généralement adoptée se trouve exposée dans un mémoire célèbre de Hadley [1], sont un phéno-

---

[1] L'existence d'un courant d'air supérieur qui porte constamment de l'équateur aux pôles, et d'un courant inférieur qui porte des pôles à l'équateur, avoit déjà été reconnue, comme l'a fait voir M. Arago, par Hooke. Les idées du célèbre physicien anglois sont

mène beaucoup plus compliqué¹ que ne le pensent un grand nombre de physiciens. Dans l'Océan Atlantique, la position en longitude influe, comme la déclinaison du soleil, sur la direction et sur les limites des vents alisés. Du côté du nouveau continent, dans l'un et l'autre hémisphère, ces limites dépassent le tropique de 8 à 9 degrés; tandis que, dans le voisinage de l'Afrique, les vents variables règnent bien au delà du parallèle des 28 ou 27 degrés. Il est à regretter, pour les progrès de la météorologie et de la navigation, que les changemens qu'éprouvent les courans de l'atmosphère équinoxiale dans la mer Pacifique, soient

développées dans un discours sur les tremblemens de terre, rédigé en 1686. « Je crois, ajoute-t-il, que plusieurs phénomènes que présentent l'atmosphère et l'Océan, surtout les vents, peuvent s'expliquer par des courans polaires. » (*Hooke's Posthumous Works*, p. 364.) Ce passage curieux n'est pas cité par Hadley (*Phil. Trans.*, Vol. XXXIX, p. 58); d'un autre côté, Hooke, en parlant directement des vents alisés (*Post. Works*, p. 88 et 363), adopte la théorie erronée de Galilée qui admet une différence de vitesse entre le mouvement de la terre et celui de l'air.

[1] *Mém. de l'Acad.*, 1760, p. 18. *D'Alembert, sur les causes générales des vents*, p. 5.

beaucoup moins connus que les variations qu'offrent ces mêmes courans dans un bassin de mer plus étroit et influencé par la proximité des côtes de la Guinée et du Brésil. Les navigateurs savent, depuis des siècles, que, dans l'Océan Atlantique, l'équateur ne coïncide pas avec la ligne qui sépare les vents alisés du nord-est des vents généraux du sud-est. Cette ligne, comme Halley[1] l'a très-bien observé, se trouve par les 3 ou 4 degrés de latitude nord; et si sa position est l'effet d'un plus long séjour du soleil dans l'hémisphère boréal, elle tend à prouver que les températures des deux hémisphères[2] sont dans le rapport de 11 à 9. Nous verrons dans la suite de cet ouvrage, en traitant de la partie de l'atmosphère qui s'étend sur la mer du Sud, qu'à l'ouest de l'Amérique, les vents alisés du sud-est dé-

---

[1] *Phil. Trans.*, Vol. XVI, p. 154. *Ulloa, Conversaciones*, p. 118.

[2] Prevost, sur les limites des vents alisés. *Journ. de Phys.*, Tom. XXXVIII, p. 369. En supposant, avec Æpinus, que l'hémisphère austral n'est que de $\frac{1}{14}$ plus froid que l'hémisphère boréal, le calcul donne, pour la limite boréale des vents alisés E. S. E., le parallèle de 1° 28′.

passent moins l'équateur qu'ils ne le font dans l'Océan Atlantique. En effet, la différence avec laquelle les couches d'air refluent des deux pôles vers l'équateur ne peut pas être la même par tous les degrés de longitude, c'est-à-dire sur des points du globe où les continens ont des largeurs très-différentes et où ils se prolongent plus ou moins vers les pôles.

Il est connu que, dans la traversée de Sainte-Croix à Cumana, comme dans celle d'Acapulco aux îles Philippines, les matelots n'ont presque pas besoin de toucher aux voiles. On navigue dans ces parages comme si l'on descendoit une rivière, et l'on peut croire que ce ne seroit pas une entreprise hasardeuse de faire le voyage dans une chaloupe non pontée. Plus à l'ouest, sur les côtes de Sainte-Marthe et dans le golfe du Mexique, la brise souffle avec impétuosité et rend la mer très-houleuse [1].

---

[1] Les marins espagnols désignent les vents alisés, très-frais, à Carthagène des Indes, par le nom de *los brisotes de Santa Martha*, et, dans le golfe du Mexique, par la dénomination de *las brizas pardas*. Ces derniers vents sont accompagnés d'un ciel gris et nuageux.

A mesure que nous nous éloignâmes des côtes d'Afrique, le vent mollit de plus en plus : il calmoit souvent pendant plusieurs heures, et ces petits calmes étoient régulièrement interrompus par des phénomènes électriques. Des nuages noirs, épais et à contours prononcés, se formoient du côté de l'est; on auroit dit qu'un grain de vent alloit forcer de serrer et d'amener les huniers, mais bientôt la brise fraîchissoit de nouveau : il tomboit quelques grosses gouttes de pluie, et l'orage se dissipoit sans qu'on eût entendu le tonnerre. Il étoit curieux d'observer, pendant ce temps, l'effet de quelques nuages noirs, isolés et très-bas qui traversoient le zénith. On sentoit augmenter ou diminuer progressivement la force du vent, selon que de petits amas de vapeurs vésiculaires approchoient ou s'éloignoient, sans que les électromètres, munis d'une longue tige de métal et d'une mèche enflammée, indiquassent un changement de tension électrique dans les couches inférieures de l'air. C'est à la faveur de ces petits grains, qui alternent avec des calmes plats, que l'on passe, aux mois de juin et de juillet, des îles Canaries aux Antilles ou aux côtes de l'Amérique méridionale. Dans la zone torride, les phénomènes météorologiques se suivent d'une manière extrêmement uniforme, et l'année 1803 sera long-temps mémorable dans les annales de la navigation, parce que plusieurs vaisseaux venant de Cadix à Caracas ont été forcés de se tenir en panne par les 14° de latitude et les 48° de longitude, à cause d'un vent très-fort qui souffla pendant plusieurs jours du nord-nord-ouest. Quelle interruption extraordinaire ne faut-il pas supposer dans le jeu des courans aériens, pour expliquer un vent de remous, qui sans doute aura troublé en même temps la régularité des oscillations horaires du baromètre!

Quelques navigateurs espagnols ont proposé récemment, pour aller aux Antilles et aux côtes de la Terre-Ferme, une route différente de celle qui avoit été frayée par Christophe Colomb. Ils conseillent de ne pas gouverner directement au sud pour chercher les vents alisés, mais de changer de longitude et de latitude à la fois, sur une ligne diagonale, depuis le cap Saint-Vincent jusqu'en Amérique. Cette méthode, d'après laquelle on raccourcit son chemin, en coupant le tropique, à peu près 20 degrés à l'ouest du point où le coupent ordinairement les pilotes, a été suivie plusieurs fois avec succès par l'amiral Gravina. Ce marin expérimenté, qui a trouvé une mort glorieuse à la bataille de Trafalgar, arriva en 1807 à Saint-Domingue, par la route oblique, plusieurs jours avant la flotte françoise, quoique des ordres de la cour de Madrid l'eussent forcé d'entrer avec son escadre dans le port du Férol, et de s'y arrêter quelque temps.

Le nouveau système de navigation abrège à peu près d'un vingtième la route de Cadix à Cumana : mais comme on ne parvient au tropique que par les 40° de longitude, on a la chance de lutter plus long-temps contre les vents variables qui soufflent tantôt du sud, tantôt du sud-ouest. Dans l'ancien système, le désavantage de faire un chemin plus long est compensé par la certitude de trouver plus tôt les vents alisés, et d'en jouir pendant une plus grande partie de la traversée. Lors de mon séjour dans les colonies espagnoles, j'ai vu arriver plusieurs bâtimens marchands que la crainte des corsaires avait déterminés à choisir la route oblique, et dont la traversée avoit été extrêmement courte ; ce ne sera qu'après des expériences réitérées que l'on pourra prononcer avec certitude sur un objet pour le moins aussi important que le choix du méridien, par lequel on doit couper l'équateur dans la navigation d'Europe à Buenos-Ayres ou au cap de Horn.

Rien n'égale la beauté et la douceur du climat dans la région équinoxiale de l'Océan. Tandis que le vent alisé souffloit avec force, le thermomètre se soutenoit le jour à 23 et 24 degrés, et la nuit entre 22 et 22,5 degrés. Pour bien sentir tout le charme de ces heureux climats voisins de l'équateur, il faut avoir fait, dans une saison très-rude, la navigation d'Acapulco ou des côtes du Chili en Europe. Quel contraste entre les mers orageuses des latitudes boréales et ces régions où le calme de la nature n'est jamais troublé ! Si le retour du Mexique ou de l'Amérique méridionale aux côtes de l'Espagne étoit aussi prompt et aussi agréable que la traversée de l'ancien au nouveau continent, le nombre des Européens établis dans les colonies seroit bien moins considérable que nous ne le voyons aujourd'hui.

La mer, qui entoure les îles Açores et les Bermudes, et qu'on traverse, en revenant en Europe par de hautes latitudes, est désignée, par les Espagnols, sous la dénomination bizarre de *Golfo de las Yeguas*[1]. Des colons qui n'ont pas l'habitude de la mer, et qui ont vécu long-temps isolés dans les forêts de la Guiane, dans les savanes de Caracas ou sur les Cordillères du Pérou, redoutent le voisinage des Bermudes plus que les habitans de Lima ne craignent aujourd'hui le passage du cap de Horn. Ils s'exagèrent le danger d'une navigation qui n'est périlleuse que pendant l'hiver. Ils remettent d'une année à l'autre l'exécution d'un projet qui leur semble hasardeux, et la mort les surprend le plus souvent au milieu des préparatifs qu'ils font pour leur retour.

Au nord des îles du cap Vert, nous rencontrâmes de gros paquets de goëmons ou varechs flottans. C'étoit le raisin du tropique, Fucus natans, qui ne végète sur des rochers sous-marins que depuis l'équateur jusqu'au 40° de latitude australe et boréale. Ces algues semblent indiquer ici, comme au sud-ouest

---

[1] *Golfe des Jumens.*

du banc de Terre-Neuve, la présence des courans. Il ne faut pas confondre les parages abondans en goêmons épars, avec ces bancs de plantes marines que Colomb compare à de vastes prairies et dont la présence effrayoit l'équipage de la Santa-Maria par les 42° de longitude. Je me suis assuré, en comparant un grand nombre de journaux, que dans le bassin de l'Océan Atlantique septentrional il existe deux bancs d'algues très-différens l'un de l'autre. Le plus étendu[1] se trouve un peu à l'ouest du méridien de Fayal, une des îles Açores, entre les 25 et 36 degrés de lati-

---

[1] Il paroît que des bâtimens phéniciens sont venus « en trente jours de navigation et poussés par le vent d'est » jusqu'à la *mer herbeuse* que les Portugais et les Espagnols appellent *Mar de Zargasso*. J'ai fait voir dans un autre endroit que le passage d'Aristote, *de Mirabil.*, *ed. Duval*, p. 1157, ne peut guère s'appliquer aux côtes d'Afrique, comme un passage analogue du Périple de Seylax. *Tableaux de la Nat.*, Tom. I, p. 98. En supposant que cette mer, remplie d'herbes, qui ralentissoit la marche des vaisseaux phéniciens, étoit le *Mar de Zargasso*, on n'a pas besoin d'admettre que les anciens aient traversé l'Atlantique au delà des 30 degrés de longitude occidentale du méridien de Paris.

tude. La température de l'Océan, dans ces parages, est de 16 à 20 degrés, et les vents du nord-ouest qui y soufflent quelquefois impétueusement poussent des îles flottantes de varech, dans de basses latitudes jusqu'aux parallèles de 24 et même de 20 degrés. Les bâtimens qui retournent en Europe, soit de Montevideo, soit du cap de Bonne-Espérance, traversent ce banc de fucus que les pilotes espagnols regardent comme également éloigné des Petites-Antilles et des îles Canaries : il sert aux moins instruits à rectifier leur longitude. Le second banc de fucus est peu connu ; il occupe un espace beaucoup moins grand par les 22 et 26 degrés de latitude, 80 lieues marines à l'ouest du méridien des îles Bahames. On le rencontre en allant des Caïques aux Bermudes.

Quoique l'on ait observé des espèces de varech [1] dont les tiges ont près de 800 pieds de long, et que ces cryptogames pélagiques prennent un accroissement très-rapide, il n'en est pas moins certain que, dans les

---

[1] Le baudreux des îles Malouines ; Fucus giganteus, Forster ou Laminaria pyrifera, Lamour.

parages que nous venons de décrire, les fucus, loin d'être attachés au fond, flottent en paquets détachés à la surface des eaux. Dans cet état, la végétation ne peut guère continuer plus long-temps qu'elle ne le feroit dans une branche d'arbre séparée de son tronc; et, pour expliquer comment des masses mobiles peuvent se trouver depuis des siècles dans les mêmes lieux, il faut admettre qu'elles doivent leur origine à des rochers soumarins qui, placés à quarante ou soixante brasses de profondeur, suppléent sans cesse à ce qui est emporté par le courant équinoxial. Ce courant entraîne le raisin du tropique dans les hautes latitudes, vers les côtes de la Norwège et de la France, et ce n'est pas, comme le pensent quelques marins, le *Gulf-Stream* qui accumule les fucus au sud des Açores[1]. Il seroit à désirer que les navigateurs sondassent plus fréquemment dans ces parages couverts d'herbes; car on assure que des pilotes hollandois ont trouvé une série de bas-fonds depuis le banc de Terre-Neuve

[1] *Barrow, Voyage à la Cochinchine*, Tom. I, p. 93.

jusqu'aux côtes d'Écosse, en employant des lignes composées de fils de soie [1].

Quant aux causes qui peuvent arracher les algues à des profondeurs où l'on croit généralement la mer peu agitée, elles ne sont pas suffisamment connues. Nous savons seulement, par les belles observations de M. Lamouroux, que si les fucus adhèrent aux rochers avec la plus grande force avant le développement de leur fructification, on les enlève au contraire avec beaucoup de facilité après cette époque, ou pendant la saison qui suspend leur végétation comme celle des plantes terrestres. Les poissons et les mollusques qui rongent les tiges des goêmons contribuent sans doute aussi à les séparer de leurs racines.

Depuis les vingt-deux degrés de latitude, nous trouvâmes la surface de la mer couverte de poissons volans [2]; ils s'élançoient dans l'air à douze, quinze et même dix-huit pieds de hauteur, et retomboient sur le tillac. Je ne crains point de revenir sur un objet dont les

[1] *Fleurieu, Voyage de l'Isis*, Tom. I, p. 524. (*La Billardière, Voyage*, Tom. I, p. 331.)
[2] **Exocœtus volitans.**

voyageurs font aussi souvent mention que des dauphins, des requins, du mal de mer et de la phosphorescence de l'Océan. Il n'y a aucun de ces objets qui ne puisse offrir encore pendant long-temps aux physiciens des observations intéressantes, pourvu qu'ils en fassent une étude particulière. La nature est une source inépuisable de recherches; et, à mesure que le domaine des sciences s'étend, elle présente, à ceux qui savent l'interroger, des faces sous lesquelles on ne l'avoit point encore examinée.

J'ai nommé les poissons volans pour fixer l'attention des naturalistes sur l'énorme grandeur de leur vessie natatoire qui, dans un individu de 6,4 pouces, a déjà 3,6 pouces de long et 0,9 de large, et renferme $3\frac{1}{2}$ pouces cubes d'air. Comme cette vessie occupe plus de la moitié du volume de l'animal, il est probable qu'elle contribue à lui donner de la légèreté. On pourroit dire que ce réservoir d'air lui sert plus pour voler que pour nager; car les expériences [2] que nous avons

---

[1] *Recherches sur la respiration des poissons et sur la vessie aérienne*, dans les *Mém. de la Société d'Arcueil*, Tom. II, p. 359.

faites, M. Provenzal et moi, ont prouvé que, même pour les espèces qui sont pourvues de cet organe, il n'est pas indispensablement nécessaire aux mouvemens d'ascension vers la surface de l'eau. Dans un jeune Exocet de 5,8 pouces de long, chacune des nageoires pectorales qui servent d'ailes offroit déjà à l'air une surface de $3\frac{7}{10}$ pouces carrés. Nous avons reconnu que les neuf cordons de nerfs qui vont aux douze rayons de ces nageoires, sont presque trois fois plus gros que les nerfs qui appartiennent aux nageoires ventrales. Lorsqu'on excite, par l'électricité galvanique, les premiers de ces nerfs, les rayons qui soutiennent la membrane de la nageoire pectorale s'écartent avec une force quintuple de celle avec laquelle les autres nageoires se meuvent lorsqu'on les galvanise par les mêmes métaux. Aussi le poisson est-il capable de s'élancer horizontalement, à vingt pieds de distance, avant de toucher de nouveau la surface de la mer avec l'extrémité de ses nageoires. On a très-bien comparé ce mouvement à celui d'une pierre plate qui bondit par ricochet à un ou deux pieds de hauteur au-dessus des vagues. Malgré l'extrême rapidité de ce mouvement, on peut se convaincre que l'animal bat l'air pendant le saut, c'est-à-dire qu'il étend et qu'il ferme alternativement les nageoires pectorales. Le même mouvement[1] a été observé dans la Scorpène volante des rivières du Japon, qui renferme aussi une grande vessie aérienne, tandis que la plupart des Scorpènes qui ne volent pas en sont dépourvues[2]. Les Exocets, comme presque tous les animaux munis de branchies, jouissent du privilége[3] de pouvoir respirer indifféremment, pendant assez long-temps et par les mêmes organes, dans l'eau et dans l'air, c'est-à-dire de soustraire l'oxygène à l'atmosphère, comme à l'eau dans laquelle il est dissous. Ils passent une grande partie de leur vie dans l'air, mais cette vie n'en est pas moins malheureuse. S'ils quittent la mer pour échapper à la voracité des Dorades, ils

---

[1] *Lacépède, Hist. nat. des poissons*, Tom. III, p. 290.

[2] S. porcus, S. scrofa, S. dactyloptera. *Delaroche, Ann. du Muséum*, Tom. XIV, p. 189.

[3] *Mém. d'Arcueil*, Tom. II, p. 397.

trouvent dans l'air des Frégattes, des Albatrosses et d'autres oiseaux qui les saisissent au vol. C'est ainsi que, sur les bords de l'Orénoque, des troupeaux de Cabiai [1], sortis de l'eau pour fuir les Crocodiles, deviennent, sur le rivage, la proie des Jaguars.

Je doute cependant que les poissons volans s'élancent hors de l'eau uniquement pour se soustraire à la poursuite de leurs ennemis. Semblables à des hirondelles, ils se meuvent par milliers en ligne droite et dans une direction constamment opposée à celle des lames. Dans nos climats, au bord d'une rivière dont les eaux limpides sont frappées par les rayons du soleil, on voit souvent des poissons isolés, et n'ayant par conséquent aucun motif de crainte, bondir au-dessus de la surface, comme s'ils trouvoient plaisir à respirer de l'air. Pourquoi ces jeux ne seroient-ils pas plus fréquens et plus prolongés chez les Exocets qui, par la forme de leurs nageoires pectorales et par leur petite pesanteur spécifique [2], ont une extrême facilité à se soutenir

---

[1] Cavia capybara, L.

[2] Cuvier, dans les *Ann. du Mus.*, Tom. XIV, p. 165; et Delaroche, *ibid.*, p. 262 (note).

dans l'air? J'invite les naturalistes à examiner si d'autres poissons volans, par exemple l'Exocætus exiliens, le Trigla volitans et le T. hirundo, ont la vessie aérienne aussi grande que l'Exocet des tropiques. Ce dernier suit les eaux chaudes du *Gulf-Stream* lorsqu'elles remontent vers le Nord. Les mousses s'amusent à lui couper une partie des nageoires pectorales, et assurent que ces ailes se reproduisent, ce qui me paroît peu conforme à des faits observés dans d'autres familles de poissons.

A l'époque où j'avois quitté Paris, des expériences tentées à la Jamaïque, par le docteur Brodbelt[1], sur l'air renfermé dans la vessie natatoire de l'espadon[2], avoient fait croire à quelques physiciens que, sous les tropiques, dans les poissons de mer, cet organe étoit rempli de gaz oxygène pur. Préoccupé de cette idée, j'étois surpris de ne trouver dans la vessie aérienne des Exocets que 0,04 d'oxygène sur 0,94 d'azote et 0,02 d'acide carbonique. La proportion de ce

---

[1] *Duncan's An. of Medecine*, 1796, p. 393. *Nicholson's Journ. of Nat. Phil.*, Vol. I, p. 264.

[2] Xiphias gladius, Lin.

dernier gaz, mesurée par l'absorption de l'eau de chaux dans des tubes gradués[1], paroissoit plus constante que celle de l'oxygène, dont quelques individus offroient des quantités presque doubles. D'après les phénomènes curieux observés par MM. Biot, Configliachi et Delaroche[2], on peut supposer que l'espadon, disséqué par M. Brodbelt,

---

[1] Anthracomètres, tubes recourbés et munis d'une large boule. Voyez mes *Essais sur l'atmosphère*, Pl. 1 (*en allemand*).

[2] *Mém. d'Arcueil*, Vol. I, p. 267. *Ann. du Mus.*, Tom. XIV, p. 184-217 et 245-289. *Configliachi sull'analisi dell'aria contenuta nella vesica natatoria. Pavia*, 1809. Occupés pendant huit mois d'expériences sur la respiration des poissons, nous avons observé, M. Provenzal et moi, que les poissons absorbent, non seulement l'oxygène, mais aussi de l'azote, et que la quantité de cet azote absorbé diffère dans les individus de la même espèce. Il s'en faut de beaucoup que l'oxygène inspiré soit représenté par l'acide carbonique qu'exhalent les poissons de toute la surface de leur corps; et ces faits tendent à prouver que les proportions d'oxygène et d'azote varient dans la vessie, selon que l'action vitale des branchies et de la peau est modifiée par la pression plus ou moins grande qu'éprouve le poisson à différentes profondeurs.

avoit habité les couches inférieures de l'Océan où quelques poissons[1] présentent jusqu'à 0,92 d'oxygène dans leur vessie aérienne.

Le 1.er juillet, par les 17° 42′ de latitude et les 34° 21′ de longitude, nous rencontrâmes les débris d'un vaisseau naufragé. Nous distinguâmes un mât, recouvert de varech flottant. Ce naufrage ne pouvoit avoir eu lieu dans une zone où la mer est constamment belle. Peut-être ces débris venoient-ils des mers orageuses du Nord, et étoient-ils reportés au même point où le navire avoit péri, entraînés par ce tournoiement extraordinaire qu'éprouvent les eaux de l'Atlantique dans l'hémisphère boréal.

Le 3 et le 4 nous traversâmes la partie de l'Océan où les cartes indiquent le banc du Maal-Stroom[2] : vers la nuit on changea de route pour éviter ce danger, dont l'existence est aussi douteuse que celle des îles Fonseco et Sainte-Anne[3]. Il auroit été plus prudent

---

[1] *Trigla cucullus.*

[2] *Borda, Voyage de la Flore,* Tom. II, p. 314.

[3] Les cartes de Jefferys et de Van-Keulen indiquent

peut-être de continuer la même route. Les cartes anciennes sont remplies de vigies dont quelques-unes existent réellement, mais dont la majeure partie est due à ces illusions d'optique qui sont plus fréquentes sur mer que dans l'intérieur des terres. La position des dangers réels se trouve généralement indiquée comme au hasard; ils ont été vus

quatre îles qui ne sont que des dangers imaginaires : les îles Garca et Sainte-Anne, à l'ouest des Açores; l'île Verte (lat. 44° 52′, long. 28° 30′); et l'île de Fonseco (lat. 13° 15′, long. 57° 10′). Comment croire à l'existence de quatre îles dans des parages traversés par des milliers de bâtimens, lorsque sur tant de petits écueils et de bas-fonds, annoncés par des pilotes crédules depuis un siècle, il ne s'en est trouvé à peine que deux ou trois de véritables? Quant à la question générale, quel est le degré de probabilité avec lequel on peut admettre que l'on découvrira un îlot visible à une lieue de distance; entre l'Europe et l'Amérique, on pourroit la soumettre à un calcul rigoureux, si l'on connoissoit le nombre des bâtimens qui parcourent annuellement l'Atlantique depuis trois siècles, et si l'on avoit égard à la répartition inégale de ces bâtimens dans différens parages. Si le Maal-Stroom se trouvoit, comme l'admet Van-Keulen, par les 16° 0′ de latitude et les 39° 30′ de longitude, nous l'aurions traversé le 4 juin.

par des pilotes qui ne connoissoient leur longitude qu'à plusieurs degrés près; et le plus souvent l'on est assez sûr de ne pas rencontrer d'écueils ou de brisans, si l'on se dirige vers les points où ils sont marqués sur les cartes. En nous approchant du prétendu Maal-Stroom, nous n'observâmes d'autre mouvement dans les eaux que l'effet d'un courant qui portoit au nord-ouest, et qui nous empêchoit de diminuer en latitude autant que nous le désirions. La force de ce courant augmente à mesure qu'on approche du nouveau continent; il est modifié par la configuration des côtes du Brésil et de la Guiane, et non par les eaux de l'Orénoque et de l'Amazone, comme le prétendent quelques physiciens.

Depuis que nous étions entrés dans la zone torride, nous ne pouvions nous lasser d'admirer, toutes les nuits, la beauté du ciel austral qui, à mesure que nous avancions vers le Sud, déployoit à nos yeux de nouvelles constellations. On éprouve je ne sais quel sentiment inconnu lorsqu'en s'approchant de l'équateur, et surtout en passant d'un hémisphère à l'autre, on voit s'abaisser progressivement et enfin disparoître les étoiles que l'on connoît dès sa première enfance. Rien ne rappelle plus vivement au voyageur la distance immense de sa patrie, que l'aspect d'un ciel nouveau. L'agroupement des grandes étoiles, quelques nébuleuses éparses rivalisant d'éclat avec la voie lactée; des espaces remarquables par une noirceur extrême, donnent au ciel austral une physionomie particulière. Ce spectacle frappe même l'imagination de ceux qui, sans instruction dans les sciences exactes, se plaisent à contempler la voûte céleste comme on admire un beau paysage, un site majestueux. On n'a pas besoin d'être botaniste pour reconnaître la zone torride au simple aspect de la végétation; sans avoir acquis des notions d'astronomie, sans être familiarisé avec les cartes célestes de Flamstead et de La Caille, on sent qu'on n'est point en Europe lorsqu'on voit s'élever sur l'horizon l'immense constellation du Navire ou les nuées phosphorescentes de Magellan. La terre et le ciel, tout, dans la région équinoxiale, prend un caractère exotique.

Les basses régions de l'air étoient chargées

de vapeurs depuis quelques jours. Nous ne vîmes pour la première fois distinctement la Croix du Sud que dans la nuit du 4 au 5 juillet, par les 16 degrés de latitude : elle étoit fortement inclinée, et paroissoit de temps en temps entre des nuages, dont le centre, sillonné par des éclairs de chaleur, réflétoit une lumière argentée. S'il est permis à un voyageur de parler de ses émotions personnelles, j'ajouterai que dans cette nuit je vis s'accomplir un des rêves de ma première jeunesse.

Lorsqu'on commence à fixer les yeux sur des cartes géographiques et à lire les relations des navigateurs, on sent, pour quelques pays et pour certains climats, une sorte de prédilection dont on ne sauroit se rendre compte dans un âge plus avancé. Ces impressions exercent une influence sensible sur nos déterminations; et, comme par instinct, nous cherchons à nous mettre en rapport avec des objets qui ont eu, depuis long-temps, un charme secret pour nous. A une époque où j'étudiois le ciel, non pour me livrer à l'astronomie, mais pour apprendre à connoître les étoiles, j'étois agité d'une crainte inconnue à ceux qui aiment la vie sédentaire. Il me paroissoit pénible de renoncer à l'espérance de voir ces belles constellations voisines du pôle austral. Impatient de parcourir les régions équatoriales, je ne pouvois lever les yeux vers la voûte étoilée sans songer à la Croix du Sud et sans me rappeler le passage sublime du Dante que les commentateurs les plus célèbres ont appliqué à cette constellation :

> Io mi volsi a man destra e posi mente
> All'altro polo e vidi quattro stelle
> Non viste mai fuor ch' alla prima gente.

> Goder parea lo ciel di lor fiammelle ;
> O settentrional vedovo sito
> Poi che privato se' di mirar quelle !

La satisfaction que nous éprouvions en découvrant la Croix du Sud, étoit vivement partagée par les personnes de l'équipage qui avoient habité les colonies. Dans la solitude des mers, on salue une étoile comme un ami dont on auroit été séparé depuis long-temps. Chez les Portugais et les Espagnols, des motifs particuliers semblent ajouter à cet intérêt; un sentiment religieux les attache à une constellation dont la forme leur rappelle ce signe de la foi planté par leurs ancêtres dans les déserts du nouveau monde.

Les deux grandes étoiles qui marquent le sommet et le pied de la Croix ayant à peu près la même ascension droite, il en résulte que la constellation est presque perpendiculaire au moment où elle passe par le méridien. Cette circonstance est connue de tous les peuples qui vivent au-delà du tropique ou dans l'hémisphère austral. On a observé dans quelle partie de la nuit, en différentes saisons, la Croix du Sud est droite ou inclinée. C'est une horloge qui avance très-régulièrement de près de quatre minutes par jour, et aucun autre groupe d'étoiles n'offre, à la vue simple, une observation du temps aussi aisée à faire. Que de fois nous avons entendu dire à nos guides, dans les savanes de Vénézuela ou dans le désert qui s'étend de Lima à Truxillo: « Minuit est passé, la Croix commence à s'incliner! » Que de fois ces mots nous ont rappelé la scène touchante, où Paul et Virginie, assis près de la source de la rivière des Lataniers, s'entretiennent pour la dernière fois, et où le vieillard, à la vue de la Croix du Sud, les avertit qu'il est temps de se séparer!

Les derniers jours de notre traversée ne furent pas aussi heureux que nous le faisoient espérer la douceur du climat et la tranquillité de l'Océan. Ce n'étoient pas les dangers de la mer qui troubloient nos jouissances, c'étoit le germe d'une fièvre maligne qui se développoit à mesure que nous approchions des îles Antilles. Les entre-ponts étoient excessivement chauds et très-encombrés. Depuis que nous avions passé le tropique, le thermomètre s'y soutenoit à 34 et 36 degrés. Deux matelots, plusieurs passagers, et, ce qui est assez remarquable, deux nègres de la côte de Guinée, et un enfant mulâtre, furent attaqués d'une maladie qui paroissoit devenir épidémique. Les symptômes n'étoient pas également alarmans chez tous les individus; cependant plusieurs, et surtout les plus robustes, tomboient en délire dès le second jour, et ressentoient une prostration totale des forces. L'indifférence qui règne à bord des paquebots, pour tout ce qui ne regarde pas la manœuvre et la célérité de la traversée, empêcha le capitaine d'employer les moyens les plus connus pour diminuer le danger qui nous menaçoit. On ne faisoit aucune fumigation. Un chirurgien galicien, ignorant et flegmatique, ordonnoit des saignées, parce qu'il attribuoit la fièvre à ce qu'il appeloit l'ardeur et la corruption du sang. Il n'existoit pas une once de quinquina à bord; nous avions oublié d'en embarquer nous-mêmes, parce que, plus occupés de nos instrumens que du soin de notre santé, nous avions cru trop légèrement que l'écorce fébrifuge du Pérou ne pouvoit manquer à bord d'un bâtiment espagnol.

Le 8 juillet, un matelot qui étoit à toute extrémité, recouvra la santé par une circonstance assez digne d'être rapportée. Son hamac étoit suspendu de manière qu'il ne restoit pas dix pouces de distance entre son visage et le pont. Il étoit impossible de lui donner les sacremens dans cette position; car, d'après l'usage des vaisseaux espagnols, le viatique devoit être porté à la lueur des cierges, et suivi de tout l'équipage. On transporta le malade dans un endroit aéré, près de l'écoutille, où l'on avoit formé un petit appartement carré au moyen de voiles et de pavillons. Il devoit y rester jusqu'à sa mort, que l'on supposoit très-prochaine; mais, passant d'un air excessivement chaud, stagnant et rempli de miasmes, dans un air plus frais, plus pur et renouvelé à chaque instant, il sortit peu à peu de son état léthargique. Sa convalescence data du jour où il avoit quitté les entre-ponts; et, comme souvent en médecine les mêmes faits servent à étayer des systèmes diamétralement opposés, cette convalescence fortifia notre médecin dans ses idées sur l'inflammation du sang et sur la nécessité des saignées, des minoratifs et de tous les remèdes asthéniques. Nous éprouvâmes bientôt les suites funestes de ce traitement; et nous désirions plus que jamais d'atteindre les côtes de l'Amérique.

Depuis plusieurs jours le point de l'estime des pilotes s'étoit éloigné de 1° 12' de la longitude que j'obtenois par le garde-temps. Cette différence étoit due moins au courant général, que j'ai appelé le *courant de rotation*, qu'à ce mouvement particulier qui, entraînant les eaux vers le nord-ouest, depuis les côtes du Brésil jusqu'aux petites Antilles, raccourcit les traversées de Cayenne à l'île de la Guadeloupe¹. Le 12 juillet, je crus pouvoir annoncer l'attérage pour le lendemain avant le lever du soleil. Nous nous trouvions alors, d'après mes observations, par les 10° 46′ de latitude, et par les 60° 54′ de longitude occidentale. Quelques séries de distances lunaires confirmoient le résultat chronométrique ; mais nous étions plus sûrs de la position de la corvette que du gisement des terres vers lesquelles se dirigeoit notre route, et qui se trouvent si différemment placées sur les cartes françoises, espagnoles et angloises. Les longitudes déduites des observations précises de MM. Churruca, Fidalgo et Noguera n'étoient point encore publiées à cette époque.

Les pilotes se fioient plus au loch qu'à la marche d'un garde-temps : ils sourioient à la prédiction d'un prompt attérage, et se croyoient éloignés des côtes de deux à trois

---

¹ Il existe dans l'Océan Atlantique un parage où l'eau est constamment laiteuse, quoique la mer y soit très-profonde. Ce phénomène curieux se présente sur le parallèle de l'île de la Dominique, à peu près par les 57 degrés de longitude. Y auroit-il eu dans cet endroit quelque îlot volcanique submergé, plus oriental encore que la Barbade ?

jours de navigation. Aussi j'appris avec une extrême satisfaction que, le 13, vers les six heures du matin, on voyoit du haut des mâts une terre très-élevée, mais qui se dessinoit mal à cause de la brume dont elle étoit enveloppée. Il ventoit grand frais; la mer étoit fortement agitée. Il pleuvoit par intervalles à grosses gouttes, et tout annonçoit un temps peu maniable. Le capitaine du *Pizarro* avoit eu l'intention de passer par le canal qui sépare l'île de Tabago de celle de la Trinité; et, sachant que notre corvette étoit très-lente à virer de bord, il craignoit de tomber sous le vent vers le sud, et de s'approcher des Bouches du Dragon. Nous étions en effet plus sûrs de notre longitude que du point de latitude, n'ayant pas eu d'observation à midi depuis le 11. De doubles hauteurs que je pris dans la matinée, d'après la méthode de Douwes, nous plaçoient par les 11° 6' 50", par conséquent 15' au nord du point de l'estime. L'impétuosité avec laquelle la grande rivière de l'Orénoque verse ses eaux dans l'Océan, peut augmenter sans doute, dans ces parages, la force des courans; mais ce qu'on avance sur le changement de la couleur et de la salure de l'eau, à 60 lieues de distance de l'embouchure de l'Orénoque, est une fable inventée par les pilotes côtiers. L'influence des fleuves les plus célèbres de l'Amérique, tels que l'Amazone, la Plata, l'Orénoque, le Mississipi et la Madeleine, est restreinte, à cet égard, dans des limites beaucoup plus étroites qu'on ne le pense communément.

Quoique le résultat des doubles hauteurs du soleil prouvât assez que la terre élevée qui se dessinoit à l'horizon, n'étoit pas la Trinité, mais Tabago, le capitaine continuoit de gouverner au nord-nord-ouest, pour chercher cette dernière île qui, même sur la belle carte de l'Océan Atlantique de Borda, est placée de 5 minutes trop au sud. On a de la peine à croire que, sur des côtes fréquentées par toutes les nations commerçantes, de si énormes erreurs de latitude puissent se perpétuer pendant des siècles. Ayant discuté cette matière dans un autre endroit[1],

---

[1] *Observ. astron.*, Tom. I, p. 35-39; et *Introduction*, p. xxxviij. (*Carte de l'Océan Atlantique, sixième édition.*)

il me suffit d'observer ici que, même sur la dernière carte des Indes occidentales que M. Arrowsmith a publiée en 1803, par conséquent long-temps après les travaux de Churruca, les latitudes des différens caps de Tabago et de la Trinité sont encore en erreur de 6 à 11 minutes.

L'observation de la hauteur méridienne du soleil confirma pleinement la latitude obtenue par la méthode de Douwes. Il ne resta plus aucun doute sur la position du vaisseau, par rapport aux îles, et l'on résolut de doubler le cap Nord de Tabago pour passer entre cette île et la Grenade et faire route vers un port de la Marguerite. Dans ces parages, nous risquâmes à chaque instant d'être pris par les corsaires; mais heureusement pour nous la mer étoit très-mauvaise, et un petit cutter anglois nous dépassa sans même nous héler. Quant à M. Bonpland et à moi, nous redoutions moins cette contrariété depuis que, si près du continent de l'Amérique, nous étions sûrs de ne pas être ramenés en Europe.

L'île de Tabago se présente sous un aspect très-pittoresque. C'est un amas de rochers cultivés avec soin. La blancheur éblouissante de la pierre contraste agréablement avec la verdure de quelques bouquets d'arbres épars. Des cierges cylindriques et très-élevés couronnent la crête des montagnes et donnent un caractère particulier à ce paysage des tropiques. Leur vue seule suffit pour rappeler au navigateur qu'il aborde une côte américaine; car les Cactus sont exclusivement propres au nouveau monde, comme les bruyères le sont à l'ancien [1]. La partie nord-est de l'île de Tabago est la plus montueuse de toutes; d'après les angles de hauteur pris avec le sextant, les cimes les plus élevées de la côte ne paroissoient cependant pas excéder 140 à 150 toises de hauteur. Au cap du Sud-Ouest, le terrain s'abaisse vers la Pointe des Sables, dont je trouvai la latitude de 10° 20′ 13″, et la longitude de 62° 47′ 30″. Nous aperçûmes plusieurs rochers à fleur d'eau sur lesquels la mer brisoit avec force, et nous distinguâmes une grande régularité dans l'inclinaison et la direction des couches qui

[1] Essai sur la physionomie des végétaux, dans mes *Tableaux de la Nature*, Tom. I, p. 47.

tombent au sud-est sous un angle de 60°. Il seroit à désirer qu'un minéralogiste instruit fît le tour des grandes et des petites Antilles, depuis la côte de Paria jusqu'au cap de la Floride, pour examiner cette ancienne chaîne de montagnes brisée par l'action des courans, des tremblemens de terre et des volcans.

Après avoir doublé le cap Nord de Tabago et la petite île de Saint-Giles, on signala du haut des mâts une escadre ennemie. A cette nouvelle, nous virâmes de bord, et l'alarme se répandit parmi les passagers, dont plusieurs avoient placé leur petite fortune en marchandises qu'ils comptoient vendre aux colonies espagnoles. L'escadre paroissoit immobile, et l'on découvrit bientôt que ce que l'on avoit pris pour des voiles étoit une multitude de rochers isolés [1].

Nous traversâmes le bas-fond qui réunit Tabago à l'île de la Grenade. La couleur de la mer n'offroit aucun changement visible; mais le thermomètre centigrade, plongé dans l'eau à quelques pouces de profondeur,

---

[1] Peut-être les rochers appelés *les Hermanas*, *les Sœurs*.

ne s'élevoit qu'à 23°; tandis que, plus à l'est au large, sur le même parallèle, et également à la surface de la mer, il se soutenoit à 25°,6. Malgré les courans, le refroidissement des eaux annonçoit l'existence du bas-fond qui ne se trouve indiqué que sur un petit nombre de cartes. Le vent mollit après le coucher du soleil, et les nuages se dissipèrent à mesure que la lune s'approcha du zénith. Le nombre des étoiles filantes fut très-considérable cette nuit et les nuits suivantes : elles paroissoient moins fréquemment du côté du nord que vers le sud, au-dessus de la Terre-Ferme, dont nous commencions à longer les côtes. Cette position semble prouver l'influence des causes locales sur des météores dont la nature ne nous est point encore suffisamment connue.

Le 14, au lever du soleil, nous pûmes relever les Bouches du Dragon. Nous distinguâmes l'île Chacachacarreo, la plus occidentale de celles qui sont placées entre le cap Paria et le cap nord-ouest de la Trinité. Lorsque nous fûmes éloignés de cinq lieues de la côte, nous éprouvâmes, près de la *Punta de la Baca*, l'effet d'un courant particulier qui entraînoit la corvette vers le sud

Le mouvement des eaux qui sortent par les Bouches du Dragon et l'action des marées occasionnent un courant de remous. On jeta la sonde, et l'on trouva trente-six à quarante-trois brasses d'eau sur un fond d'argile verte, très-fine. D'après les règles établies par Dampier [1], nous ne devions pas nous attendre à une si petite profondeur de la mer près d'une côte formée par des montagnes très-élevées et coupées à pic. Nous continuâmes à sonder jusqu'au *Cabo de tres Puntas*, et nous reconnûmes partout un *fond élevé* dont les contours semblent indiquer le prolongement de l'ancienne côte. Dans ces parages, la température de la mer étoit de 23 à 24 degrés, par conséquent de 1,5 à 2 degrés moindre qu'au large, c'est-à-dire au-delà des accores du banc.

Le cap des Trois-Pointes, auquel Colomb même a imposé ce nom [2], se trouve, d'après mes observations, par les 65° 4′ 5″ de longitude. Il nous parut d'autant plus élevé que des nuages nous déroboient la vue de ses

---

[1] *Voyage autour du monde*, Tom. II, p. 476.

[2] Au mois d'août 1598.

cimes dentelées. La physionomie des montagnes de Paria, leur couleur, et surtout leurs formes généralement arrondies, nous firent soupçonner que la côte étoit granitique; mais nous reconnûmes par la suite combien sont hasardés, même pour les personnes qui ont passé leur vie à parcourir des montagnes, des jugemens portés sur la nature de roches qui se présentent de loin.

Un calme plat, qui dura quelques heures, nous permit de déterminer avec précision l'intensité des forces magnétiques vis-à-vis le *Cabo de tres Puntas*. Cette intensité étoit plus grande qu'en pleine mer, à l'est de l'île de Tabago, en raison de 237 à 229. Pendant le calme, le courant nous entraîna rapidement vers l'ouest. Sa force étoit de trois milles par heure; elle augmentoit à mesure que nous approchions du méridien des *Testigos*, amas d'écueils qui s'élèvent au milieu des eaux. Au coucher de la lune, le ciel se couvrit de nuages, le vent fraîchit de nouveau, et il tomba une de ces grandes ondées qui sont propres à la zone torride, et auxquelles nous avons été si souvent exposés pendant nos courses dans l'intérieur des terres.

CHAPITRE III.

La maladie qui s'étoit développée à bord du *Pizarro*, faisoit des progrès rapides depuis que nous nous trouvions près des côtes de la Terre-Ferme; le thermomètre se soutenoit régulièrement la nuit entre 22 et 23 degrés : pendant le jour, il montoit de 24 à 27 degrés. Les congestions vers la tête, l'extrême sécheresse de la peau, la prostration des forces, tous les symptômes devinrent plus alarmans; mais arrivés, pour ainsi dire, au terme de la navigation, nous nous flattions que tous les malades recouvreroient la santé dès qu'on pourroit les débarquer à l'île de la Marguerite ou au port de Cumana, connus par leur grande salubrité.

Cet espoir ne fut pas entièrement réalisé. Le plus jeune des passagers, attaqué de la fièvre maligne, en fut la première, mais heureusement la seule victime. C'étoit un Asturien, âgé de dix-neuf ans, fils unique d'une veuve sans fortune. Plusieurs circonstances rendoient touchante la mort de ce jeune homme, dont les traits annonçoient de la sensibilité et une extrême douceur de caractère. On l'avoit embarqué contre son gré; sa mère, qu'il espéroit secourir par le produit de son travail, avoit sacrifié sa tendresse et ses propres intérêts à l'idée d'assurer la fortune de son fils en le faisant passer aux colonies, auprès d'un riche parent qui résidoit à l'île de Cuba. Le malheureux jeune homme expira le troisième jour de sa maladie, étant tombé dès le commencement dans un état léthargique interrompu par des accès de délire. La fièvre jaune ou le vomissement noir, à la Vera-Cruz, n'enlèvent guère les malades avec une rapidité plus effrayante. Un autre Asturien, plus jeune encore, ne quitta pas un instant le lit du mourant, et, ce qui est assez remarquable, il ne prit point la maladie. Il devoit suivre son compatriote à Saint-Jacques de Cuba, pour être introduit par lui dans la maison de ce parent, sur lequel reposoient toutes leurs espérances. C'étoit un spectacle déchirant que de voir celui qui survivoit à son ami, s'abandonner à une douleur profonde, et maudire les conseils funestes qui l'avoient jeté dans un climat lointain, où il se trouvoit isolé et sans appui.

Nous étions réunis sur le tillac, et livrés à de tristes méditations. Il n'étoit plus douteux que la fièvre qui régnoit à notre bord avoit pris dans ces derniers jours un caractère pernicieux. Nos regards étoient fixés sur une côte montueuse et déserte que la lune éclairoit de temps en temps à travers les nuages. La mer, doucement agitée, brilloit d'une foible lueur phosphorique. On n'entendoit que le cri monotone de quelques grands oiseaux de mer qui sembloient chercher le rivage. Un calme profond régnoit dans ces lieux solitaires, mais ce calme de la nature contrastoit avec les sentimens douloureux dont nous étions agités. Vers les huit heures on sonna lentement la cloche des morts ; à ce signal lugubre, les matelots interrompirent leur travail, et se mirent à genoux pour faire une courte prière ; cérémonie touchante, qui, tout en rappelant ces temps où les premiers chrétiens se regardoient comme membres d'une même famille, semble rapprocher les hommes par le sentiment d'un malheur commun. Dans la nuit on porta le corps de l'Asturien sur le pont, et le prêtre obtint qu'on ne le jetât à la mer qu'après le lever du soleil, pour qu'on pût lui rendre les derniers devoirs, selon le rite de l'église romaine. Il n'y avoit pas un individu de l'équipage qui ne compatit au sort de ce jeune homme que nous avions vu, peu de jours avant, plein de fraîcheur et de santé.

L'événement que je viens de rapporter prouvoit le danger de cette fièvre maligne ou ataxique, dont on pouvoit craindre que les victimes ne fussent très-nombreuses, si des calmes prolongés ralentissoient le trajet de Cumana à la Havane[1]. A bord d'un vaisseau de guerre ou d'un bâtiment de transport, la mort de quelques individus ne fait généralement pas plus d'impression que l'aspect d'un convoi funèbre dans une ville populeuse. Il n'en est pas de même à bord d'un paquet-bot dont l'équipage est peu nombreux, et où il s'établit des rapports plus intimes entre les personnes qui tendent vers un même but. Les passagers du *Pizarro*, qui ne ressentoient point encore les symptômes de la maladie, résolurent de quitter le navire à la première relâche, et d'attendre l'arrivée d'un autre courrier pour suivre leur route à l'île de Cuba et au Mexique. Ils regardoient les entre-ponts de la corvette comme empestés;

---

[1] *Typhus*, Sauvages; *Febris nervosa*, Franck.

et, quoiqu'il ne me parût aucunement prouvé que la fièvre fût contagieuse ¹ par contact, je crus plus prudent de débarquer à Cumana. Je formai le désir de ne visiter la Nouvelle-Espagne qu'après avoir fait quelque séjour sur les côtes de Vénézuéla et de Paria, dont l'infortuné Löfling avoit examiné un très-petit nombre de productions. Nous brûlions de voir dans leur site natal les belles plantes que MM. Bose et Bredemeyer avoient recueillies pendant leur voyage à la Terre-Ferme, et qui embellissent les serres de Schönbrunn et de Vienne. Il nous auroit paru pénible de relâcher à Cumana ou à la Guayra sans pénétrer dans l'intérieur d'un pays si peu visité par les naturalistes.

La résolution que nous prîmes dans la nuit du 14 au 15 juillet eut une influence heureuse sur la direction de nos voyages. Au lieu de

---

¹ Le matelot dont j'ai parlé plus haut, et qui échappa à la mort par un changement d'air, n'étoit que très-légèrement incommodé lorsqu'on l'embarqua à la Corogne; c'étoit sans doute à cause de la disposition particulière de ses organes, qu'il fut le premier attaqué de la fièvre maligne lorsque nous entrâmes dans la zone torride.

quelques semaines, nous séjournâmes une année entière à la Terre-Ferme; sans la maladie qui régnoit à bord du *Pizarro*, nous n'aurions jamais pénétré à l'Orénoque, au Cassiquiare, et jusqu'aux limites des possessions portugaises sur le Rio Negro. Peut-être aussi devons-nous à cette direction de notre voyage la santé dont nous avons joui pendant un si long séjour dans les régions équinoxiales.

On sait que les Européens courent les plus grands dangers pendant les premiers mois où ils sont transplantés sous le ciel brûlant des tropiques. Ils se regardent comme acclimatés lorsqu'ils ont passé la saison des pluies aux Antilles, à la Vera-Cruz ou à Carthagène des Indes. Cette opinion est assez fondée, quoiqu'il existe des exemples de personnes qui, échappées à une première épidémie de la fièvre jaune, ont péri victimes de la même maladie dans une des années subséquentes. La facilité de s'acclimater paroît être en raison inverse de la différence qui existe entre la température moyenne de la zone torride et celle du pays dans lequel est né le voyageur ou le colon qui change de climat, parce que l'irritabilité des organes et leur action vitale sont puissamment modifiées par l'influence de la chaleur atmosphérique. Un Prussien, un Polonois, un Suédois sont plus exposés en arrivant aux îles ou à la Terre-Ferme, qu'un Espagnol, un Italien, et même un habitant de la France méridionale [1]. Pour les peuples du Nord, la différence de température moyenne est de 19 à 21 degrés, tandis que pour les peuples du midi elle n'est que de 9 à 10. Nous avons eu le bonheur de passer le temps où l'Européen récemment débarqué court le plus de danger, dans le climat exessivement chaud, mais très-sec, de Cumana, ville célèbre pour sa grande salubrité. Si nous eussions continué notre voyage à la Vera-Cruz, nous aurions partagé peut-être le sort malheureux de plusieurs passagers du paquet-bot, l'*Alcudia*, qui arriva à la Havane avec le *Pizarro*, à une époque où le *vomissement noir* faisoit de cruels ravages dans l'île de Cuba et sur les côtes orientales du Mexique.

Le 15 au matin, à peu près par le travers

---

[1] *Nouv.-Esp.*, T. II, IV, p. 481 de l'édition in-8°.

du monticule de Saint-Joseph, nous fûmes entourés d'une grande quantité de varec flottant. Ses tiges étoient munies de ces appendices extraordinaires en forme de godets et de panaches, que Don Hippolyto Ruiz a observés lors de son retour de l'expédition du Chili, et qu'il a décrits dans un mémoire particulier comme les organes sexuels du Fucus natans. Un heureux hasard nous mit à même de vérifier un fait qui ne s'étoit présenté qu'une seule fois aux naturalistes. Les paquets de varec recueillis par M. Bonpland, étoient absolument identiques avec les échantillons que nous devions à l'obligeance des savans auteurs de la Flore du Pérou. En examinant les uns et les autres au microscope, nous avons reconnu que ces prétendues parties de la fructification, ces étamines et ces pistils, appartiennent à un nouveau genre de la famille des Cératophytes. Les godets que M. Ruiz a pris pour les pistils naissent de tiges cornées, aplaties, et si étroitement unies à la substance du Fucus, qu'on seroit tenté de les prendre pour de simples nervures : au moyen d'une lame très-mince, on parvient à les détacher sans léser le parenchyme. Les tiges non articulées sont d'abord d'un brun-noirâtre, mais elles deviennent, avec le temps, par dessiccation, blanches et friables: dans cet état, elles font effervescence avec les acides, comme la substance calcaire du Sertularia, dont les extrémités ressemblent assez aux godets des Fucus de M. Ruiz. Nous avons retrouvé dans la mer du Sud, en passant de Guayaquil à Acapulco, ces mêmes appendices du raisin des tropiques, et l'examen le plus attentif ne nous a laissé aucun doute sur un Zoophyte qui s'attache aux Fucus comme le lierre embrasse le tronc des arbres. Les organes décrits sous le nom de fleurs femelles ont plus de deux lignes de long, et cette grandeur seule auroit dû éloigner le soupçon que ces parties fussent de véritables pistils.

La côte de Paria se prolonge à l'ouest, en formant un mur de rochers peu élevés, à cimes arrondies et à contours ondoyans. Nous fûmes long-temps sans voir paroître les côtes élevées de l'île de la Marguerite, où nous devions relâcher pour prendre des informations sur la croisière des vaisseaux anglois, et sur le danger de toucher à la Guayra. Des hauteurs du soleil, prises sous des circonstances très-favorables, nous avoient appris combien étoient fausses à cette époque les cartes les plus recherchées des marins. Le 15 au matin, lorsque le garde-temps nous plaça par les 66° 1′ 15″ de longitude, nous n'étions point encore dans le méridien de l'île de la Marguerite, quoique, d'après la carte réduite de l'Océan Atlantique[1], nous dussions déjà avoir dépassé le cap occidental très-élevé de cette île, qui est indiqué par les 66° 0′ de longitude. L'inexactitude avec laquelle les côtes de la Terre-Ferme ont été figurées avant les travaux de MM. Fidalgo, Noguera et Tiscar[2],

---

[1] Dressée au dépôt de la marine, en 1786, revue et corrigée en 1792.

[2] *Carta general del Oceano Atlantico construida en el Deposito hydrografico de Madrid en el año 1800, et corregida en 1804. Carta esferica de las Islas Antillas con parte de la Costa del continente de America, trabajada por Don Cosme Churruca y Don Joacquin Francisco Fidalgo,* 1802. Ces deux cartes ont servi de base à toutes celles qui ont paru dans ces derniers temps en diverses parties de l'Europe, et qui, calquées les unes sur les autres, ne diffèrent entre elles que par de nombreuses fautes

et j'ose ajouter avant les observations astronomiques que j'ai faites à Cumana, auroit pu devenir dangereuse pour les navigateurs, si la mer n'étoit pas constamment belle dans ces parages. Les erreurs en latitude surpassoient même celles en longitude, puisque les côtes de la Nouvelle-Andalousie se prolongent à l'ouest du cap des Trois-Pointes de 15 à 20 milles plus au nord que ne l'indiquent les cartes publiées avant l'année 1800.

chalcographiques. Les observations originales des astronomes espagnols se trouvent consignées en grande partie dans le bel ouvrage de M. Espinosa, qui a pour titre : *Memorias sobre las observaciones astronomicas hechas por los Navegantes Españoles en distintos lugares del globo* (2 vol. in-4.°, Madrid, 1809). J'ai comparé, point pour point, les résultats de ces observations avec ceux auxquels nous avons cru devoir nous arrêter, M. Oltmanns et moi (*Observ. astron.*, Tom. I; Introd., p. xxxiij-xlix). Cette comparaison sera utile à ceux qui publieront un jour des cartes de l'Amérique, les nouvelles déterminations méritant d'autant plus de confiance que les positions ont été vérifiées d'après des méthodes astronomiques très-différentes, et par des observateurs qui ne se sont communiqué leurs résultats que long-temps après avoir terminé leurs opérations.

4.*

Vers les onze heures du matin, nous eûmes connoissance d'un îlot très-bas, sur lequel s'élevoient quelques dunes de sable. En l'examinant avec des lunettes, on n'y découvrit aucune trace d'habitation ni de culture. Des Cactus cylindriques s'élevoient çà et là en forme de candélabres. Le sol, presque dénué de végétation, paroissoit ondoyant à cause de la réfraction extraordinaire que subissent les rayons du soleil en traversant des couches d'air en contact avec des plaines fortement échauffées. C'est par l'effet du *mirage* que, sous toutes les zones, les déserts et les plages sablonneuses offrent l'apparence d'une mer agitée.

L'aspect d'un pays si plat ne répondoit guère aux idées que nous nous étions formées de l'île de la Marguerite. Tandis qu'on étoit occupé à rapporter les relèvemens sur les cartes, sans pouvoir les faire cadrer, on signala du haut des mâts quelques petits bâtimens pêcheurs. Le capitaine du *Pizarro* les appela par un coup de canon; mais ce signal devient inutile dans des parages où le foible ne croit rencontrer le fort que pour en recevoir des outrages. Les bateaux prirent la fuite vers l'ouest, et nous nous trouvâmes dans l'incertitude où nous avions été à l'égard de la petite île de la Graciosa, lors de notre arrivée aux Canaries. Personne ne connoissoit ces lieux pour y avoir abordé. Quoique la mer fût très-belle, la proximité d'un îlot qui s'élève à peine de quelques pieds au-dessus de la surface de l'océan, sembloit prescrire des mesures de prudence. On cessa de courir à terre ; et, comme la sonde n'indiquoit que trois ou quatre brasses d'eau, on jeta l'ancre en toute hâte.

Les côtes, vues de loin, sont comme les nuages dans lesquels chaque observateur rencontre la forme des objets qui occupent son imagination. Nos relèvemens et le témoignage du chronomètre étant en contradiction avec les cartes que nous pouvions consulter, on se perdit en vaines conjectures. Les uns prenoient des buttes de sable pour des cabanes indiennes, et indiquoient l'endroit où, selon eux, étoit situé le fort de Pampatar; d'autres voyoient les troupeaux de chèvres qui sont si communs dans la vallée aride de Saint-Jean : ils désignoient les hautes montagnes du Macanao, qui leur paroissoient en partie cachées par des nuages. Le capitaine résolut d'envoyer un pilote à terre; on se préparoit à mettre la chaloupe à l'eau, le canot ayant souffert beaucoup par le ressac dans la rade de Sainte-Croix. Comme la côte étoit assez éloignée; le retour vers la corvette pouvoit devenir difficile, si la brise eût fraîchi dans la soirée.

Au moment où nous nous disposions pour aller à terre, on aperçut deux pirogues qui longeoient la côte. On les appela par un second coup de canon; et, quoiqu'on eût arboré le pavillon de Castille, elles ne s'approchèrent qu'avec défiance. Ces pirogues, comme toutes celles dont se servent les indigènes, étoient faites d'un seul tronc d'arbre, et il y avoit sur chacune d'elles dix-huit Indiens Guayqueries, nus jusqu'à la ceinture, et d'une taille très-élancée. Leur constitution annonçoit une grande force musculaire, et la couleur de leur peau tenoit le milieu entre le brun et le rouge cuivré. A les voir de loin, immobiles dans leur pose et projetés sur l'horizon, on les auroit pris pour des statues de bronze. Cet aspect nous frappa d'autant plus, qu'il ne répondoit pas aux idées que nous nous étions formées, d'après le récit de quelques voyageurs, des traits caractéristiques et de l'extrême foiblesse des naturels. Nous apprîmes dans la suite, et sans franchir les limites de la province de Cumana, combien la physionomie des Guayqueries contraste avec celles des Chaymas et des Caribes. Malgré les liens étroits qui semblent unir tous les peuples de l'Amérique, comme appartenant à une même race, plusieurs tribus n'en diffèrent pas moins entre elles par la hauteur de leur taille, par leur teint plus ou moins basané, par un regard qui exprime chez les uns le calme et la douceur, chez les autres un mélange sinistre de tristesse et de férocité.

Lorsque nous fûmes assez près des pirogues pour pouvoir les héler en espagnol, les Indiens perdirent leur méfiance et vinrent droit à notre bord. Ils nous apprirent que l'île basse, près de laquelle nous étions mouillés, étoit l'île de Coche, qui n'avoit jamais été habitée, et que les bâtimens espagnols venant d'Europe avoient coutume de passer plus au nord, entre cette île et celle de la Marguerite, pour prendre un lamaneur ou pilote côtier au port de Pampatar. Notre inexpérience nous avoit conduits dans le chenal au sud de Coche; et, comme, à cette époque, les croiseurs anglois fréquentoient ce passage, les Indiens nous avoient pris pour une embarcation ennemie. La passe du Sud est en effet très-avantageuse pour les navires qui vont à Cumana et à Barcelone : elle a moins d'eau que la passe du Nord, qui est beaucoup plus étroite; mais l'on ne risque pas de toucher, si l'on range de bien près l'île de Lobos et les Moros del Tunal. Le chenal entre Coche et la Marguerite se trouve rétréci par les bas-fonds du cap nord-ouest de Coche et par le banc qui entoure la Punta de Mangles. Nous examinerons, dans un autre endroit, sous un point de vue purement géologique, ce banc de sable qui entoure les écueils des Testigos et la Marguerite, et nous ferons voir que cette dernière île a été réunie jadis, par Coche et Lobos, à la péninsule de Chacopapa.

Les Guayqueries appartiennent à cette tribu d'Indiens civilisés qui habitent les côtes de la Marguerite et les faubourgs de la ville de Cumana. Après les Caribes de la Guyane espagnole, c'est la race d'hommes la plus belle de la Terre-Ferme. Ils jouissent de plusieurs privilèges, parce que, dès les premiers temps de la conquête, ils sont restés les amis fidèles des Castillans. Aussi le roi d'Espagne les nomme-t-il, dans des *cédules,* « ses chers, nobles et loyaux Guayqueries ». Les Indiens des deux pirogues que nous rencontrâmes avoient quitté le port de Cumana pendant la nuit. Ils alloient chercher du bois de charpente dans les forêts de Cedro[1], qui s'étendent depuis le cap San Jose jusqu'au delà de l'embouchure de Rio Carupano. Ils nous donnèrent des cocos très-frais et quelques poissons du genre Chætodon[2], dont nous ne pouvions nous lasser d'admirer les couleurs. Que de richesses renfermoient à nos yeux les pirogues de ces pauvres Indiens! D'énormes feuilles de Vijao[3] couvroient des régimes de bananes. La cuirasse écailleuse d'un Tatou[4], le fruit du Crescentia cujete servant de coupe aux naturels, les productions qui sont les plus communes dans les cabinets de l'Europe,

---

[1] Cedrela odorata, Lin.
[2] Bandoulières.
[3] Heliconia bihai.
[4] Armadile, Dasypus, *Cachicamo.*

avoient un charme particulier pour nous, parce qu'elles nous rappeloient vivement qu'arrivés sous la zone torride, nous avions atteint le but vers lequel nos vœux tendoient depuis long-temps.

Le *patron* d'une des pirogues s'offrit de rester à bord du *Pizarro* pour nous servir de pilote côtier[1]. C'étoit un Guayquerie recommandable par son caractère, plein de sagacité dans l'observation, et dont la curiosité active s'étoit portée sur les productions de la mer comme sur les plantes indigènes. Un hasard heureux a voulu que le premier Indien que nous rencontrâmes au moment de notre attérage, fût l'homme dont la connoissance nous devint la plus utile pour le but de nos recherches. Je me plais à consigner dans cet itinéraire le nom de Carlos del Pino, qui, pendant l'espace de seize mois, nous a suivis dans nos courses le long des côtes et dans l'intérieur des terres.

Le capitaine de la corvette leva l'ancre vers le soir. Avant de quitter le haut-fond ou *placer* de Coche, je déterminai la longitude

[1] *De Pratico.*

du cap Est de l'île que je trouvai par les 66° 11′ 53″. En faisant route vers l'ouest, nous eûmes bientôt par le travers la petite île de Cubagua, entièrement déserte aujourd'hui, mais jadis célèbre par la pêche des perles. C'est là que les Espagnols, immédiatement après les voyages de Colomb et d'Ojeda, avoient fondé, sous le nom de la Nouvelle-Cadix, une ville dont on ne trouve plus de traces. Au commencement du seizième siècle, les perles de la Cubagua étoient connues à Séville, à Tolède, et aux grandes foires d'Augsbourg et de Bruges. La Nueva Cadiz n'ayant pas d'eau, on y transportoit de la côte voisine l'eau du Rio Manzanares, quoiqu'on l'accusât, j'ignore par quelle raison, de causer des ophthalmies [1]. Les auteurs de ce temps parlent tous de la richesse des premiers colons et du luxe qu'ils déployoient ; aujourd'hui, des dunes de sable mouvant s'élèvent sur cette terre inhabitée, et le nom de Cubagua se trouve à peine sur nos cartes.

Parvenus dans ces parages, nous vîmes les

[1] *Herrera, Descrip. de las Indias occidentales* (Madrid, 1730), Vol. I, p. 12.

hautes montagnes du cap Macanao, partie occidentale de l'île de la Marguerite, qui s'élevoient majestueusement sur l'horizon. A en juger par des angles de hauteur pris à une distance de 18 milles, la hauteur absolue de ces cimes paroît de cinq à six cents toises. D'après le garde-temps de Louis Berthoud, la longitude du cap Macanao est de 66° 47′ 5″. J'ai relevé les rochers de l'extrémité de ce cap, et non cette langue de terre extrêmement basse qui se prolonge à l'ouest, et qui se perd dans un haut-fond. La position du Macanao et celle que j'ai assignée plus haut à la pointe Est de l'île de Coche, ne diffèrent que de quatre secondes en temps des résultats obtenus par M. Fidalgo.

Le vent étoit très-foible; le capitaine préféra courir des bordées jusqu'à la pointe du jour. Il craignoit d'entrer dans le port de Cumana pendant la nuit, et cette prudence sembloit nécessaire à cause d'un malheureux accident arrivé depuis peu dans ces mêmes parages. Un paquet-bot avoit mouillé de nuit sans allumer les fanaux de poupe, on le prit pour un bâtiment ennemi, et les batteries de Cumana firent feu sur lui. Le capitaine du

Courier eut une jambe emportée, et mourut peu de jours après à Cumana.

Nous passâmes une partie de la nuit sur le pont. Le pilote Guayquerie nous entretint des animaux et des plantes de son pays. Nous apprîmes, avec une grande satisfaction, qu'à peu de lieues de la côte on trouvoit une région montagneuse et habitée par les Espagnols, dans laquelle le froid étoit très-sensible, et qu'on connoissoit, dans les plaines, deux crocodiles très-différens l'un de l'autre [1], des Boas, des anguilles électriques [2] et plusieurs espèces de tigres. Quoique les mots *Bava*, *Cachicamo* et *Temblador* nous fussent entièrement inconnus, nous devinâmes facilement, par la description naïve des habitudes et des formes, les espèces que les Créoles désignent par ces dénominations. Oubliant que ces animaux sont dispersés sur une vaste étendue de terrain, nous espérâmes pouvoir les observer dans les forêts voisines de Cumana. Rien n'excite autant la curiosité d'un naturaliste que le récit des merveilles d'un pays auquel il est sur le point d'aborder.

[1] Crocodilus acutus et C. Bava.
[2] Gymnotus electricus, *Temblador*.

Le 16 juillet 1799, à la pointe du jour, nous vîmes une côte verdoyante et d'un aspect pittoresque. Les montagnes de la Nouvelle-Andalousie, à demi-voilées par les vapeurs, bordoient l'horizon au sud. La ville de Cumana et son château paroissoient entre des groupes de cocotiers. Nous mouillâmes dans le port vers les neuf heures du matin, quarante-un jours après notre départ de la Corogne. Les malades se traînèrent sur le tillac pour jouir de la vue d'une terre qui devoit mettre fin à leurs souffrances.

Je n'ai point voulu interrompre le récit de notre navigation par le détail des observations physiques auxquelles je me suis livré pendant la traversée des côtes d'Espagne à Ténériffe, et de Ténériffe à Cumana. Des observations de ce genre n'offrent un véritable intérêt que lorsqu'on peut en disposer les résultats d'après une méthode propre à conduire à des idées générales. La forme d'une relation historique et la marche qu'elle doit suivre, ne sont pas avantageuses pour faire connoître dans leur ensemble des phénomènes qui varient avec les saisons et la position des lieux. Pour étudier les lois de ces phénomènes, il faut les présenter réunis par groupes, et non isolés comme ils ont été observés successivement. Il faut savoir gré aux navigateurs d'avoir accumulé un nombre immense de faits, mais on doit regretter que jusqu'à ce jour les physiciens aient tiré si peu de parti de ces journaux de route, qui, soumis à un nouvel examen, pourroient fournir des résultats inattendus. Je vais consigner à la fin de ce chapitre les expériences que j'ai faites sur la température de l'atmosphère et de l'océan, sur l'état hygrométrique de l'air, l'intensité de la couleur bleue du ciel, et les phénomènes magnétiques.

Température de l'air.

Dans le vaste bassin de l'Océan Atlantique boréal, entre les côtes de l'Europe, de l'Afrique et du nouveau continent, la température de l'atmosphère nous a offert un accroissement assez lent à mesure que nous avons passé des 43 aux 10 degrés de latitude. De la Corogne aux îles Canaries, le thermomètre centigrade, observé à midi et à l'ombre, monta progressivement [1] de 10° à 18°; de Sainte-Croix de Ténériffe à Cumana, le même instrument s'éleva de 18° à 25° [2]. Dans la première partie du trajet, une différence d'un degré de température correspondoit à 1° 48' de latitude; dans la seconde partie, il a fallu parcourir 2° 30' de latitude pour voir monter le thermomètre d'un degré. Le *maximum* de la chaleur, que l'air atteint généralement deux heures après le passage du soleil au méridien, n'excéda pas, pendant cette navigation, 26°,6 (21°,3 R.), et cependant nous étions au mois de juillet, et dix degrés au sud du tropique du cancer. L'évaporation de l'eau, augmentée par le mouvement de l'air et par celui des vagues, et la propriété qu'ont les liquides transparens [3], d'absorber très-peu de lumière à leur sur-

---

[1] Depuis le 6 au 19 juin. *Voyez* les observations partielles dans le journal de route à la fin de ce chapitre.

[2] Du 25 juin au 15 juillet.

[3] Les rayons de lumière pénètrent dans l'eau à des profondeurs assez considérables, et les premières couches, en transmettant librement la lumière, ne s'échauffent pas comme la terre et les rochers.

face, contribuent également à modérer la chaleur dans la partie de l'atmosphère qui environne les mers équinoxiales. On sait qu'aussi long-temps que la brise souffle sous la zone torride, les navigateurs n'y sont jamais exposés à de fortes chaleurs.

Si l'on réunit[1] les nombreuses observations faites dans la mer du Sud et dans l'Océan Atlantique, pendant les voyages de Cook, de Dixon, de d'Entrecasteaux et de Krusenstern, on trouve qu'entre les tropiques, la température moyenne de l'air au large est de 26 à 27 degrés. Il faut exclure de ce relevé les observations faites pendant un calme plat, parce qu'alors le corps du vaisseau s'échauffe extraordinairement, et qu'il est presque impossible de bien évaluer la température de l'atmosphère. Lorsqu'on parcourt les journaux de route de tant de célèbres navigateurs, on est surpris de voir que jamais dans les deux hémisphères ils n'ont observé le thermomètre sous la zone torride, en pleine mer, au-dessus

[1] Voyez un excellent Mémoire de MM. Horner et Langsdorf dans les *Mémoires de l'Académie de Saint-Pétersbourg*, Tom. I, p. 467.

de 34° (27°,2 R.). Sur des milliers d'observations faites à l'heure du passage du soleil par le méridien, on trouve à peine quelques jours où la chaleur se soit élevée à 31 ou 32 degrés (24°,8 ou 25°,6 R.); tandis que, sur les continens de l'Afrique et de l'Asie, sous les mêmes parallèles, la température excède souvent 35 et 36 degrés. En général, entre les 10° de latitude boréale et australe, la chaleur moyenne de l'atmosphère qui repose sur l'Océan me paroît, dans les basses régions, de un à deux degrés plus petite que la température moyenne de l'air qui environne les terres situées entre les deux tropiques. Il est inutile de rappeler ici combien cette circonstance modifie le climat du globe entier, à cause de l'inégale répartition des continens au nord et au sud de l'équateur, comme à l'est et à l'ouest du méridien de Ténériffe.

L'extrême lenteur avec laquelle augmente la température lorsqu'on fait le trajet d'Espagne à la Terre-Ferme et aux côtes du Mexique, est très-avantageuse pour la santé des Européens qui viennent s'établir dans les colonies. A la Vera-Cruz et à Carthagène des Indes, les Créoles qui descendent des hautes savanes de Bogota et du plateau central de la Nouvelle-Espagne, courent plus de danger sur les côtes d'être attaqués de la fièvre jaune ou du *vomito*, que les habitans du Nord qui arrivent par mer [1]. En voyageant de Perote à la Vera-Cruz, les Mexicains parviennent, en seize heures, de la région des pins et des chênes, d'un pays montueux où le thermomètre baisse souvent à midi jusqu'à 4 ou 5 degrés, dans une plaine brûlante couverte de cocotiers, de Mimosa cornigera, et d'autres plantes qui ne végètent que sous l'influence d'une forte chaleur. Ces montagnards éprouvent une différence de température de 18°, et cette différence produit les effets les plus funestes sur les organes, dont elle exalte l'irritabilité. L'Européen au contraire traverse l'Océan Atlantique dans l'espace de trente-cinq à quarante jours; il se prépare pour ainsi dire graduellement aux chaleurs brûlantes de la Vera-Cruz, qui, sans être la cause directe de la fièvre jaune, n'en contribuent pas moins à la rapidité de son développement.

Un décroissement de chaleur très-sensible

---

[1] *Nouv.-Esp.*, Tom. IV, p. 258 de l'édition in-8°.

s'observe sur le globe, soit qu'on se porte de l'équateur vers les pôles, soit qu'on s'élève de la surface de la terre dans les hautes régions de l'air, soit enfin qu'on s'approche du fond de l'Océan. Il est d'autant plus intéressant de comparer la rapidité de ce triple décroissement, que ce phénomène a une grande influence sur la distribution climatique des productions végétales et animales. Les températures moyennes des couches inférieures de l'air qui correspondent aux 65.me, 48.me et 20.me degrés de latitude boréale, sont, d'après les observations les plus récentes, 0°,5 ; 10°,7 et 25°, d'où il résulte qu'un degré centigrade correspond à peu près à un changement de parallèle de 1°45′ [1]. Or, le décroissement du calorique est d'un degré par 90 toises, lorsqu'on s'élève perpendiculairement dans l'atmosphère [2]. Il s'ensuit que, sous les tropiques

---

[1] En Angleterre et en Écosse on compte qu'un degré du thermomètre de Fahrenheit correspond à 1° de latitude. *Phil. Trans.*, 1775, Vol. LXXV, p. 459. Thomson, *Hist. of the Royal Soc.* 1812, p. 508.

[2] M. d'Aubuisson ne trouve, pour l'Europe, en été, à huit heures du matin, par conséquent à l'époque qu'il croit la plus favorable, que 83 toises

où l'abaissement de la température est très-régulier sur des montagnes d'une hauteur considérable, 500 toises d'élévation verticale correspondent à un changement de latitude de 9° 45'. Ce résultat, assez conforme à ceux auxquels d'autres physiciens se sont arrêtés avant moi [1], est très-important pour la géographie des plantes; car, quoique dans les pays septentrionaux la distribution des végétaux sur les montagnes et dans les plaines dépende, comme la hauteur des neiges éternelles, plus de la température moyenne

par degré. *Journal de Phys.*, Tom. LXXI, p. 38. Pour la zone torride, voyez *Observ. astron.*, Tom. I, p. 129.

[1] Chaque centaine de mètres de hauteur abaisse la température environ d'un demi-degré de la division commune de nos thermomètres; et si l'on prend pour terme du refroidissement celui qui exclut la présence de la végétation, les glaces éternelles dont les sommets sont chargés représenteront les glaces éternelles dont le pôle est couvert, et chaque centaine de mètres d'élévation verticale correspondra à un degré de la distance de la montagne au pôle. » Ramond, de la végétation sur les montagnes. (*Annales du Muséum*, Tom. IV, p. 396.)

des mois d'été[1] que de celle de toute l'année, cette dernière n'en détermine pas moins, dans

[1] *De Candolle, Flore françoise,* Tom. I, P. 1, p. ix. *Léopold de Buch, Reise nach Lapland,* Tom. II, p. 276. *Wahlenberg, Flora Laponica,* 1810, p. xxviij. Dans la zone tempérée, il arrive souvent que la chaleur moyenne d'un lieu a est plus petite que celle d'un lieu b, tandis que la chaleur moyenne des mois d'été est beaucoup plus grande en a qu'en b. C'est pour cela que l'on distingue avec raison entre un *climat continental* et un *climat insulaire* : dans le premier, des étés très-chauds succèdent à des hivers extrêmement rigoureux; dans le second, le contraste des saisons est moins grand; les étés sont moins chauds et les hivers moins froids, à cause de la température peu variable de l'Océan voisin qui rafraîchit l'air en été, et le réchauffe en hiver. Les neiges perpétuelles descendent plus en Islande que sur le même parallèle dans l'intérieur de la Norwège, et nous voyons souvent, dans les îles et sur les côtes de l'Europe occidentale, végéter le laurier et l'arbousier, là où la vigne et le pêcher ne donnent pas de fruits mûrs. Dans la région équinoxiale, au contraire, où la différence des saisons est pour ainsi dire nulle, la distribution géographique des plantes se règle presque uniquement d'après la température moyenne de toute l'année, qui, elle-même, dépend de l'élévation du sol au-dessus du niveau de l'Océan. A mesure que l'on avance vers le nord, la température des mois varie de plus en plus, et la force

CHAPITRE III. 71

les contrées méridionales, les limites que les espèces n'ont pu franchir dans leurs migrations lointaines. L'observation faite par Tournefort sur le sommet de l'Ararat, a été répétée

et la richesse de la végétation ne donnent plus la mesure de la température moyenne de l'année entière. En Laponie, par exemple, il existe de belles forêts sur le continent, à Enontekies, tandis qu'à l'île de Mageroe, on trouve à peine quelques arbustes épars sur les rochers, et cependant la température moyenne annuelle d'Enontekies est de 3° plus froide que celle de Mageroe. La première est de —2°,86, et la seconde de + 0°,07. (Wahlenberg, dans les *Annales de Gilbert*, 1812, p. 271.) La végétation plus vigoureuse d'Enontekies est l'effet d'un été plus chaud, la température moyenne du mois de juillet y étant de 15°,3, tandis qu'à l'île de Mageroe elle n'est, d'après M. de Buch, que de 8°,2. Les deux endroits offrent des exemples frappans de la différence qui existe entre un *climat continental* et un *climat insulaire;* ou, comme dit Wahlenberg, entre un *climat de Sibérie* et un *climat d'Islande*. En général, le problème de la distribution climatique des plantes est beaucoup plus compliqué dans les pays septentrionaux que sous les tropiques. Dans les premiers, cette distribution dépend à la fois de la température moyenne des mois d'été, et de la température du sol qui diffère de la chaleur moyenne de l'année.

par un grand nombre de voyageurs. Lorsqu'on descend d'une haute chaîne de montagnes, et qu'on avance vers les pôles, on trouve d'abord sur des plateaux peu élevés, et enfin dans les régions voisines des côtes, ces mêmes plantes arborescentes [1] qui, par de basses latitudes, ne couvroient que les cimes voisines des neiges éternelles.

En évaluant la rapidité avec laquelle la température moyenne de l'atmosphère diminue à mesure que l'on se porte de l'équateur

---

[1] Dans l'étude des rapports géographiques des plantes, il faut distinguer, entre les végétaux dont l'organisation résiste à de grands changemens de température et de pression barométrique, et les végétaux qui ne paroissent appartenir qu'à de certaines zones et à de certaines hauteurs. Cette différence est encore plus sensible dans la zone tempérée que sous les tropiques, où les plantes herbacées sont moins fréquentes, et où les arbres ne se dépouillent de leurs feuilles que par l'effet de la sécheresse de l'air. Nous voyons quelques végétaux pousser leur migration des côtes septentrionales de l'Afrique par les Pyrénées jusqu'aux landes de Bordeaux et au bassin de la Loire; par exemple, le Merendera, la Jacinthe tardive et le Narcisse bulbocode. (*Annales du Mus.*, Tom. IV, p. 401.)

aux pôles, ou de la surface de la terre aux hautes régions de l'Océan aérien, j'ai considéré le décroissement de la chaleur comme suivant une progression arithmétique. Cette supposition n'est pas tout-à-fait exacte pour l'air [1] : elle l'est encore moins pour l'eau, dont les couches superposées paroissent diminuer de température d'après des lois différentes, à différens degrés de latitude. Dans les expériences intéressantes faites par MM. Forster, Bladh, Wales, Ellis et Péron sur la rapidité du décroissement de chaleur dans l'Océan, ce décroissement a été trouvé si inégal, qu'un degré du thermomètre centigrade répond tantôt à douze, tantôt à quatre-vingts toises, et même plus. On peut admettre en général que la température décroît six fois plus vite dans la mer que dans l'Océan

---

[1] Les températures moyennes augmentent de l'équateur aux pôles, à peu près comme le carré des sinus de latitude (*Journal de Phys.*, Tom. LXII, p. 447); et le décroissement de la chaleur, dans un plan vertical, rapproche le plus souvent, d'après MM. Oriani et Lindenau, de la loi d'une progression harmonique. (*Tables barom.*, p. xlv. *Mon. Cor.*, juin 1805. *Ephém. Méd.*; 1788, p. 138.)

aérien, et c'est à cause de cette distribution du calorique dans les deux élémens, que des plantes et des animaux analogues à ceux des régions polaires trouvent, sous la zone torride, sur la pente des montagnes et dans la profondeur de l'Océan, le climat qui convient à leur organisation.

Les mêmes causes auxquelles on doit attribuer les chaleurs modérées que l'on éprouve en naviguant entre les tropiques, produisent aussi une égalité singulière dans la température du jour et de la nuit. Cette égalité est encore plus grande sur mer que dans l'intérieur des continens. Dans la province de Cumana, au centre de vastes plaines peu élevées au-dessus du niveau de l'Océan, le thermomètre se soutient généralement, vers le lever du soleil, de 4 à 5 degrés plus bas qu'à deux heures après midi. Dans l'Océan Atlantique, au contraire, entre les 11 et 17 degrés de latitude, les plus grandes variations de chaleur excèdent rarement 1°,5 à 2 degrés, et j'ai souvent observé que, depuis dix heures du matin jusqu'à cinq heures du soir, le thermomètre ne varioit pas de 0°,8. En parcourant quatorze cents observations thermométriques faites d'heure en heure pendant l'expédition de M. de Krusenstern, dans la région équatoriale de la mer du Sud, on voit que la température de l'air ne changeoit, du jour à la nuit, que de 1 à 1,3 degrés centésimaux [1].

J'ai tâché de mesurer souvent la *force du soleil* par deux thermomètres à mercure parfaitement pareils [2], et dont l'un restoit exposé au soleil, tandis que l'autre étoit placé à l'ombre. La différence qui résulte de l'absorption des rayons dans la boule de l'instrument, n'excéda jamais 3°,7. Quelquefois elle ne s'élevoit même qu'à un ou deux degrés; mais la chaleur que conserve le corps du

---

[1] J'ai constamment observé le thermomètre sur le tillac, du côté du vent et à l'ombre. Peut-être le baromètre et le thermomètre de M. de Krusenstern étoient-ils placés dans un endroit plus abrité, par exemple dans la grande chambre.

[2] Cet instrument avoit une boule de trois lignes de diamètre, qui n'étoit pas noircie. Les échelles étoient renfermées dans des tubes de verre et très-éloignées de la boule. Les voyageurs préféreroient aujourd'hui, avec raison, les photomètres de M. Leslie. *Nicholson, Journ. for Nat. Phil.*, Vol. III, p. 467.

vaisseau, et le vent humide qui souffle par bouffées, rendent ce genre d'expériences assez difficiles. Je les ai répétées avec plus de succès sur le dos des Cordillères et dans les plaines, en comparant d'heure en heure, par un temps parfaitement calme, la force du soleil à sa hauteur, à la couleur bleue du ciel et à l'état hygrométrique de l'air. Nous examinerons, dans un autre endroit, si les différences variables que l'on observe entre le thermomètre au soleil et le thermomètre à l'ombre, dépendent uniquement de l'extinction plus ou moins grande de la lumière à son passage par l'atmosphère.

Température de la mer.

Mes observations sur la température des eaux de la mer, ont eu pour but quatre objets très-différens les uns des autres : le décroissement de la chaleur dans les couches superposées les unes aux autres; l'indication des hauts fonds par le thermomètre; la température des mers à leur surface; enfin la température des courans qui, dirigés de l'équateur aux pôles, et des pôles à l'équateur, forment des rivières chaudes [1] ou froides [2] au milieu des eaux immobiles de l'Océan. Je ne traiterai ici que de la chaleur de la mer à sa surface, phénomène le plus important pour l'histoire physique du globe, parce que la couche supérieure de l'Océan est la seule qui influe immédiatement sur l'état de notre atmosphère.

Le tableau suivant est extrait des nombreuses expériences que renferme notre journal de route depuis le 9 juin jusqu'au 15 juillet :

[1] *Le Gulf-Stream.*
[2] *Le courant du Chili*, qui, comme je l'ai prouvé ailleurs, entraîne les eaux des hautes latitudes vers l'équateur.

LATITUDE boréale.	LONGITUDE occidentale.	TEMPÉRATURE de l'Océan-Atlant. à sa surface.
39° 10'	16° 18'	15°,0
34° 30'	16° 55'	16°,3
32° 16'	17° 4'	17°,7
30° 36'	16° 54'	18°,6
29° 18'	16° 40'	19°,3
26° 51'	19° 13'	20°,0
20° 8'	28° 51'	21°,2
17° 57'	33° 14'	22°,4
14° 57'	44° 40'	23°,7
13° 51'	49° 43'	24°,7
10° 46'	60° 54'	25°,8

Depuis la Corogne jusqu'à l'embouchure du Tage, l'eau de la mer a peu varié de température; mais, depuis les 39 jusqu'aux 10 degrés de latitude, l'accroissement a été très-sensible et très-constant, quoiqu'il n'ait pas été toujours uniforme. Du parallèle du cap Montego à celui du Salvage, la marche du thermomètre a été presque aussi rapide que des 20° 8' aux 10°. 46', mais elle s'est trouvée extrêmement ralentie sur les limites de la zone torride, de 29° 18' à 20° 8'.

Cette inégalité est sans doute causée par des courans qui mêlent les eaux de différens parallèles, et qui, selon qu'on se rapproche ou des îles Canaries ou des côtes de la Guiane, portent au sud-est et à l'ouest-nord-ouest. M. de Churruca, en coupant l'équateur, dans son expédition au détroit de Magellan, par les 25° de longitude occidentale [1], a trouvé le maximum de la température de l'Océan Atlantique, à sa surface, par les 6° de latitude nord. Dans ces parages, sur des parallèles également éloignés de l'équateur, l'eau de la mer étoit plus froide au sud qu'au nord. Nous verrons bientôt que ce phénomène varie avec les saisons, et qu'il dépend en grande partie de l'impétuosité avec laquelle les eaux coulent vers le nord et le nord-ouest, à travers le canal formé entre le Brésil et les côtes d'Afrique. Si le mouvement de ces eaux ne modifioit pas la température de l'Océan, l'accroissement de chaleur sous la zone torride devroit être énorme, parce que la surface de l'eau renvoie infiniment moins de rayons qui se

[1] Au mois d'octobre 1788.

rapprochent de la perpendiculaire que de ceux qui tombent dans une direction oblique.

J'ai observé, dans l'Océan Atlantique comme dans la mer du Sud, que lorsqu'on change de latitude et de longitude à la fois, les eaux ne changent souvent pas d'un degré de température, sur des étendues de plusieurs milliers de lieues carrées; et que, dans l'espace compris entre le 27.me degré nord et le 27.me degré sud, cette température des mers est presque entièrement indépendante des variations qu'éprouve l'atmosphère [1]. Un calme plat très-prolongé, un changement momentané dans la direction des courans, une tempête qui mêle les couches inférieures de l'eau aux couches supérieures, peuvent, pendant quelque temps, produire une différence de deux et même de trois degrés; mais

---

[1] Pour faire voir combien peu l'air influe sur la température de l'immense bassin des mers, j'ai ajouté, dans les journaux de route, l'indication de la chaleur de l'atmosphère à celle de la chaleur de l'Océan. Cette dernière peut changer par des causes très-éloignées, telles que la fonte plus ou moins rapide des glaces polaires, ou des vents qui soufflent sous d'autres latitudes et qui produisent des courans.

aussitôt que ces causes accidentelles cessent d'agir, la température de l'Océan reprend son ancienne stabilité. J'aurai occasion de revenir dans la suite sur ce phénomène, l'un des plus invariables que présente la nature.

J'ai dressé une carte de la température des mers, tant sur mes propres observations faites des 44° de latitude nord aux 12° de latitude sud et des 43° aux 105° de longitude occidentale, que sur un grand nombre de matériaux que j'ai eu beaucoup de peine à réunir. Une masse d'eau considérable ne se refroidissant qu'avec une extrême lenteur, il suffit de plonger le thermomètre dans un seau que l'on vient de remplir à la surface de l'Océan. Quoique cette expérience soit bien simple, elle a été singulièrement négligée jusqu'ici. Dans la plupart des relations de voyages, on ne parle qu'accidentellement de la température de l'Océan, par exemple, à l'occasion des recherches faites sur le froid qui règne à de grandes profondeurs ou sur la rivière d'eau chaude qui traverse l'Atlantique. Je n'ai pu me servir de l'excellent ouvrage de M. Kirwan, *sur les climats*, parce que ce savant n'a pas suffisamment distingué, dans ses tables de la température propre aux différentes latitudes, ce qui est dû à des expériences directes de ce qui est le résultat de la théorie. Mais la seconde expédition au détroit de Magellan [1], commandée par Churruca et Galeano, la relation du voyage de l'abbé Chappe, en Californie, l'ouvrage publié à Philadelphie, sous le titre de *Navigation thermométrique* [2], et surtout les expériences intéressantes faites, en 1800, par M. Perrins, à bord du vaisseau le *Skelton*, pendant le cours d'un voyage de Londres à Bombay, m'ont fourni de nombreux matériaux pour mon travail. Occupé, à Lima, de recherches sur la température de la mer, j'avois engagé un officier de la marine royale, M. Quevedo, à observer, jour par jour, pendant son trajet du Pérou en Espagne, par le cap de Horn, l'indication de deux thermomètres dont l'un seroit exposé à l'air et l'autre plongé dans les couches supérieures de l'Océan. Les observations [3] faites par M. Quevedo, en 1802, à

[1] *Don Cosme de Churruca, Apendice del Viage al Magellanes*, 1793, p. 98.
[2] *Thermometrical Navigation*, 1799, p. 37.
[3] *Nicholson's Journal*, 1804, p. 131.

bord de la frégate *Santa Rufina*, qui seront consignées dans cet ouvrage, embrassent les deux hémisphères, depuis les 60° de latitude sud jusqu'aux 36° de latitude nord : elles sont d'autant plus précieuses que ce navigateur très-instruit connoissoit parfaitement sa longitude au moyen d'un chronomètre de Brockbanks, et de distances de la lune au soleil. Ses instrumens météorologiques, construits par Nairne, avoient été comparés, avant son départ, à ceux dont je me suis servi sur les Cordillères.

Depuis l'équateur jusqu'aux 25 et 28 degrés nord, la température est d'une constance bien singulière, malgré la différence des méridiens : elle est plus variable dans les latitudes élevées où la fonte des glaces polaires, les courans causés par cette fonte et l'extrême obliquité des rayons solaires en hiver, diminuent la chaleur de l'Océan. Le tableau suivant, qui renferme des expériences prises au hasard dans plusieurs journaux de route, confirme ces assertions. Les fractions de degrés, par lesquelles les résultats s'y trouvent exprimés, naissent de la réduction des échelles du thermomètre de Réaumur ou de Fahrenheit, à la division centigrade.

TEMPÉRATURE DE L'OCÉAN ATLANTIQUE PAR DIFFÉRENS DEGRÉS DE LONGITUDE.

LATITUDE.	LONGITUDE.	TEMPÉRAT. de L'OCÉAN.	ÉPOQUE de l'observation.		OBSERVATEURS.	TEMPÉRATURE MOYENNE de l'air, dans le bassin des mers.
0° 58′ A.	27° 34′ O.	27°,2	Nov.	1788	Churruca....	
0° 57′ A.	30° 11′ O.	27°,7	Avril	1803	Quevedo....	
0° 33′ A.	21° 20′ O.	27°,7	Mars	1800	Perrins.....	27° (Cook).
0° 11′ B.	84° 15′ O.	28°,0	Févr.	1803	Humboldt...	
0° 13′ B.	51° 42′ E.	27°,1	Mai	1800	Perrins.....	
25° 15′ B.	29° 36′ O.	20°,0	Juin	1799	Humboldt...	
25° 29′ B.	39° 54′ O.	21°,6	Avril	1803	Quevedo....	
25° 49′ B.	26° 20′ O.	20°,7	Mars	1800	Perrins.....	21° (La Perouse et Dalrymple).
27° 40′ B.	17° 4′ O.	21°,6	Janv.	1768	Chappe.....	
28° 47′ B.	18° 17′ O.	23°,5	Oct.	1788	Churruca...	
42° 34′ B.	15° 45′ O.	11°,1	Févr.	1800	Perrins.....	
43° 17′ B.	31° 27′ O.	15°,5	Mai	1803	Quevedo....	
43° 58′ B.	13° 7′ O.	15°,9	Juin	1799	Humboldt...	12°,7 (Cook et d'Entrecasteaux).
44° 58′ B.	34° 47′ O.	12°,7	Déc.	1789	Williams....	
45° 13′ B.	4° 40′ O.	15°,5	Nov.	1776	Francklin...	
48° 11′ B.	14° 18′ O.	14°,3	Juin	1790	Williams....	

CHAPITRE III.

Il est extrêmement remarquable que, malgré l'immensité de l'Océan et la rapidité des courans, il y ait partout une grande uniformité dans le *maximum* de chaleur qu'offrent les mers équinoxiales. M. Churruca a trouvé ce *maximum*, en 1788, dans l'Océan Atlantique, de 28°,7; M. Perrins, en 1804, de 28°,2; M. Rodman [1], dans son voyage de Philadelphie à Batavia, de 28°,8; et M. Quevedo, de 28°,6. Dans la mer du Sud, je l'ai observé la même année de 29°,3. Les différences excèdent par conséquent à peine 1° du thermomètre centigrade, ou $\frac{1}{28}$ de la chaleur totale. Il faut se rappeler que, sous la zone tempérée, au nord du parallèle de 45°, les températures moyennes des différentes années varient de plus de 2° ou d'un cinquième de la quantité de calorique que reçoit une partie déterminée du globe [2].

---

[1] *Coxe*, *Philadelphian Medical Museum*, Vol. I, p. 83.

[2] Genève, de 1796 à 1809 : 7°,87; 8°,34; 8°,00; 7°,47; 8°,38; 8°,49; 8°,49; 8°,27; 8°,5; 7°,12; 8°,73; 7°,78; 6°,68; et 7°,54 du thermomètre de Réaumur : Paris, à l'observatoire, de 1803 à 1810; 11°,95; 10°,75; 10°,35; 10°,55; 10°,50; 10°,65;

Le *maximum* de la température des mers, qui est de 28 à 29 degrés, prouve plus que toute autre considération que l'Océan est en général un peu plus chaud que l'atmosphère avec laquelle il est immédiatement en contact, et dont la température moyenne, près de l'équateur, est de 26 à 27 degrés. L'équilibre

11°,10; et 9°,79 du thermomètre centigrade. A mesure que l'on approche du tropique, les variations de la température annuelle diminuent. Rome (lat. 41°,53'), de 1789 à 1792; 13°,6; 12°,5; 13°,4, et 12°,9 R. (Buch, dans *Gilbert, Annalen der Physik*, T. XXIV, p. 238.) Philadelphie (lat. 39° 56'), de 1797 à 1803, 12°,7; 11°,6; 11°,8; 11°,7; 12°,7 et 12°,8 du therm. centigrade. Il résulte de ces observations très précises que les extrêmes ont été, à Genève, de 2°,5 ; à Paris, de 2°,2; à Rome, de 1°,3 ; et à Philadelphie, de 1°,1 de la division centésimale. Les variations que l'on observe dans la température de la mer à sa surface paroissent s'étendre, sous la zone tempérée, entre les 35 et 45 degrés de latitude à trois degrés autour de la moyenne, et j'ai eu tort de dire, d'une manière générale, dans l'introduction de la *Chimie de Thomson* (*traduction françoise*, Tom. I, p. 100), que la chaleur de l'Océan indique partout directement les températures moyennes de l'air correspondantes aux différentes latitudes.

CHAPITRE III. 87

entre les deux élémens ne peut s'établir tant à cause des vents qui portent l'air voisin des pôles vers l'équateur, qu'à cause de l'absorption du calorique, qui est l'effet de l'évaporation. On est d'autant plus surpris de voir la température moyenne s'élever, dans une partie de l'Océan équatorial, jusqu'au delà de 29° (23°,2 R.), que même sur les continens, au milieu des sables les plus arides, on connoît à peine un lieu dont la chaleur moyenne de l'année atteigne 31°.

Il reste à examiner si, par de basses latitudes, sur les mêmes parallèles, on trouve, en différentes saisons, à peu près les mêmes températures. Le tableau suivant facilitera ce genre de recherches.

TEMPÉRATURE DE L'OCÉAN ATLANTIQUE EN DIFFÉRENTES SAISONS.

LATITUDE boréale.	CHAPPE, janv. et févr. 1768.	THERMOMÈTRE CENTIGRADE ET LONGITUDE OCCIDENTALE.				
		PERRINS, mars 1804.	QUEVEDO, avril et mai 1803.	HUMBOLDT, juin et juillet 1799.	CHURRUCA, octobre 1788.	RODMAN, octobre et nov. 1803.
54 ½°	....	Therm. 16° Long. 18° 20'	Therm. 18°,8 Long. 41° 11'	Th. 16°,5 Lg. 16° 55'	Therm. 23°,1 Long. 15° 37'	Therm. 24°,3 Long. 52° 40'
50°	Th. 20°,7 Lg. 9° 30'	Therm. 19°,3 Long. 23° 15'	Therm. 20°,7 Long. 58° 40'	Th. 18°,4 Lg. 16° 50'	Therm. 23°,8 Long. 16° 4'	....
26°	Th. 23°,9 Lg. 18° 10'	Therm. 20°,7 Long. 26° 20'	Therm. 21°,2 Long. 39° 54'	Th. 20°,2 Lg. 19° 45'	....	Therm. 25°,0 Long. 35° 20'
18°	....	Therm. 22°,7 Long. 28° 32'	Therm. 23°,2 Long. 41° 17'	Th. 22°,4 Lg. 32° 10'	Therm. 26°,4 Long. 22° 10'	Therm. 26°,2 Long. 29° 50'
10°	....	Therm. 25°,8 Long. 24° 30'	Therm. 26°,2 Long. 37° 7'	Th. 25°,8 Lg. 65° 40'	Therm. 28°,2 Long. 22° 25'	Therm. 28°,2 Long. 26° 50'
5°	....	Therm. 26°,5 Long. 22° 33'	Therm. 26°,5 Long. 35° 10'	....	Therm. 28°,3 Long. 22° 27'	Therm. 28°,8 Long. 25° 1'
Maximum de la température de l'Océan	....	Th. 28°,2 par les 0° 15' de lat. bor. et les 22° 21' de long. occid.	Th. 28°,6 par les 2° 2' de lat. austl. et les 29°40' de long. occid.	....	Th. 29°,7 par les 6° 15' de lat. bor. et les 22° 12 de long. occid.	Th. 28°,8 des 8° 40' aux 5° 45' de lat. bor., et des 25° 50' aux 25° 0' de long. occid.

CHAPITRE III. 89

Une grande masse d'eau ne suit qu'avec une lenteur extrême les changemens de température observés dans l'atmosphère, et le *maximum* des températures moyennes de chaque mois ne correspond pas à la même époque dans l'Océan et dans l'air. L'accroissement de la chaleur des mers éprouve nécessairement un retard; et comme la température de l'air commence à diminuer avant que celle de l'eau ait atteint son *maximum*, il en résulte que *l'étendue des variations thermométriques* est plus petite à la surface de la mer que dans l'atmosphère. Nous sommes encore bien éloignés de connoître les lois de ces phénomènes, qui ont une grande influence dans l'économie de la nature.

M. Kirwan admet qu'entre les 18° de latitude nord et les 18 de latitude sud, les températures moyennes des mois ne diffèrent que de 5 degrés centésimaux, et cette évaluation est un peu trop foible; car nous savons, par des observations calculées avec soin, qu'à Pondichéry, à Manille et dans plusieurs autres lieux situés entre les tropiques, les chaleurs moyennes des mois de janvier et d'août diffèrent entre elles de 8 à

10 degrés. Or, les variations de l'air sont au moins d'un tiers plus petites dans le bassin des mers que sur le continent, et l'Océan n'éprouve qu'une partie des changemens de température de l'atmosphère qui l'entoure. Il en résulte que si l'Océan équatorial ne communiquoit pas avec les mers des zones tempérées, l'influence locale des saisons y seroit presque nulle.

M. Péron [1], qui a répété avec beaucoup de succès les expériences faites par Ellis, Forster et Irvine sur le froid qui règne au fond de l'Océan, affirme « que partout au large la mer est plus froide à midi, et plus chaude de nuit que l'air ambiant. » Cette assertion a besoin de beaucoup de restriction; j'ignore si elle est exacte pour les 44 et 49 degrés de latitude australe, où ce zélé naturaliste semble avoir fait le plus grand nombre de ses observations thermométriques; mais entre les tropiques, où l'air, en pleine mer, est à peine de 2° ou 3° plus froid à minuit que deux heures après la culmination

[1] *Annales du Muséum*, Tom. V, p. 123-148. *Journ. de Phys.*, Tom. LIX, p. 361. *Gilbert, Annalen der Physik*, Tom. XIX, p. 427.

du soleil, je n'ai jamais trouvé le moindre changement dans la température de l'Océan, de jour et de nuit. Cette différence ne devient sensible que dans un calme plat, pendant lequel la surface de l'eau absorbe une plus grande masse de rayons; mais nous avons déjà dit que les expériences thermométriques faites dans cet état de l'Océan n'ont rapport qu'à un phénomène local, et qu'elles doivent être exclues entièrement lorsqu'il s'agit d'un problème de la physique générale.

Les observations qui sont renfermées dans les tableaux précédens ont toutes été recueillies sous les mêmes parallèles, mais par des longitudes et dans des saisons très-différentes. Lors des expéditions aux terres magellaniques et à Batavia, le *maximum* de la température a été trouvé beaucoup plus au nord que dans tous les autres voyages, ce qui a influé sensiblement sur la chaleur de la mer au nord du tropique du Cancer. Le *maximum* a été, d'après les journaux de Churruca et de Rodman, en octobre, par les 6° nord; d'après M. de Quevedo, en mars, par les 2° 1′ sud; et d'après le docteur Perrins, en avril, par les 6° 15′ nord. Je l'ai observé en mars, à l'est des îles Galapagos, par les 2° 27' de latitude boréale. Il est probable que des changemens de courans causent ces anomalies extraordinaires, et que le grand cercle qui passe par les points où l'eau de mer est la plus chaude, coupe l'équateur sous un angle qui est variable, selon que la déclinaison du soleil est boréale ou australe. Ces phénomènes, liés peut-être à ceux de la limite des vents alisés et du *maximum* de la salure de la mer, méritent d'être examinés avec soin ; mais on ne sauroit être surpris d'un manque d'observations précises sur la température des mers équatoriales, si l'on se rappelle que nous ignorons encore les variations thermométriques dans les mers voisines de l'Europe [1].

[1] C'est en vain que, depuis mon retour en 1804, j'ai engagé les physiciens qui habitent les côtes de l'Océan, en Espagne, en France et en Angleterre, à déterminer, pour chaque mois de l'année, la température moyenne de la mer à sa surface, comparée à la température moyenne de l'air sur les côtes voisines. Ce qui a été publié à ce sujet se fonde ou sur des considérations théoriques ou sur un petit nombre d'expériences qui n'ont pas été faites au large, mais dans des ports et dans des rades abritées. Quel est le

Depuis les 30 degrés de latitude nord, les résultats que j'ai obtenus s'accordent très-bien avec les observations de MM. Perrins et Quevedo. Ce n'est probablement pas à l'influence locale des saisons, comme nous venons de le prouver plus haut, mais au mouvement des eaux et à des causes lointaines, qu'il faut attribuer l'étendue des variations de température observée entre les tropiques dans le voyage de Londres à Bombay. Ces variations se sont élevées à 5°, tandis que dans la mer du Sud je ne les ai trouvées que de 2°,7. M. Quevedo, en traversant du sud au nord un espace de 640 lieues, ne vit changer la chaleur de l'Océan Atlantique, depuis le tropique du Capricorne jusqu'à 9° de latitude boréale, que de 1°,7 : jusqu'aux 23° de lati-

---

maximum du froid qu'atteint l'Océan sous les 45° de latitude, en prenant la moyenne de plusieurs jours? A quel mois ce *maximum* correspond-il? On assure que, près de Marseille, la mer n'est jamais plus froide que 6°,5, et plus chaude que 25°, quoique les extrêmes de la température de l'air soient souvent —4° et +35°. (*Mém. de la Soc. royale de Méd.*, 1778, p. 70.) Peut-on admettre qu'au large, la chaleur de l'Atlantique s'élève à 20° par les 45° de latitude?

tude boréale, les plus grands écarts de la température de la mer ne s'élevoient encore qu'à 3°,7.

Cette grande régularité dans la distribution de la chaleur de l'Océan se manifeste aussi d'une manière bien sensible, lorsqu'on compare, dans les deux hémisphères, des zones également éloignées de l'équateur :

CHAPITRE III.

COMPARAISON DE LA TEMPÉRATURE DES MERS DANS LES DEUX HÉMISPHÈRES.

LATITUDE.	LONGITUDE.	ÉPOQUE de l'observat.	Température de l'Océan a sa surface. (Th. cent.)	NOMS des Observateurs.	Températ. moyenne de l'air observée sur les continens.	REMARQUES. (La température de l'Océan est à peu près égale à la température moyenne atmosphérique du *mois*; la température de l'air exprime la chaleur moyenne de l'*année* sous différens parallèles.)
3° 53′ B.	90° 36′ O.	Fév. 1803	28°,7	Humboldt.	27°	Mer du Sud.
3° 16′ A.	86° 23′ O.	Janv. 1803	27°,0	Idem.....	à 28°	
4° 8′ B.	22° 54′ O.	Oct. 1788	27°,5	Churruca..	.....	Océan Atlant.
3° 44′ A.	28° 10′ O.	Nov. 1788	27°,0	Idem.....		
4° 36′ B.	53° 50′ E.	Mai 1800	27°,6	Perrins...	.....	Mer des Indes.
4° 44′ A.	24° 51′ O.	Avril 1800	26°,4	Idem.....		Océan Atlant.
11° 12′ B.	37° 41′ O.	Avril 1803	27°,1	Quevedo..	.....	Océan Atlant.
11° 32′ A.	29° 41′ O.	Mars 1803	27°,0	Idem.....		
11° 58′ B.	25° 26′ O.	Mars 1800	23°,2	Perrins...	25°,8	Océan Atlant.
12° 30′ A.	27° 20′ O.	Avril 1800	25°,8	Idem.....		
15° 24′ B.	39° 44′ O.	Avril 1803	23°,8	Quevedo..	.....	Océan Atlant.
15° 50′ A.	30° 34′ O.	Mars 1803	26°.5	Idem.....		
25° 0′ B.	26° 50′ O.	Mars 1800	21°,0	Perrins...		
25° 40′ B.	41° 6′ O.	Avril 1803	22°,1	Quevedo..		
22° 52′ B.	22° 13′ O.	Juin 1799	20°,0	Humboldt.	23°	Océan Atlant.
2° 23′ A.	28° 58′ O.	Mars 1803	27°,0	Quevedo..		
23° 28′ A.	29° 40′ O.	Avril 1800	25°,5	Perrins...		
25° 30′ A.	50° 10′ E.	Mai 1800	22°,0	Idem.....	.....	Mer des Indes.
31° 0′ B.	79° 37′ O.	Mai 1804	21°,5	Humboldt.		
31° 22′ B.	15° 7′ O.	Oct. 1788	23°,6	Churruca..		
31° 58′ B.	20° 10′ O.	Mars 1800	17°,7	Perrins...		
31° 30′ B.	38° 45′ O.	Avril 1803	20°,7	Quevedo..	21°,6	Océan Atlant.
31° 34′ A.	28° 29′ O.	Mars 1803	24°,3	Idem.....		
31° 0′ A.	26° 20′ O.	Avril 1800	20°,5	Perrins...		
31° 34′ A.	46° 56′ O.	Nov. 1788	20°,5	Churruca..		
31° 4′ A.	47° 40′ E.	Mai 1800	19°,4	Perrins...	.....	Mer des Indes.
36° 38′ B.	41° 2′ O.	Mai 1803	19°,5	Quevedo..		
36° 5′ B.	76° 41′ O.	Mai 1803	20°,0	Humboldt.		
36° 4′ B.	17° 5′ O.	Juin 1799	15°,2	Idem.....		
33° 16′ B.	10° 24′ O.	Oct. 1788	23°,4	Churruca..	19°,8	Océan Atlant.
35° 22′ A.	50° 31′ O.	Nov. 1788	17°,0	Idem.....		
36° 3′ A.	17° 3′ O.	Avril 1800	18°,8	Perrins...		
36° 5′ A.	41° 58′ O.	Mai 1803	20°,0	Quevedo..		
33° 52′ A.	94° 52′ O.	Fév. 1803	22°,0	Idem.....	.....	Mer du Sud.
40° 28′ B.	33° 35′ O.	Mai 1803	17°,1	Quevedo..		
40° 30′ B.	68° 36′ O.	Juill. 1804	18°,7	Humboldt.		
42° 34′ B.	15° 45′ O.	Fév. 1800	11°,2	Perrins...	17°,5	Océan Atlant.
42° 30′ A.	50° 30′ O.	Mars 1803	13°,2	Quevedo..		
40° 36′ A.	48° 20′ O.	Mars 1803	15°,5	Idem.....		
40° 48′ A.	93° 56′ O.	Fév. 1803	17°,0	Idem.....	.....	Mer du Sud.

En discutant ces observations faites en différentes saisons, il faut comparer les mois qui, dans les deux hémisphères, sont à peu près également éloignés des solstices. Il est nécessaire aussi d'avoir égard à la lenteur avec laquelle, dans la zone tempérée, la mer reçoit et perd la chaleur qui lui est communiquée par l'air. Les anomalies qui se manifestent proviennent peut-être en partie des variations que subissent dans un même lieu, mais en différentes années, les températures moyennes atmosphériques des mois.

Le tableau précédent fait voir que les idées que l'on se forme généralement de la basse température de l'hémisphère austral ne sont pas tout-à-fait exactes. Près des pôles, et dans des latitudes très-élevées, le froid des mers est sans doute moins grand au nord qu'au sud de l'équateur; mais cette différence n'est pas sensible entre les tropiques; elle l'est même très-peu jusqu'aux 35 et 40 degrés de latitude. M. Kirwan[1] est parvenu à un résultat analogue pour l'air qui repose sur l'Océan,

---

[1] Voyez un Mémoire très-intéressant, inséré dans les *Mém. de l'Acad. d'Irlande*, Vol. VII, p. 422.

en prenant les moyennes d'un grand nombre d'observations faites pendant l'hiver et l'été de chaque hémisphère, et consignées dans les journaux de route des navigateurs. Depuis l'équateur jusqu'aux 34° de latitude australe, les hivers sont plus tempérés que sous les mêmes parallèles dans l'hémisphère boréal; et encore par les 51° sud, aux îles Malouines, le mois de juillet est beaucoup moins froid que le mois de janvier à Londres.

COMPARAISON DE LA TEMPÉRATURE DE L'AIR[1] DANS LES DEUX HÉMISPHÈRES.

LATITUDE.	MOIS correspondans.	TEMPÉRATURE MOYENNE DES MOIS.	
		Hémisphère austral.	Hémisphère boréal.
0°—15°	Décembre......	28°,0	....
	Juin..........	....	28°,5
18°	Octobre.......	....	26°,5
	Avril.........	27°,5	....
22°—26°	Janvier........	....	19°,3
	Juillet........	22°,5	....
	Septembre.....	....	20°,5
	Mars..........	20°,8	....
34°	Décembre......	....	15°,4
	Juin..........	13°,8	....
	Février........	....	17°,0
	Août..........	16°,8	....
43°	Juillet........	....	18°,2
	Janvier........	15°,2	....
48°	Juin..........	....	17°,7
	Décembre......	7°	....
58°	Juillet........	....	13°,5
	Janvier........	6°,2	....

[1] Les observations qui ont servi pour former ce tableau ont toutes été faites sur mer, à l'exception de celles dont on a déduit la température moyenne du parallèle de 34°. Ces dernières sont dues au séjour de M. Sparmann au cap de Bonne-Espérance.

Ces recherches offrent un grand intérêt pour l'histoire physique de notre planète. La quantité de calorique libre reste-t-elle la même pendant des milliers d'années? Les températures moyennes correspondantes à différens parallèles ont-elles augmenté ou diminué depuis la dernière révolution qui a bouleversé la surface du globe? Nous ne pouvons répondre à ces questions dans l'état actuel de nos connoissances; nous ignorons tout ce qui a rapport à un changement général des climats, comme nous ignorons si la pression barométrique de l'atmosphère, si la quantité d'oxygène, si l'intensité des forces magnétiques et un grand nombre d'autres phénomènes, ont éprouvé des changemens depuis les temps de Noé, de Xisutris ou de Menou. Comme une variation locale dans la température de l'Océan à sa surface pourroit être l'effet d'un changement progressif dans la direction des courans qui amènent des eaux plus chaudes ou plus froides, selon qu'ils viennent de latitudes plus basses ou plus élevées; de même, dans une étendue de mer très-limitée, un refroidissement sensible pourroit être produit par le conflit de courans obliques et sous-marins, qui mêlent les eaux du fond avec les eaux supérieures ; mais on ne sauroit tirer des conclusions générales des changemens qui ont lieu sur quelques points du globe, soit à la surface de la mer, soit sur le continent [1]. Ce n'est que par la comparaison d'un grand nombre d'observations faites sous différens parallèles et à différens degrés de longitude, qu'on parviendra à résoudre le problème important de l'accroissement ou de la diminution de la chaleur de la terre.

Pour préparer ce travail, il faut déterminer avec soin, à une époque donnée, le *maximum* de la température des eaux de la mer sous les tropiques, et le *parallèle des eaux les plus chaudes*. Nous avons prouvé que ce *maximum*

---

[1] Les courans de l'Océan aérien agissent comme les courans de la mer. En Europe, par exemple, la température moyenne d'un lieu peut augmenter, parce que des causes très-éloignées font changer le rapport entre les vents du sud-ouest et ceux du nord-est. On peut de même concevoir un changement particiel dans la hauteur barométrique moyenne d'un lieu, sans que ce phénomène indique une révolution générale dans la constitution de l'atmosphère.

est, de nos temps, dans les parages les plus éloignés les uns des autres, de 28° à 29° du thermomètre centigrade. Une postérité très-reculée décidera un jour si, comme M. Leslie,[1] a tâché de le prouver par des hypothèses ingénieuses, deux mille quatre cents ans suffisent pour que la température moyenne de l'atmosphère augmente d'un degré. Quelque lent que soit cet accroissement, il faut avouer qu'une hypothèse d'après laquelle la vie organique semble augmenter peu à peu sur le globe, occupe plus agréablement notre imagination que les anciens systèmes sur le refroidissement de notre planète et l'accumulation des glaces polaires. La physique et la géologie ont une partie purement conjecturale, et l'on diroit que les sciences perdent de leur attrait si l'on s'efforce à restreindre cette partie conjecturale dans des limites trop étroites.

---

[1] *An experimental inquiry into the nature and propagation of heat*, 1804, p. 181 et 536.

ÉTAT HYGROMÉTRIQUE DE L'AIR.

Malgré les doutes élevés dans ces derniers temps sur la précision avec laquelle les hygromètres à cheveu et à baleine indiquent les quantités de vapeurs mêlées à l'air atmosphérique, on ne sauroit disconvenir que, même dans l'état actuel de nos connoissances, ces instrumens sont d'un grand intérêt pour un physicien qui peut les transporter de la zone tempérée à la zone torride, de l'hémisphère boréal à l'hémisphère austral, des basses régions de l'air qui reposent sur l'Océan aux cimes neigeuses des Cordillères. J'aimerois mieux, dit M. de Saussure[1], que l'on se servît de l'instrument le plus imparfait, d'un fil de chanvre tendu par le poids d'une pierre, que de négliger entièrement des recherches dont on s'est encore si peu occupé dans des voyages lointains[2]. Sans discuter si des expé-

---

[1] *Essai sur l'Hygrométrie*, §. 353.

[2] M. Péron pense que « c'est dans l'expédition du capitaine Baudin que des hygromètres, pour la première fois, ont passé l'Océan; » mais avant ce voyage,

riences inexactes sont plus nuisibles au progrès des sciences que l'ignorance totale d'un certain nombre de faits, je puis affirmer que plusieurs hygromètres, construits par M. Paul à Genève, et réduits de temps en temps au point de l'humidité extrême [1],

et même long-temps avant le mien, des observations hygrométriques avoient été faites dans l'expédition de Lapérouse, et au Bengal, par M. Deluc, fils.

[1] J'ai fait cette correction chaque fois qu'il me restoit quelque doute sur l'indication de l'hygromètre. J'ai employé l'immersion dans l'eau de pluie, telle que M. Deluc l'exige pour les bandelettes de baleine. On sait que, même pour le cheveu, cette méthode de vérification ne peut causer qu'une légère erreur de 1° à 1°,5 (*Essai*, §. 32, p. 37), tandis que les meilleurs hygromètres different entre eux souvent de 2°. Je n'ai pu ramener le cheveu ou la bandelette de baleine au degré de sécheresse extrême, faute d'un appareil portatif que j'ai regretté de n'avoir pas fait construire avant mon départ. Je conseille aux voyageurs de se munir d'une cloche étroite contenant de la potasse caustique, de la chaux vive ou du muriate de chaux, et fermée à vis par un plateau sur lequel l'hygromètre soit fixé. Ce petit appareil seroit d'un transport facile, si l'on avoit soin de le tenir toujours dans une position perpendiculaire. Comme sous les tropiques l'hygromètre de Saussure se soutient généralement au-dessus

m'ont fourni des observations très-comparables entre elles. J'ai constamment préféré l'ancien instrument, muni d'un seul cheveu, à celui de Richer, dans lequel plusieurs cheveux agissent à la fois sur le cadran, et avec des tensions inégales. Je puis affirmer aussi que tout ce que M. de Saussure a dit, dans l'*Essai sur l'hygrométrie*, de la grande durée de ses hygromètres portatifs, est extrêmement exact '. J'en ai conservé sans altération pendant trois années de voyages dans les forêts et les montagnes de l'Amérique méridionale : leur marche avoit été vérifiée, avant mon départ, par M. Pictet, sur celle des hygromètres de l'observatoire de Genève, et je les ai presque toujours trouvés à 99° ou 100°,5 lorsque j'ai pu les exposer à un brouillard très-épais.

Comme le 50.me degré de l'hygromètre à

---

de 85°, une vérification fréquente du seul point de l'humidité extrême suffit le plus souvent pour rassurer l'observateur. D'ailleurs, pour reconnoître de quel côté est l'erreur, il faut se rappeler que de vieux hygromètres, si on ne les corrige pas, tendent à indiquer de trop grandes sécheresses.

 ª *Ibid.*, §. 67.

baleine correspond déja au 86.me degré de l'hygromètre à cheveu, je me suis servi du premier sur mer et dans les plaines, tandis que le second a été généralement réservé pour l'air sec des Cordillères. Le cheveu au-dessous du 65.me degré de l'instrument de Saussure accuse, par de grandes variations, les plus petits changemens de sécheresse. Il a en outre l'avantage de se mettre plus rapidement en état d'équilibre avec l'air ambiant. L'hygromètre de Deluc agit au contraire avec une lenteur extrême; et, sur la cime des montagnes, comme je l'ai éprouvé à mon grand regret, on est souvent incertain si l'on n'a pas cessé d'observer avant que l'instrument ait cessé de marcher. D'un autre coté, cet hygromètre, muni d'un ressort, mérite des éloges par la solidité de sa construction, par la précision avec laquelle il marque, dans un air très-humide, le moindre accroissement de la quantité des vapeurs dissoutes, et surtout parce qu'il agit dans toutes les positions, tandis que l'hygromètre de Saussure doit être suspendu, et se trouve quelquefois dérangé par le vent qui soulève le contre-poids du cadran. J'ai pensé que c'étoit rendre service aux voyageurs que de consigner ici les résultats d'une expérience de plusieurs années.

Pendant toute la traversée, l'*humidité apparente* de l'atmosphère, celle qu'indique l'hygromètre non corrigé par la température, a augmenté sensiblement, malgré l'accroissement progressif de la chaleur. Au mois de juillet, par les 13 et 14 degrés de latitude, l'hygromètre de Saussure a marqué, sur mer, 88 à 92 degrés[1] par un temps parfaitement serein, et le thermomètre se soutenant à 24 degrés. Sur les bords du lac de Genève[2] l'humidité moyenne du même mois n'est que

---

[1] L'hygromètre à cheveu étant beaucoup plus connu que celui à baleine, on a indiqué, pour conserver une marche uniforme, les résultats hygrométriques d'après l'instrument de Saussure, lors même que l'observation a été faite avec celui de Deluc. Ce n'est que dans le journal météorologique que l'on a désigné l'hygromètre employé pour chaque série d'expériences. Les nombres marquent toujours l'*humidité apparente*, si le contraire n'est pas expressément énoncé.

[2] Sous la zone tempérée, sur le continent, les extrêmes sont communément en été 67° et 88°, la température de l'air étant de 26° à 18° centésimaux.

de 80°, la chaleur moyenne étant de 19°. Or, en réduisant ces indications hygrométriques à une température uniforme, on trouve que l'*humidité réelle*, dans le bassin de l'Océan Atlantique équinoxial, est à l'humidité des mois d'été, à Genève, dans le rapport de 12 à 7. Cette énorme humidité de l'atmosphère explique, en grande partie, la force de la végétation que l'on admire sur les côtes de l'Amérique méridionale où il ne tombe presque pas de pluie pendant plusieurs années.

La quantité de vapeurs changeant, non avec l'élasticité, mais avec la température, on peut comparer, ou les quantités absolues de vapeurs que contient l'atmosphère en deux endroits, ou les rapports dans lesquels se trouvent ces quantités, avec celles qui sont nécessaires à la saturation complète de l'air sous différens climats. On connoît, par des expériences suffisamment exactes, les capacités de saturation de l'air à divers degrés du thermomètre; mais les rapports qui existent entre l'alongement progressif d'un corps hygroscopique et les quantités de vapeurs renfermées dans un espace donné, n'ont point été appréciés avec le même degré de certitude. Ce sont ces considérations qui m'ont engagé à publier les indications des hygromètres à cheveu et à baleine, telles qu'elles ont été observées, en notant le degré des thermomètres qui font corps avec ces deux instrumens. Pour faciliter jusqu'à un certain point la comparaison des observations faites à différentes latitudes, je consignerai ici un tableau qui a été calculé par M. d'Aubuisson, à l'occasion de ses recherches intéressantes sur les coëfficiens des formules barométriques. L'ensemble des résultats prouve qu'à mesure que l'on avance vers l'équateur, l'air se rapproche de l'état de saturation. On a choisi les époques où la température de la mer étoit à peu près égale à celle de l'air. Des huit colonnes qui composent ce tableau, la première offre l'époque de l'observation ; la deuxième, la latitude du lieu ; la troisième, l'état du thermomètre ; la quatrième, l'état de l'hygromètre ; la cinquième, le poids de la vapeur contenue dans un mètre cube d'air, ce volume étant saturé ; la sixième, le poids de la vapeur contenue dans un mètre cube d'air, en ayant égard au degré de l'hygromètre observé ; la septième, l'épaisseur de la lame d'eau qui seroit évaporée en une heure de temps, si l'air ambiant étoit entièrement sec ; la huitième, la même épaisseur, en admettant dans l'air la quantité de vapeur indiquée par l'hygromètre[1].

---

[1] Voici les fondemens du calcul de M. d'Aubuisson :

$t=$ Indication du thermomètre centigrade.
$\mu=$ Indication de l'hygromètre de Saussure.

Soit :

$\left.\begin{array}{l}a=\\b=\\c=\\d=\end{array}\right\}$ Les quantités indiquées dans les colonnes du tableau suivant, et désignées par les mêmes lettres.

$\varphi=$ force élastique de la vapeur dans un espace qui est saturé.

D'après les travaux de Saussure, on trouve que la force élastique, dans un espace où l'hygromètre marque μ degré, est $\varphi\,(0{,}015\,\mu-0{,}47)$, tant que $\mu > 50°$. Soit $0{,}015\,\mu - 0{,}47 = m$.

M. La Place donne, d'après les expériences de Dalton, $\varphi = 0{,}005123 \times (10)^{t.0{,}0279712 - t.0{,}00006258}$ mèt. (*Méc. cél.*, Tom. IV, p. 273.) De là on conclut :

$$a = \varphi \,\frac{1221{,}8}{1 + t.\,0{,}00375}\,;\ b = a \times m\,;\ c = \varphi\,42 \text{ millim.}$$

et $d = c\,(1 - m)$.

RÉSULTATS DES OBSERVATIONS HYGROMÉTRIQUES FAITES DANS LE BASSIN DE L'OCÉAN ATLANTIQUE.

ÉPOQUES de l'OBSERVATION.	LATITUDE DU LIEU en pleine mer.	DONNÉES.		QUANTITÉ DE VAPEURS contenues dans l'air,		QUANTITÉ D'EAU ÉVAPORÉE en une heure en temps,	
		Thermomètre	Hygromètre.	à saturation. a) grammes.	réellement. b) grammes.	l'air étant sec. c) millimètres.	réellement. d) millimètres
9 juin 1799	39° 16′	14°,5	82°	14,6	11,4	0,53	0,13
15.........	30° 36′	20°,0	85°,7	20,0	16,2	0,74	0,14
16.........	29° 18′	20°,0	83°,8	20,0	15,7	0,74	0,16
30.........	88° 53′	21°,2	81°,5	21,3	16,0	0,79	0,20
4 juillet...	16° 19′	22°,5	88°	22,9	19,4	0,85	0,13
10.........	12° 34′	24°,0	89°	24,8	21,5	0,93	0,13
12.........	10° 46′	25°,4	90°	26,7	23,5	1,01	0,12
1.........	11° 1′	25°	92°	26,8	23,8	0,98	0,09

Il résulte de ces recherches que si la quantité de vapeur que l'air contient ordinairement dans nos latitudes moyennes forme environ les trois quarts de la quantité nécessaire à sa saturation, dans la zone torride cette quantité s'élève aux neuf dixièmes. Le rapport exact est de 0,78 à 0,88. C'est cette grande humidité de l'air, sous les tropiques, qui fait que l'évaporation y est moins forte qu'on ne devroit le supposer, d'après l'élévation de la température.

J'ai été souvent surpris, pendant cette traversée, et plus tard dans le vaste bassin de l'Océan Pacifique, de ne pas voir l'hygromètre s'approcher davantage du point de l'humidité extrême. Cet instrument a été quelquefois, loin des côtes, à 83°; et, généralement dans la zone équinoxiale, il s'est soutenu entre 90 et 92 degrés. D'après les tableaux météorologiques, publiés par MM. Langsdorf et Horner, on voit que, dans l'expédition de Krusenstern, de même que dans celle de Lapérouse, l'humidité[1] appa-

---

[1] *Mém. de l'Acad. de Pétersbourg*, Tom. I, p. 454. J'ai corrigé les indications de l'hygromètre de Deluc,

rente a été trouvée de 88° à 92°. Les extrêmes ont été 83° et 97°; ce qui est conforme à mes observations. Il est vrai que, d'après les recherches curieuses de M. Gay-Lussac, l'hygromètre ne peut jamais marquer au delà de 90° dans un air qui est en contact avec une solution saturée de muriate de soude; mais partout l'eau de la mer s'éloigne tellement de l'état de saturation, que le sel qu'elle contient changeroit à peine d'un degré le point de l'humidité extrême que peuvent atteindre les basses couches de l'air dans le bassin des mers. Ce point seroit indiqué par l'hygromètre, si la tranquillité de l'atmosphère n'étoit pas troublée par des courans.

Le vent, en déplaçant les molécules de l'air, ne fait pas aller le cheveu au sec, comme il fait baisser un thermomètre exposé au soleil en enlevant les couches d'air fortement échauf-

---

dont se servoient les voyageurs russes. Le 76.ᵉ degré correspondoit, dans cet instrument, au point de l'humidité extrême. Les hygromètres de Lamanon étoient bien vérifiés, puisqu'ils indiquoient 100 et 101 degrés dans une brume épaisse. *Voyage de Lapérouse*, Tom. IV, p. 261.

fées. Des expériences nombreuses [1] de M. de Saussure prouvent que l'air agit de la même manière sur les substances hygroscopiques, qu'il soit en mouvement ou en repos; par conséquent l'influence des vents horizontaux et descendans ne devient sensible à l'hygromètre, qu'autant que ces vents amènent des couches d'air moins chargées de vapeurs. Si des courans obliques s'établissent, soit par une accélération subite dans le décroissement du calorique, soit par le conflit de plusieurs vents, soit par des phénomènes électriques, les couches supérieures de l'atmosphère se mêlent aux couches inférieures. Ces mouvemens, joints aux vents horizontaux qui traversent de grands continens avant de parvenir dans le bassin des mers, tendent perpétuellement à éloigner l'hygromètre du point extrême de la saturation. Peut-être aussi les courans polaires qui, par l'effet de la rotation du globe, semblent produire l'apparence des vents alisés, ont-ils trop de vitesse pour que l'air qu'ils amènent puisse, sous chaque parallèle, se charger de toute

---

[1] *Essai sur l'Hygrométrie*, §. 150-156.

la quantité de vapeurs correspondante à sa température.

Les physiciens qui ont suivi long-temps la marche de l'hygromètre en plein air, savent combien il est rare, à moins qu'on ne soit dans un brouillard épais, de voir ces instrumens à 100°. Pendant les pluies les plus fortes, et même au milieu des nuages, l'hygromètre à cheveu se maintient souvent entre 90 et 95 degrés [1]. Dans ce cas, l'air interposé aux gouttes d'eau ou à la vapeur vésiculaire est loin d'être saturé, et je doute que l'atmosphère, en conservant une parfaite trans-

---

[1] M. de Saussure l'a observé même une fois à 84°,7 pendant une ondée énorme. *Essai*, §. 326, p. 321. D'un autre côté, M. Deluc a trouvé que ses hygromètres qui, plongés dans l'eau, marquoient 100°, se soutenoient à 83°,3 lorsqu'on les plaçoit sous une cloche remplie d'air atmosphérique, et dont les parois étoient constamment humectées. En voyant, dans mon *Journal de route*, que l'hygromètre de Deluc s'est maintenu le plus souvent entre 60 et 65 degrés, il faut se rappeler que, pour cet instrument, le point de saturation *dans l'air* n'est pas à 100, mais environ à 84 ou 85 degrés. *Idées sur la Météorologie*, 1786, Tom. I, p. 72; Tom. II, p. 473. Urena, *Anales de historia natural*, 1803, p. 229.

parence, atteigne jamais le *maximum* de l'humidité que nous produisons sous nos cloches. M. de Saussure, après avoir exposé la longue série de ses expériences manométriques et hygrométriques faites à différens degrés de température, convient lui-même que les deux derniers degrés de son instrument ne sont peut-être que des *degrés de supersaturation*, et que la quantité de vapeurs que peut contenir un certain volume d'air libre, est probablement plus petite qu'on ne devroit l'admettre, d'après des essais faits dans nos laboratoires [1].

Les naturalistes qui ont accompagné le chevalier Krusenstern dans son voyage autour du monde, assurent que l'hygromètre de Deluc a servi aux marins à prévoir le mauvais temps pendant la traversée des îles Washington à Nangasacki, et partout dans

---

[1] En déterminant le point de l'humidité extrême, on croit que l'air de la cloche n'est point encore saturé quand déjà les vapeurs se précipitent d'une manière presque imperceptible. (*Saussure, Essai*, §. 107 et 123.) M. Gay-Lussac a fait voir que la propriété hygroscopique du verre devient une source d'erreurs difficile à éviter.

la zone torride où les changemens de l'atmosphère ne sont presque pas sensibles pour le baromètre. D'un autre côté, M. Péron dit qu'il a vu constamment baisser le baromètre sur mer, lorsque l'hygromètre à cheveu avançoit vers l'humidité extrême. Je n'ai eu occasion de vérifier ni l'une ni l'autre de ces assertions.

Couleur azurée du ciel et couleur de la mer a sa surface.

Les mesures cyanométriques que renferme cet ouvrage sont, je crois, les premières que l'on ait tentées sur mer et dans les régions équinoxiales. L'instrument dont je me suis servi avoit été comparé à celui de M. de Saussure. J'avois eu la satisfaction, en 1795, de consulter ce savant illustre sur mes projets de voyage, et il m'avoit engagé à faire, hors de l'Europe, des observations comparables à celles qu'il avoit recueillies dans la chaîne des hautes Alpes [1].

---

[1] M. Leslie a énoncé ce même désir dans son ouvrage sur la *Propagation de la chaleur*, p. 442.

CHAPITRE III.

Je ne rappellerai pas ici la théorie du cyanomètre et les précautions nécessaires pour éviter les erreurs. Quoique cet instrument assez imparfait soit encore peu répandu, les physiciens n'en connoissent pas moins le principe ingénieux sur lequel se fonde la détermination des points extrêmes de l'échelle [1]. Pour m'assurer, par une preuve directe, si les observations cyanométriques sont comparables entre elles, j'ai souvent essayé de placer l'instrument entre les mains de personnes qui n'avoiént aucune habitude de ce genre de mesure, et je n'ai pas vu que leur jugement, sur les nuances du bleu vers l'horizon et au zénith, différât de plus de deux degrés.

Les chasseurs de chamois et les pâtres

---

[1] *Mémoires de Turin*, Tom. IV, p. 409. *Journal de Physique*, Tom. XXXVIII, p. 499. *Voyages dans les Alpes*, §. 2086. *Essai sur la Géographie des plantes*, 1807, p. 102. Bouguer paroît déjà avoir eu l'idée d'un instrument semblable, mais d'un usage plus général. En parlant de la lumière renvoyée par les molécules d'air, il dit : « On devroit employer, comme terme de comparaison, des tablettes peintes de différentes couleurs. » *Traité d'Optique*, p. 365.

de la Suisse ont été frappés de tout temps de l'intensité de couleur qu'offre la voûte céleste sur le sommet des Alpes. Dès l'année 1765, M. Deluc fixa l'attention des savans sur ce phénomène dont il a développé les causes avec autant de justesse que de simplicité. « Dans le bas de l'atmosphère, dit-il [1], la couleur de l'air est toujours plus pâle et affoiblie par les vapeurs qui, en même temps, dispersent davantage la lumière. L'air des plaines devient plus foncé quand il est plus pur, mais il n'approche jamais de la teinte vive et foncée que l'on remarque sur les montagnes. » Il m'a paru que, dans la chaîne des Andes, ces apparences font moins d'impression sur l'esprit des indigènes, sans doute parce que ceux d'entre eux qui gravissent les cimes des Cordillères pour y prendre de la neige, ne viennent pas de la région des plaines, mais de plateaux qui, eux-mêmes, sont élevés de douze ou quinze cents toises au-dessus du niveau des mers.

En examinant les observations cyanomé-

---

[1] *Recherches sur les modifications de l'atmosphère*, §. 931.

triques consignées dans mon journal de route, on voit que, depuis les côtes d'Espagne et d'Afrique jusqu'à celles de l'Amérique méridionale, la couleur azurée de la voûte céleste a augmenté progressivement de 13 à 23 degrés. Du 8 au 10 juillet, par les 12 ½ et 14 degrés de latitude, le ciel a été d'une pâleur extraordinaire sans que des vapeurs concrètes ou vésiculaires aient été visibles. Le cyanomètre n'a indiqué, au zénith, entre midi et deux heures [1], que 16° à 17°, quoique les jours précédens il eût été à 22°. J'ai trouvé, en général, la teinte du ciel plus foncée sous la zone torride que dans les hautes latitudes; mais j'ai constaté aussi que, sur le même

[1] Les observations ont toujours été faites au zénith même ou près du zénith, mais à des époques où le soleil étoit éloigné de la partie du ciel dont on mesuroit l'intensité de la couleur bleue. A 10 ou 12 degrés de distance, autour de l'astre, les teintes ont une pâleur locale, comme au contraire elles ont une intensité locale lorsqu'on aperçoit le bleu de ciel, soit entre deux nuages ou au-dessus d'une montagne couverte de neige, soit entre les voiles d'un navire ou entre les cimes des arbres. Il est presque inutile d'avertir que cette intensité n'est qu'apparente, et qu'elle est l'effet d'un contraste de deux couleurs de différens tons.

parallèle, cette teinte est plus pâle au large que dans l'intérieur des terres.

Comme la couleur de la voûte céleste dépend de l'accumulation et de la nature des vapeurs opaques suspendues dans l'air, il ne faut pas s'étonner si, pendant les grandes sécheresses, dans les steppes de Vénézuéla et du Meta, on voit le ciel d'un bleu plus foncé que dans le bassin de l'Océan. Un air très-chaud et presque saturé d'humidité s'élève perpétuellement de la surface des mers vers les hautes régions de l'atmosphère où règne une température plus froide. Ce courant ascendant y cause une précipitation, ou, pour mieux dire, une condensation des vapeurs. Les unes se réunissent en nuages, sous la forme de vapeurs vésiculaires, à des époques où l'on ne voit jamais paroître de nuages dans l'air plus sec qui repose sur les continens; d'autres restent éparses et suspendues dans l'atmosphère dont elles rendent la teinte plus pâle. Lorsque de la cime des Andes on tourne ses regards vers la mer du Sud, on aperçoit souvent une brume, uniformément répandue, à quinze ou dix-huit cents toises de hauteur, et couvrant, comme un voile léger, la surface de l'Océan. Cette apparence a lieu dans une saison où l'air, vu des côtes et au large, paroît pur, et parfaitement transparent; aussi l'existence de ces vapeurs opaques ne s'annonce aux navigateurs que par le peu d'intensité qu'offre la couleur azurée du ciel. Nous aurons occasion, dans la suite, de revenir sur ces phénomènes qui modifient l'extinction de la lumière, et qui, semblables aux brouillards que le peuple appelle *secs*, restent tellement circonscrits aux hautes régions de l'atmosphère que nos hygromètres n'en éprouvent aucun changement sensible.

J'ai répété plusieurs fois, dans la partie équinoxiale de l'Océan Atlantique, les expériences que M. de Saussure a faites sur le décroissement de l'intensité de couleur observée depuis le zénith jusqu'à l'horizon. Le 4 juillet, par les 16° 19′ de latitude, le ciel étant du bleu le plus pur, le thermomètre se soutenant à 22°, et l'hygromètre à 88°, j'ai trouvé, vers midi :

à 1° de hauteur 3° du cyanomètre.
10° .... 6°
20° .... 10°
30° .... 16°,5
40° .... 18°
60° .... 22°
entre 70 et 90° .... 23°,5

Le 30 juin, par les 18° 53' de latitude, le thermomètre étant à 21°,2, et l'hygromètre à 81°,5, le décroissement cyanomètrique avoit été un peu moins régulier :

à 1° de hauteur 2°,5 du cyanomètre.
10° .... 4°
20° .... 8°,5
30° .... 12°
45° .... 15°,5
50° .... 18°,3
60° .... 21°
entre 70° et 90° .... 22°,4

Ce décroissement a beaucoup de rapport avec celui qui a été observé à Genève le 11 avril 1790, et auquel M. Prevost[1] a tenté d'appliquer le calcul. On reconnoît que l'un

[1] *Journal de Physique*, Tom. LVII, p. 372.

et l'autre suivent à peu près une progression arithmétique, mais que sur mer il y a de fortes irrégularités au-dessous de 20 degrés de hauteur. Cette zone, voisine de l'horizon, offre des teintes extrêmement pâles, à cause des vapeurs qui reposent sur la surface de l'eau, et à travers lesquelles les rayons bleus nous sont transmis. C'est par la même raison que, près des côtes, à égale distance du zénith, la voûte du ciel paroît plus foncée du côté du continent que du côté de la mer.

La quantité de vapeurs qui modifient les nuances de l'atmosphère, en réfléchissant de la lumière blanche, change du matin au soir; et le cyanomètre, observé au zénith ou près de ce point, indique, avec assez de précision, les variations qui correspondent aux différentes heures du jour :

	VI$^h\frac{1}{2}$	X^h	Midi	II^h	V$^h\frac{1}{2}$
latitude 18° 53'	17°	21°	22°,4	22°	18°
16° 19'	19°	22°	23°,5	23°	20°,5
13° 51'	15°	16°	17°	17°	15°,8

Je n'ai pas voulu retrancher la dernière observation, celle du 8 juillet, quoique le ciel, par une anomalie bizarre, ait paru, ce jour-là, aussi pâle qu'on le voit sur le continent, dans la zone tempérée. Le soleil étant à égales distances du méridien, les teintes sont plus foncées le soir que le matin, sans doute parce que le *maximum* de la température tombe entre une et deux heures. Je n'ai pas remarqué, comme M. de Saussure, que le cyanomètre fût régulièrement moins élevé à midi [1] que quelque temps avant le passage du soleil au méridien; mais aussi je n'ai pu me livrer, avec autant d'assiduité que lui, à ce genre de recherches.

Il ne faut pas confondre les mesures cyanométriques avec les expériences que Bouguer a tentées, au moyen de son *lucimètre*, sur l'intensité de la lumière diffuse ou réfléchie par l'air. Cette intensité contribue sans doute à modifier la teinte plus ou moins azurée de la voûte céleste; mais les deux phénomènes ne dépendent pas directement des mêmes causes, et il y a un grand nombre de cir-

---

[1] Observations cyanométriques de Genève :

VI^h	X^h	Midi	II^h	VI^h
14°,7	22°,6	22°,5	20°,6	17°

constances dans lesquelles l'intensité de la lumière aérienne est très-petite, tandis que le cyanomètre indique des teintes plus foncées. M. Leslie [1] a observé, par exemple, à son photomètre, que la lumière diffuse est moins forte, lorsque le ciel est d'un bleu très-pur et très-foncé, que lorsqu'il est légèrement voilé par des vapeurs transparentes. De même, sur les montagnes où l'intensité de la lumière directe est la plus grande [2], la lumière aérienne est très-foible, parce que les rayons sont réfléchis par un air moins dense. Une teinte très-foncée y correspond à la foiblesse de la lumière diffuse, et l'aspect du ciel ressembleroit, sur les montagnes, à celui qu'offre la voûte céleste dans les plaines, lorsqu'elle est éclairée par la foible lumière de la lune, si l'état des vapeurs aqueuses ne produisoit pas une différence sensible dans la quantité de rayons blancs réfléchis vers les basses régions de la terre. C'est dans ces régions que les vapeurs se condensent après le coucher du

---

[1] *On Propagation of heat*, p. 441.

[2] *La Place, Mécan. céleste*, Tom. **IV**, p. 282. *Exposition du Système du Monde*, p. 96.

soleil, et que des courans descendans troublent l'équilibre de température qui s'est établi pendant le jour. Sur le dos des Cordillères, l'azur du ciel est moins mêlé de blanc, parce que l'air y est constamment d'une sécheresse extrême. L'atmosphère moins dense des montagnes, éclairée par la vive lumière du soleil, réfléchit presque aussi peu de rayons bleus que l'atmosphère plus dense des plaines éclairée par la foible lumière de la lune. Il résulte de ces considérations que l'on ne devroit pas dire, avec M. de Saussure et d'autres physiciens qui ont récemment traité cette matière, que l'intensité du bleu est plus grande sur le sommet des Alpes que dans les plaines; la couleur du ciel y est seulement plus foncée, moins mêlée de blanc.

Si l'on dirige le cyanomètre vers des parties du ciel très-voisines du soleil, l'instrument indique, près du zénith, des teintes aussi foibles que celles que l'on observe près de l'horizon. Les causes de cette pâleur sont très-différentes. Près du soleil, une lumière trop intense fatigue nos organes, et, l'œil ébloui par la quantité de rayons blancs qu'il reçoit à la fois, devient presque insensible à l'impression des rayons bleus. A l'horizon, au contraire, ce n'est pas l'intensité de la lumière aérienne qui fait pâlir la teinte azurée du ciel : avant le coucher du soleil, ce phénomène est produit par la lumière blanche que réfléchissent les vapeurs condensées près de la surface de la terre.

Bouguer a fait l'observation curieuse que, le soleil étant à 15 ou 20 degrés de hauteur, il y a, sur un parallèle à l'horizon, deux parties du ciel éloignées de l'astre de 110 à 120 degrés, où l'intensité est à son *minimum*, tandis qu'on observe le *maximum* dans un point diamétralement opposé au soleil [1]. Nous pensons que cette circonstance influe peu sur l'exactitude des mesures cyanométriques faites dans la zone torride ; car plus le soleil est élevé sur l'horizon, et plus il y a d'uniformité dans la distribution de la lumière aérienne [2]. Il paroît même qu'une partie du ciel peut réfléchir une quantité de lumière plus ou moins grande, sans que le cyanomètre indique une teinte plus ou moins foncée.

[1] *Bouguer, Traité d'Optique*, p. 71 et 367.
[2] *Ibid.*, p. 74.

Je ne m'étendrai pas davantage sur les rapports qui existent entre les résultats obtenus par le cyanomètre de Saussure et le lucimètre de Bouguer. On sait que cette matière appartient aux recherches les plus délicates de l'optique; et la teinte du ciel mérite d'autant plus l'attention des physiciens, que les expériences ingénieuses de M. Arago ont prouvé récemment que la lumière aérienne est composée de rayons qui ne sont pas de la même nature, puisqu'elle en renferme qui ne sont pas susceptibles d'être polarisés.

Si le cyanometre indique, je ne dirai pas la quantité, mais l'accumulation et la nature des vapeurs opaques contenues dans l'air, le navigateur a une manière plus simple de juger de l'état des basses régions de l'atmosphère. Il observe attentivement la couleur et la figure du disque solaire à son lever et à son coucher. Ce disque, vu à travers les couches d'air qui reposent immédiatement sur l'Océan, annonce la durée du beau temps, le calme ou la force du vent. C'est une espèce de *diaphanomètre* [1] dont les indications ont

---

[1] Voyez la description de l'appareil auquel Saussure

été interprétées, depuis des siècles, avec plus ou moins de succès. Sous la zone torride, où les phénomènes météorologiques se succèdent avec une grande régularité, et où les réfractions horizontales sont plus uniformes, les pronostics sont plus sûrs que dans les régions boréales. Une grande pâleur du soleil couchant, une couleur blafarde, une défiguration extraordinaire du disque y sont des signes de tempête rarement équivoques, et l'on a de la peine à concevoir comment l'état des basses couches de l'atmosphère, que nous révèle ce diaphanomètre naturel, peut être aussi intimement lié à des changemens météorologiques qui ont lieu huit ou dix heures après le coucher du soleil.

Les marins, plus encore que les habitans de la campagne, ont perfectionné la connoissance physionomique du ciel. N'apercevant que la surface de l'Océan et la voûte céleste qui semble reposer sur elle, ils fixent perpétuellement leur attention sur les plus petites modifications qu'éprouve l'atmosphère. Parmi

a donné ce nom, dans les *Mém. de Turin*, **Tom. IV**, p. 425.

le grand nombre de règles météorologiques, que les pilotes se transmettent, comme par héritage, il y en a plusieurs qui annoncent beaucoup de sagacité; et, en général, les pronostics sont moins incertains dans le bassin des mers, surtout dans la partie équinoxiale de l'Océan, que sur le continent, où la configuration du sol, les montagnes et les plaines troublent la régularité des phénomènes météorologiques. L'influence des lunaisons sur la durée des tempêtes, l'action que la lune exerce à son lever, pendant plusieurs jours de suite, sur la dissolution des nuages, la liaison intime qui existe entre les abaissemens des baromètres marins et les changemens du temps, et d'autres faits analogues, se manifestent à peine dans l'intérieur des terres comprises dans la zone variable, tandis que leur réalité ne paroît pas susceptible d'être niée par ceux qui ont navigué long-temps entre les tropiques.

J'ai tenté d'employer le cyanomètre à la mesure de la couleur de la mer. Quoique cette couleur soit le plus souvent verte, on n'a pas besoin d'un *chloromètre* pour évaluer l'intensité de sa teinte. Il ne s'agit, dans cette expérience, que du ton de couleur, de la nuance plus ou moins foncée, et non de la nature individuelle ou de la qualité de la couleur. Par un beau temps serein, la teinte de l'Océan a été égale au 33.me, au 38.me, quelquefois même au 44.me degré du cyanomètre, quoique la voûte du ciel fût très-pâle et atteignît à peine le 14.me ou 15.me degré. Il seroit inutile de répéter ces expériences quand l'atmosphère est chargée de nuages, ou à l'ombre que projette le corps du vaisseau. Lorsqu'au lieu de diriger le cyanomètre vers une grande étendue de mer libre, on fixe les yeux sur une petite partie de sa surface à travers une ouverture étroite, l'eau paroît d'une couleur d'outremer superbe. Au contraire, vers le soir, quand le bord des vagues, éclairé par le soleil, brille d'un vert d'émeraude, la face, du côté de l'ombre, a un reflet pourpré.

Rien n'est plus frappant que les changemens rapides qu'éprouve la couleur de l'Océan par un ciel clair, et sans que l'on observe les moindres variations dans l'atmosphère. Je ne parle pas ici de la teinte laiteuse et blanchâtre qui caractérise les eaux de sonde et les bas-fonds, et qui ne peut être due qu'au sable suspendu dans le liquide, puisqu'elle se trouve dans des parages où le fond, à vingt ou trente brasses de profondeur, n'est aucunement visible : je parle de ces changemens extraordinaires par lesquels, au milieu du vaste bassin de l'Océan équinoxial, l'eau passe du bleu d'indigo au vert le plus foncé, et de celui-ci au gris d'ardoise, sans que l'azur de la voûte céleste ou la couleur des nuages paroissent y influer.

La teinte bleue de l'Océan est presque indépendante du reflet du ciel. En général, les mers des tropiques sont d'un azur plus intense et plus pur que les mers situées sous de hautes latitudes, et cette différence se fait remarquer jusque dans le Gulf-Stream. L'Océan reste souvent bleu, lorsque, par un beau temps, plus des quatre cinquièmes de la voûte céleste sont couverts de légers nuages blancs et épars. Les savans qui n'admettent pas la théorie de Newton, sur la coloration[1], considèrent le bleu du ciel comme le noir de

---

[1] Antonio de Dominis, La Hire et M. de Göthe. (*Mém. de l'Acad.*, Tom. IX, p. 615; *Farbenlehre*, Tom. I., p. 59.)

l'espace vu à travers un milieu dont la transparence est troublée par des vapeurs ; ils pourroient étendre cette explication à la teinte bleue de l'Océan.

Tout ce qui a rapport à la couleur de l'eau est extrêmement problématique. La nuance verte des eaux de neige qui sortent des glaciers des Alpes, et qui contiennent très-peu d'air dissous, pourroit faire croire que cette couleur est propre à l'eau dans sa plus grande pureté. C'est en vain qu'on s'adresseroit à la chimie pour expliquer ce phénomène ou la couleur bleue du Rhône près de Genève. Rien ne prouve jusqu'ici qu'il existe des eaux plus ou moins hydrogénées ; et le refroidissement des mers dans les tempêtes est beaucoup trop foible, pour que l'on puisse attribuer au simple changement de densité la réflexion de rayons diversement colorés. Il n'est aucunement probable que la couleur verte des eaux soit due au mélange des rayons jaunes du fond et des rayons bleus réfléchis par l'eau [1] ; car la mer est souvent verte au large, où elle a plus de

---

[1] *Décade égyptienne*, Vol. I, p. 101.

800 toises de profondeur. Peut-être, à de certaines heures du jour, la lumière jaune et rouge du soleil contribue-t-elle à la coloration en vert [1]. Les vagues, semblables à des miroirs mobiles et inclinés, réflètent progressivement les nuages et les teintes aériennes, depuis le zénith jusqu'à l'horizon. Le mouvement de la surface de l'eau modifie la quantité de lumière qui pénètre vers les couches inférieures, et l'on conçoit que ces changemens rapides de transmission, qui agissent pour ainsi dire comme des changemens d'opacité, peuvent, lorsqu'ils se réunissent à d'autres causes qui nous sont inconnues, altérer la teinte de l'Océan.

Inclinaison de l'aiguille aimantée. Intensité des forces magnétiques.

Les variations du magnétisme terrestre appartiennent à un genre de phénomènes dont je me suis occupé, avec une prédilection particulière, pendant le cours de mes

---

[1] La belle couleur bleu-verdâtre qu'offre la glace, lorsqu'on la voit en grande masse, est un phénomène bien digne de recherches, et connu de tous les physiciens qui ont visité les glaciers des Alpes.

CHAPITRE III.

voyages et dans les années subséquentes. Les objets vers lesquels j'ai dirigé mes recherches ont été, 1.° l'inclinaison de l'aiguille aimantée; 2.° la déclinaison ou l'angle que fait le méridien magnétique avec le méridien du lieu; 3.° les variations horaires de la déclinaison; 4.° l'intensité des forces magnétiques mesurée par la durée des oscillations d'une aiguille horizontale ou verticale [1]. L'étendue de la surface du globe, dans laquelle j'ai pu déterminer les phénomènes magnétiques avec les mêmes instrumens et en employant des

[1] Quand on mesure l'intensité par les oscillations d'une aiguille, dans un plan horizontal, il faut corriger les résultats par l'inclinaison observée dans le même lieu. Cette correction devient inutile lorsqu'on emploie une aiguille d'inclinaison qui fait des oscillations dans le plan du méridien magnétique. D'ailleurs le nombre de ces oscillations, comparé au nombre de celles que fait la même aiguille dans un plan perpendiculaire au méridien magnétique, détermine l'inclinaison du lieu. Cette méthode de trouver l'inclinaison par un instrument sans limbe divisé, offre plus de précision près de l'équateur magnétique que dans les régions boréales; elle a servi à vérifier l'exactitude d'une partie de mes observations publiées, avant mon retour en Europe, par M. de Lalande. (*Journal de Phys.*, Tom. LIX, p. 429.)

méthodes analogues, est de 115° en longitude; elle est comprise entre 52° de latitude boréale et 12° de latitude australe. Cette vaste région offre d'autant plus d'intérêt qu'elle est traversée par l'équateur magnétique; de sorte que, le point où l'inclinaison est zéro, ayant été déterminé à terre, et par des moyens astronomiques, on peut, pour les deux Amériques, convertir, avec précision, les latitudes terrestres en latitudes magnétiques. Cette conversion, indispensable pour l'étude des lois compliquées du magnétisme, est au contraire très-hasardée, lorsqu'on compare des observations d'inclinaison faites sur des méridiens très-éloignés les uns des autres, et lorsque l'on regarde l'équateur magnétique comme un grand cercle sans inflexion et sans irrégularité de courbure.

Malgré le perfectionnement considérable que Mitchelle et Nairne avoient apporté dans la construction des boussoles d'inclinaison, ces instrumens, avant l'année 1791, n'étoient point encore parvenus à ce degré de précision qu'ils ont atteint aujourd'hui. Si La Caille, Dalrymple, Cook, Bayly et lord Mulgrave, sont parvenus à obtenir d'excellens résultats, c'est qu'en habiles observateurs, ils ont multiplié les vérifications et pris des moyennes d'un grand nombre d'expériences. Les boussoles de l'expédition de Lapérouse étoient celles dont le capitaine Cook s'étoit servi dans son dernier voyage autour du monde. On doit croire que ces instrumens étoient dérangés ou d'un usage assez difficile; car les inclinaisons observées à bord de l'*Astrolabe*, diffèrent souvent de 5, 6 et 8 degrés de celles que l'on a obtenues le même jour à bord de la *Boussole*. C'est cette incertitude qui avoit engagé le célèbre Borda à s'occuper, conjointement avec M. Le Noir, du perfectionnement des boussoles d'inclinaison. Ce géomètre, auquel l'astronomie est redevable de l'usage des cercles répétiteurs, est aussi celui qui a facilité aux voyageurs les moyens de faire des observations précises sur l'inclinaison magnétique. La boussole de Borda a été employée avec succès dans l'expédition du contre-amiral d'Entrecasteaux, dans celle du capitaine Baudin, et dans les excursions de M. Nouet en Égypte. Si l'on ajoute les résultats obtenus dans ces différens voyages à ceux que j'ai réunis, pendant sept ans, dans les deux Amériques, en Espagne, en France, en Italie, en Suisse et en Allemagne, on aura une grande masse d'observations comparables[1] entre elles, et dignes d'exercer la sagacité des géomètres.

[1] Les observations d'inclinaison faites par MM. de Rossel, Freycinet, Nouet, Gay-Lussac et moi sont d'autant plus comparables qu'elles embrassent une période de temps assez courte. Le Monnier (*Lois du magnétisme*, p. 57) et lord Mulgrave (*Voyage to the North Pole*, p. 68) admettoient encore l'invariabilité de l'inclinaison magnétique; mais MM. Gilpin et Cavendish ont prouvé, en 1806, par des expériences directes, que l'inclinaison de l'aiguille est soumise, comme la déclinaison, à des variations annuelles, quoique extrêmement lentes. Les villes de Londres et de Paris sont jusqu'ici les seuls lieux où l'on connoisse l'étendue de ces variations. L'inclinaison a été, à Londres, en 1775, de 72° 30', et, en 1805, de 70° 21'. (*Philos. Trans.*, Tom. LXVI, P. 1, p. 401.) Nous ne saurions admettre avec M. Cotte (*Journ. de Phys.*, Tom. LXVI, p. 277) qu'avant l'année 1808, on ne connoissoit pas avec précision l'inclinaison de l'aiguille aimantée à Paris. Je l'avois déterminée avec beaucoup de soin, conjointement avec M. de Borda, en 1798, peu de temps avant mon départ pour l'Espagne. Elle étoit alors de 69° 51'. M. Gay-Lussac la trouva, en 1806, de 69° 12'. Le 7 octobre 1810,

Quoique notre traversée de la Corogne à Cumana ait duré trente-sept jours, je n'ai pu recueillir, pendant cet espace de temps, que douze bonnes observations d'inclinaison magnétique. J'avois fait ajouter à la boussole de Borda, par un artiste habile de Madrid, M. Megnié, une suspension à double anneau mobile, semblable à celle qui est connue sous le nom de suspension de Cardan. Par ce moyen, l'instrument pouvoit être attaché par une corde très-longue à un endroit de la

l'inclinaison étoit à Paris de 68° 50′, et, le 10 novembre 1812, de 68° 42′. La première de ces deux expériences a été faite par M. Arago et moi; la seconde, par M. Arago seul. Les observations partielles n'ont pas différé de trois à quatre minutes. Les pôles de l'aiguille ont été changés plusieurs fois, et l'on a employé, dans l'usage de la boussole de Borda, toutes les précautions imaginables pour éviter les erreurs. Il résulte de ces observations que, de 1775 à 1805, l'inclinaison a diminué à Londres de 4′ 18″ par an : à Paris, la diminution annuelle a été, depuis 1798 jusqu'en 1812, de 4′ 54″. Il me paroîtroit hasardé de remonter à des époques antérieures où les instrumens étoient trop imparfaits, et où les observateurs apportoient trop peu de précision dans leurs expériences magnétiques.

poupe qui paroissoit à peu près dépourvu de fer, et où de petites masses de ce métal étoient très-également distribuées. Je m'étois assuré de l'avantage de cette position en déterminant l'inclinaison, pendant un calme plat, sur le pont et dans plusieurs parties de l'intérieur du vaisseau. Pendant le cours de ces observations, j'ai trouvé la direction du méridien magnétique en cherchant le *minimum* des inclinaisons. Le plus souvent il a fallu juger de la grandeur de l'angle [1], en prenant,

---

[1] Les angles donnés par la boussole d'inclinaison de Borda sont exprimés en grades ou degrés centésimaux et en parties décimales de ces mêmes grades. Les vérifications de l'instrument que l'on peut faire à terre, et que j'ai constamment employées, avec M. Gay-Lussac, pendant le cours des observations publiées dans les Mémoires de la Société d'Arcueil, se réduisent, 1.° à donner une position horizontale au cercle azimutal au moyen d'un niveau à bulle d'air et d'un fil d'aplomb; 2.° à trouver la direction du méridien magnétique, soit *a*) par des inclinaisons correspondantes, soit *b*) en ajoutant, sur le cercle azimutal, 100 grades aux points qui correspondent à la position perpendiculaire de l'aiguille; soit enfin *c*) par le *minimum* des inclinaisons; 3.° à corriger l'excentricité de l'aiguille, en observant la pointe supé-

parmi un grand nombre d'oscillations très-petites, la moyenne des élongations vers le Nord et le Sud. J'ai employé constamment deux aiguilles différentes; leur centrage a été vérifié en comparant l'indication des deux pointes de la même aiguille, et en la retournant sur elle-même, ou en dirigeant successivement la face divisée du limbe à l'est et à l'ouest. Je crois m'être assuré que les observations faites à la voile peuvent atteindre une exactitude moyenne de douze minutes de la division centésimale.

rieure et la pointe inférieure; 4.° à examiner si l'axe magnétique de l'aiguille coïncide avec son axe physique, en observant à l'est et à l'ouest; 5.° à corriger le manque d'équilibre dans l'aiguille par le changement des pôles. Les différences légères que l'on remarquera entre les résultats publiés dans cette Relation et ceux qui ont été insérés, pendant mon voyage, dans plusieurs journaux (*Journ. de Phys.*, Tom. VI, p. 433; *Magas. encyclop.*, an 8, p. 376; *Zach., Monatl. Corresp.*, T. I, p. 402), proviennent de ce que j'avois négligé quelquefois de prendre les moyennes entre les observations faites à l'est et à l'ouest, et de ce que les latitudes et les longitudes observées n'avoient pas toujours été réduites par l'*estime* à la même époque à laquelle l'inclinaison magnétique avoit été déterminée.

INCLINAISON DE L'AIGUILLE AIMANTÉE ET INTENSITÉ DES FORCES MAGNÉTIQUES DANS L'OCÉAN ATLANTIQUE BORÉAL, EN 1799.

LATITUDE boréale.	LONGITUDE occidentale.	INCLINAISON magnétique; division centés.	NOMBRE des oscillations en 10 minutes de temps.	REMARQUES.
38° 52'	16° 22'	75°,76	242	Bonne observation.
37° 26'	16° 32'	75°,35	242	Calme presque parfait.
34° 30'	16° 55'	73°,00	234	Calme parfait.
31° 46'	17° 4'	71°,90	237	Douteuse, surtout l'intens.
28° 28'	18° 33'	69°,35	238	Bonne.
24° 53'	20° 58'	67°,60	239	Très-bonne.
21° 29'	25° 42'	64°,65	237	Bonne.
19° 54'	28° 45'	63°,52	236	Bonne.
14° 15'	48° 3'	56°,30	239	Bonne.
13° 2'	53° 15'	50°,67	234	Inclin. bonne, intens. dout.
11° 1'	64° 51'	47°,05	237	Bonne.
10° 46'	60° 54'	46°,95	229	Bonne.

CHAPITRE III.

Une partie de ces observations ont servi de base aux théories et aux calculs de MM. Löwenorn, Biot et Kraft [1]; elles donnent la direction de l'équateur ou des parallèles magnétiques avec d'autant plus de précision, que j'ai employé le même soin à la recherche de l'inclinaison et à celle de la position géographique du vaisseau. Les observations les plus exactes sur la variation de l'aiguille, sur son inclinaison et sur l'intensité des forces magnétiques, offriroient peu d'intérêt, si le voyageur n'étoit pas muni des instrumens nécessaires pour fixer astronomiquement la latitude et la longitude du lieu où les divers phénomènes du magnétisme terrestre ont été observés.

Je ne rapporterai pas les essais que j'ai faits pendant la traversée pour déterminer les courbes de déclinaison magnétique. Les résultats obtenus sur mer par les meilleures boussoles azimutales, sont si incertains que,

---

[1] *Danske Vid. Selskabs Skrivter*, 1802, p. 295. *Journ. de Phys.*, Tom. LIX, p. 287. *Mém. de Pétersbourg*, 1809, Tom. I, p. 248. (Voyez aussi Mollweide, Essai pour généraliser les théories d'Euler et de Mayer, dans *Gilbert, Annalen*, Tom. XXIX, p. 1 et 251.)

d'après le témoignage des navigateurs [1] les plus expérimentés, les erreurs s'élèvent souvent à deux et trois degrés. En ne les supposant même que d'un seul degré, cette incertitude, augmentée par le changement lent de la variation sur différens méridiens, jeteroit encore beaucoup de doute sur la véritable position des courbes que l'on essaie de tracer sur les cartes magnétiques [2].

En comparant les observations faites pendant plusieurs traversées, il paroît que nous avions coupé la courbe sans déclinaison par les 13° de latitude et les 53 et 55 degrés de

---

[1] *Voyage de Vancouver*, Tom. I, p. 40 et 99. *De Rossel*, dans le *Voyage de d'Entrecasteaux*, Tom. II, p. 172. *Cook's sec. Voyage*, Tom. I, p. xxiv.

[2] L'incertitude des observations de déclinaison faites en mer ne provient pas uniquement du roulis et du tangage ou de l'imperfection des boussoles azimutales; elle est causée en grande partie par les masses de fer répandues dans le vaisseau et agissant inégalement, selon la direction dans laquelle on gouverne. *Löwernörn*, dans les *Nye Samling of Danske Vid. Selsk. Skr.*, Tom. III, p. 117, et Tom. V, p. 299. *Zach*, *Mon. Cor.*, 1800, p. 529. *Flinders*, dans les *Phil. Trans.*, 1805, p. 187.

CHAPITRE III.

longitude occidentale : cette courbe se prolonge aujourd'hui vers le cap Hateras et vers un point situé dans le Canada, par les 33° 27′ de latitude et les 70° 44′ de longitude. Avant le premier voyage de Christophe Colomb, en 1460, la variation étoit zéro près de l'île Corvo; mais la marche de la courbe sans déclinaison vers l'ouest, n'est pas la même dans toutes ses parties, et elle est quelquefois ralentie par l'influence locale des continens et des îles qui forment autant de systèmes particuliers de forces magnétiques. C'est ainsi qu'elle a paru arrêtée pendant quelque temps par l'extrémité australe de la Nouvelle-Hollande, et qu'à la Jamaïque et à la Barbade, la déclinaison n'a pas éprouvé de changemens sensibles depuis cent quarante ans [1].

L'intensité des forces magnétiques est un autre phénomène très-important dont très-peu de physiciens se sont occupés jusqu'ici. Déjà Graham et Muschenbroek avoient tenté

---

[1] *Thomson*, Hist. of the Royal Soc., p. 461. *Phil. Trans.*, Vol. L, p. 330 et 349. (*The Oriental Navigator*, 1801, p. 650.)

de mesurer les variations diurnes de cette force par la vitesse des oscillations horizontales d'un barreau aimanté [1]; mais il paroît que c'est Borda qui, le premier, a eu l'idée de faire osciller une même aiguille d'inclinaison dans différens lieux de la terre. Les tentatives de ce savant navigateur n'avoient donné, comme il me l'a affirmé plusieurs fois, aucun résultat précis, à cause du frottement qu'éprouvoient les anciennes aiguilles sur leurs axes. On se contentoit souvent, à cette époque, de faire osciller l'aiguille des compas de variation; et, dans la relation manuscrite du voyage de Borda aux Canaries, il est dit expressément, en parlant des modifications de l'intensité des forces magnétiques mesurées par la vivacité des oscillations, qu'au sommet du Pic on avoit compté dix oscillations de la Rose en 97″ de temps, tandis qu'à Sainte-Croix, leur durée avoit été de 94″; à Cadix, de 103″, et à Brest, de 113″. M. Le Monnier, dans son ouvrage

---

[1] *Phil. Trans.*, Vol. XXXIII, p. 332. *Thomson, Hist. of the Royal Soc.*, p. 461. *Diss. de Magnete*, Exp. CII et CVII.

sur les lois du magnétisme[1], observe combien il seroit à désirer qu'on connût le rapport entre les oscillations d'une même aiguille au Pérou et dans le nord de l'Europe; mais une note ajoutée à son planisphère magnétique[2], annonce qu'il n'avoit pas une idée bien exacte des causes qui modifient l'intensité de la force totale. Selon Cavendish[3], cette intensité devoit être la même sur toute la surface du globe, et l'opinion de ce grand physicien pouvoit être imposante pour ceux qui n'avoient point occasion d'interroger la nature par des expériences directes.

Dans cet état d'incertitude, l'Académie des sciences engagea vivement M. de Lapérouse à faire, pendant le cours de son voyage autour du monde, des expériences sur l'intensité des forces magnétiques. « On a reconnu, disent les commissaires[4] dans l'instruction communiquée aux naturalistes de l'expédition, qu'à Brest, à Cadix, à Ténériffe,

---

[1] *Introduction*, p. xxv.
[2] *Mém. de Paris*, 1786, p. 43.
[3] *Phil. Trans.*, 1778, p. 390.
[4] *Voyage de Lapérouse*, Tom. I, p. 160.

à Gorée sur la côte d'Afrique et à la Guadeloupe, l'intensité est sensiblement la même. Il seroit intéressant de répéter ces expériences, en estimant la force magnétique par la durée des oscillations d'une bonne aiguille d'inclinaison, à la mer dans les temps très-calmes. Il seroit surtout important de connoître la force magnétique là où l'inclinaison est la plus petite. » L'imperfection des boussoles embarquées à bord des bâtimens de M. de Lapérouse n'a sans doute pas permis aux astronomes de cette expédition de se livrer à ce genre de recherches, et les vœux de l'Académie des sciences n'ont été remplis que dans le voyage de d'Entrecasteaux et dans celui dont cet ouvrage offre la relation. Parmi le grand nombre d'observations précieuses que nous devons à M. de Rossel, il y en a cinq sur les oscillations de l'aiguille aimantée [1] faites à Brest, à Ténériffe, à l'île Van Diemen,

---

[1] Ces observations n'ont été publiées qu'en 1808 (*Voyage de d'Entrecasteaux*, Tom. II, p. 287, 291, 321, 480 et 644); mais elles ont été faites huit ans avant mon voyage à l'Orénoque. J'en ai eu connoissance dès l'année 1805, immédiatement après avoir communiqué à la première classe de l'Institut les

à Amboine et à Java. De mon côté, j'ai déterminé, conjointement avec MM. Gay-Lussac et Bonpland, depuis les 5° de latitude magnétique sud jusqu'aux 60° de latitude magnétique nord, l'intensité des forces en cent quatre-vingts endroits appartenant à deux systèmes d'attractions particuliers [1]. J'ai pu faire osciller, dans l'espace de trois ans, les mêmes aiguilles ou des aiguilles comparées entre elles à Lima, sous l'équateur magnétique, à Mexico, à Naples et à Berlin, ce qui m'a mis en état de fixer le rapport qui existe entre la charge magnétique du globe dans les différens climats. Il résulte de ce résultats généraux de mes observations sur le décroissement progressif qu'offre l'intensité des forces magnétiques, depuis Paris jusqu'à l'équateur magnétique. Voyez le Mémoire que j'ai publié à cette époque, conjointement avec M. Biot, dans le Tome LIX du *Journal de Physique*.

[1] A cause des inflexions de l'équateur magnétique, on peut considérer les points du globe qui diffèrent peu en longitude magnétique, comme appartenant à un même système de forces. Les longitudes sont comptées du point d'intersection entre les équateurs terrestres et magnétiques.

travail étendu, qui sera publié séparément, qu'en supposant l'intensité des forces sous l'équateur $= 1$, cette intensité est, à Naples, 1,2745; à Paris, 1,3482, et à Berlin, 1,3703.

Nous voyons déjà que, depuis les 38 jusqu'aux 13 degrés de latitude terrestre, dans la partie de l'Océan Atlantique boréal, à laquelle se rapporte le tableau précédent, le nombre des oscillations diminue de 242 à 234, tandis que l'inclinaison varie de 75°,76 à 50°,67 de la divivision centésimale. J'ai tâché de faire ces observations par un temps calme et lorsque le vaisseau oscilloit dans un plan perpendiculaire au plan du limbe de la boussole. Les oscillations de l'aiguille ne sont presque pas troublées par celles du vaisseau, ces dernières ayant, par un vent uniforme, toute la régularité des pendules isochrones. En général, la marche que suivent, par différentes latitudes, la déclinaison et l'inclinaison magnétiques, paroît plus régulière dans le bassin des mers que sur les continens où les inégalités de la surface et la nature des roches qui constituent les montagnes environnantes, causent de fréquentes anomalies. Quant à la durée des oscillations, elle éprouve quelquefois des irrégularités, même au milieu des mers¹, sans doute parce que la couche d'eau est trop mince pour que l'aiguille ne soit pas affectée par l'inégale distribution des forces magnétiques dans l'intérieur du globe. La théorie mathématique des marées rend probable, il est vrai, que la moyenne profondeur de l'Océan est au moins de quatre lieues²; mais nous savons, par l'ascension aérostatique de M. Gay-Lussac, qu'en s'éloignant perpendiculairement de la surface de la terre, de 3600 toises, on n'éprouve encore aucun changement sensible dans l'intensité du magnétisme. On ne peut par conséquent pas admettre que la mer soit beaucoup plus profonde dans les parages où, sous le même parallèle magnétique, nous voyons diminuer le nombre des oscillations.

Je n'ai point eu à regretter de n'avoir pas embarqué l'appareil que Saussure a appelé

---

[1] Voyez dans le Journal de route mes observations faites par les 34° 30′ et les 14° 15′ de latitude nord.

[2] D'après la petite hauteur des marées dans les mers libres, et le rapport de la densité de la mer à celle de la terre. (La Place, dans les *Mém. de Paris*, 1776, p. 218.

magnétomètre [1], et que j'avois fait construire par M. Paul, à Genève. J'incline à croire que les variations d'intensité que l'on a cru observer dans un même lieu, au moyen de cet instrument compliqué, ont été l'effet d'une illusion involontaire. M. de Saussure pensoit que la force magnétique diminuoit et sur les montagnes et pendant les grandes chaleurs de l'été, tandis que M. Blondeau [2] croyoit avoir trouvé, par un instrument de son invention, qu'une haute température de l'atmosphère augmentoit l'intensité du magnétisme. Ni l'une ni l'autre de ces assertions n'ont été confirmées par des expériences

---

[1] *Voyage dans les Alpes*, §. 458 et 2103. Je trouve la première idée d'un appareil magnétométrique dans les Œuvres posthumes de Hooke. Ce physicien, doué d'une sagacité extraordinaire, imagina, en 1680, de mesurer, au moyen d'une balance (*statera*), la force avec laquelle un aimant attire le fer à différentes distances. *Posth. Works*, p. xxiij. Voyez aussi les expériences de Brook Taylor, faites en 1715 (*Phil. Trans.*, Vol. XXXI, p. 204).

[2] Sur l'appareil que M. Blondeau a désigné avant Saussure par le nom de *magnétomètre*, voyez *Mém. de l'Acad. de la marine de Brest*, Tom. I, p. 421.

précises. Il n'est pas douteux qu'il existe, dans un même lieu, des variations périodiques dans l'intensité des forces magnétiques, comme on en a reconnu déjà dans la déclinaison, et, jusqu'à un certain point, dans l'inclinaison [1] de l'aiguille aimantée : mais ces variations d'intensité paroissent être infiniment foibles, puisqu'on n'a pu les apercevoir en employant, au lieu du magnétomètre à verge perpendiculaire terminée par une boule de fer, l'appareil délicat de Coulomb, c'est-à-dire les oscillations d'une petite aiguille renfermée dans une cage de verre, et suspendue à un fil de soie sans torsion [2]. D'ailleurs,

[1] On n'a pas remarqué des variations d'inclinaisons horaires ou diurnes, mais un changement lent dans l'espace de plusieurs années.

[2] A l'hospice du Mont-Cénis et à Rome, nous avons observé, M. Gay-Lussac et moi, les oscillations d'une même aiguille de jour et de nuit, par des températures atmosphériques très-différentes : le résultat de ces expériences a été que, s'il existe une variation horaire dans l'intensité des forces magnétiques, elle ne change pas la durée des oscillations d'un douze-centième. A Milan, la même aiguille a fait, le 15 avril 1805, dans l'intérieur de la ville, près de la

les deux instrumens ne sont pas tout-à-fait fondés sur le même principe; car l'aimant artificiel ayant une quantité de fluide qui est pour ainsi dire indépendante de celui de la terre, on conçoit que le magnétomètre, transporté sous différens climats, ne peut donner les mêmes résultats que l'appareil oscillatoire.

En parlant des observations de physique recueillies pendant la traversée du Ferrol à cathédrale, soixante oscillations en 4′ 56″,8; et le 7 octobre, dans une prairie hors des murs, en 4′ 56″,4. A Rome, la durée des oscillations a été la même à quelques dizaines de secondes près, à la Villa Borghèse, au Monte-Pincio et sur le chemin de Tivoli. Ce genre d'expériences est susceptible d'une telle précision que, dans différentes expériences faites à la cime du Mont-Cenis, deux cent cinquante oscillations ont duré 1229″,3, 1229″,2, 1229″,0 et 1229″,5. A Rome, nous avons trouvé successivement, en temps d'un chronom. de Breguet, 1169″,2; 1169,″2; 1169″,0 et 1169″,5. J'ai cru devoir rapporter ici ces résultats pour prouver que les expériences faites sur l'intensité des forces magnétiques, et consignées dans cet ouvrage, ne sont pas sujettes, dans une étendue de terrain peu considérable, à ce grand nombre d'influences locales et horaires qui affectent les observations sur la déclinaison de l'aiguille aimantée.

Cumana, je n'ai pas fait mention de mes expériences sur la pureté de l'air et sa charge éléctrique [1]. Les premières avoient été faites au moyen du gaz nitreux dans les tubes étroits de l'eudiomètre de Fontana : elles sembloient indiquer une plus grande portion d'oxygène dans les couches de l'atmosphère qui reposent sur la mer que dans celles qui entourent les continens. Nous savons aujourd'hui que s'il existe des variations eudiométriques, elles doivent être moindres de deux millièmes, et que les résultats que j'ai obtenus en 1799 ne méritent pas de confiance à cause des moyens trop imparfaits qu'on employoit alors à l'analyse de l'atmosphère.

Quant aux expériences électrométriques, il nous a été impossible, tant à bord du *Pizarro* qu'à bord de tous les autres bâtimens sur lesquels nous avons été embarqués dans la suite, d'apercevoir au large le moindre

[1] Je mettois d'autant plus d'intérêt à ce genre d'expériences que, peu de temps avant mon départ d'Allemagne, je m'étois livré à un travail très-étendu sur l'électricité atmosphérique au pied des hautes montagnes du Salzbourg. Les résultats de ce travail se trouvent consignés dans le *Journal de Physique*, an 7.

signe de tension, en nous servant d'excellens électromètres de Bennet et de Saussure. M. Bonpland a souvent pris la peine de porter ces instrumens, armés de longues tiges métalliques et munis d'une mèche d'amadou enflammé, sur les mâts et sur les vergues les plus éloignés du corps du bâtiment. Ces tentatives ont été répétées dans la mer du Sud, sur une frégate du roi d'Espagne dont la mâture étoit très-élevée : jamais les feuillets d'or battu, les pailles les plus sèches, ou les petites boules de moelle de sureau qui sont des substances électroscopiques, n'ont indiqué la moindre divergence [1]. Est-ce la surface de l'Océan qui dépouille de son électricité les basses couches de l'atmosphère; ou le corps du vaisseau, les voiles et les mâts agissent-ils comme de puissans conducteurs ? Si cette action a lieu, pourquoi nos électromètres n'ont-ils pas indiqué d'électricité dans des canots ouverts; tandis que, sur les côtes du Pérou, nous avons vu des signes d'une forte tension, lorsqu'un vent humide souffloit du large ?

[1] *Gilbert, Annalen*, B. XV, p. 98.

Il est du devoir du physicien de rapporter avec candeur les circonstancas dans lesquelles certaines expériences ne lui ont pas réussi. Comme deux tiers de notre atmosphère reposent sur le bassin des mers, la météorologie gagneroit considérablement, si l'on connoissoit l'état électrique de cette partie de l'Océan aérien. On pourroit tenter de répéter les expériences que je viens de décrire, avec les *micro-électromètres* de MM. Weiss, Gersdorf et Maréchaux [1]. Ces instrumens manifestent de l'électricité près d'un mur, à l'ombre d'un arbre, presque partout où les électromètres de Bennet et de Saussure n'en indiquent point. Ils sont préférables aux pointes électriques attachées à des cerfs-volans ou à de petits aérostats, parce que l'électricité que marquent ces dernières est le plus souvent le simple résultat du mouvement ascensionnel, comme le prouvent les belles expériences de M. Erman [2].

Je n'ai pas mieux réussi que la plupart des voyageurs à déterminer le degré de salure de

---

[1] *Gilbert, Annalen*, B. XV, p. 389 et 503.
[2] *Ibid.*, p. 389 et 503.

la mer [1], qui varie avec les latitudes. Il résulte du petit nombre d'observations précises que j'ai obtenues au moyen d'un aréomètre de Dollond, peu différent de celui de Nicholson, que la pesanteur spécifique de l'eau de la mer augmente assez régulièrement depuis les côtes de Galice jusqu'à Ténériffe, tandis qu'elle diminue de nouveau des 22° 52' de latitude aux 18° 45'. Dans ces parages, par les 24 et 30 degrés de longitude, une large bande de l'Océan est moins salée que le reste, de trois ou quatre millièmes. Le muriate de soude s'élève jusqu'à 0,03 depuis le parallèle de 18° 8' jusqu'à celui du 12° 34', entre les 30 et 54 degrés de longitude; mais

---

[1] M. Proust, frappé des traces de mercure qu'il avoit rencontrées dans tous les muriates de soude d'Espagne (*Nicholson's Journ. of Nat. Phil.*, in-4.°, Vol. III, p. 376), m'avoit engagé, à mon départ de Madrid, de suspendre, pendant la traversée, une lame mince d'or ou d'argent, à la poupe du vaisseau, pour voir si elle offriroit des traces d'amalgame. J'ai suivi le conseil de ce célèbre chimiste, quoique j'eusse peu de confiance dans la réussite de cet essai; mais le fil auquel la lame étoit attachée s'est rompu peu de jours après que j'avois mis l'appareil en expérience.

les attérages de l'île de Tabago et de la Terre-Ferme s'annoncent par des eaux plus légères. Il m'a paru que, dans la partie de l'Atlantique comprise entre les côtes du Portugal et de la Terre-Ferme, l'eau est un peu plus salée au sud du tropique du Cancer que sous la zone tempérée; et je serois tenté de généraliser ce fait, si les expériences recueillies pendant le troisième voyage de Cook ne prouvoient directement que cette différence n'a pas lieu sur tous les méridiens. Des courans horizontaux qui traversent l'Océan à sa surface, et des courans obliques qui mêlent les couches d'eau placées à différentes profondeurs, modifient la salure des mers; et, en supposant même que la quantité absolue des muriates dissous dans l'Océan n'ait point augmenté par l'action des volcans sous-marins, mais qu'elle soit restée la même depuis des milliers d'années, il n'en est pas moins probable que la distribution de ce sel sur différens points du globe subisse de temps en temps des changemens considérables.

CHAPITRE III.   161

JOURNAL DE ROUTE.

TRAVERSÉE DES CÔTES D'ESPAGNE A CELLES DE L'AMÉRIQUE
MÉRIDIONALE OU DE LA COROGNE A CUMANA.

(Les longitudes ont été déterminées par le garde-temps de M. Louis Berthoud, n.° 27. La température de l'Océan indiquée est celle de la surface de l'eau. L'observation cyanométrique a été faite au zénith; le thermomètre exposé à l'air a été placé *au vent* et à l'ombre. Quand l'observation du passage du soleil au méridien a manqué, on s'est servi de doubles hauteurs, calculées d'après la méthode de Douwes. Les latitudes et les longitudes sont indiquées pour l'heure de midi).

Le 5 juin 1799. Latitude boréale 43° 28′, longitude occidentale 10° 45′.

Départ du port de la Corogne.

Température de l'Océan, 15°,4 centésimaux : air, 10°,2.

Hygromètre à baleine, 44° ou 80°,4 de l'hygromètre à cheveu de Saussure.

Cyanomètre, 13°. Nuages épars; N. E. frais; mer assez grosse.

Inclinaison magnétique observée au port du Ferrol, 76°,6 (division centigrade).

Intensité des forces magnétiques en Galice, exprimée par 243 oscillations en 10 minutes de temps.

Le 6 juin. Lat. bor. 44° 0′, long. occid. 13° 7′.

Température de la mer, 16°. Temp. de l'air, 9°. Vent grand frais : mer houleuse et très-agitée.

Le 7 juin. Lat. bor. 42° 7′, long. occid. 15° 24′.

Au delà du parallèle du cap Finistère, à 42 lieues de distance de ce cap. Petit frais du N. N. E. : air, 18°,7.

Cyanomètre, 14°.

Le 8 juin. Lat. bor. 41° 0′, long. occid. 16° 9′.

Nord-est très-foible. *Température* de l'air, 12°,5.

Hygromètre, 45°,6 Deluc (82° Saussure).

Le 9 juin. Lat. bor. 39° 10′, long. occid. 16° 18′.

Température de la mer, 15°; temp. de l'air, 14,°5 : vent de nord foible, ciel serein.

Thermomètre exposé au soleil, 16°,9; force du soleil, 2°,4 dans le parallèle de Péniche.

Cyanomètre, 15°. (Le bleu de l'Océan mesuré avec le même instrument, 35°.) Hygromètre tout le jour, 81°-83° Saussure.

Inclinaison magnétique (latit. 38° 52′, et long. 16° 22′) de 75°,76.

Intensité magnétique, 242 oscillations ; bonne observation.

Le courant qui porte à l'E. ¼ S. E. et au S. E., commence à se faire sentir.

Le 10 juin. Lat. bor. 37° 26′, long. occ. 16° 32′.

Vent de nord-ouest léger, beau temps, presque sur le parallèle du cap Saint-Vincent et entre ce cap et les îles Açores, à 80 lieues dans l'ouest du premier.

Température de l'Océan, 15,°2; temp. de l'air, 15° : thermomètre au soleil, 18°,7; force du soleil, 3°,7.

Hygromètre à midi 47° Deluc (83°,5 Sauss.); à 3 heures, 50° Deluc (85°,2 Saussure).

Inclinaison magnétique, 75°,35; oscillations, 242.

Cyanomètre, 14°; couleur bleue de la mer presque calme, 44°.

Le 11 juin. Lat. bor. 36° 4′, long. occ. 17° 5′.

Température de la mer, 15°,2; temp. de l'air, 18°,6, par un temps un peu couvert. A 7 heures du soir, température de la mer, encore 15°,2; temp. de l'air, 17°,4 : mer peu agitée.

Hygromètre, à 7 heures du soir, 51° Deluc (86°,4 Saussure).

Le 12 juin. Lat. bor. 35° 8′, long. occid. 17° 15′.

Calme, temps légèrement brumeux; un peu de pluie à 9 heures du matin; à 50 lieues de distance des côtes occidentales de l'Afrique, à l'ouest du cap Blanc.

Température de la mer, 16°,2; temp. de l'air, 20°,6. A 8 heures du soir, la mer, 16°,2; l'air, 15°,7.

Hygromètre, 47°,8 Deluc (84° Saussure).

Le 15 juin. Lat. bor. 34° 30′, long. occ. 16° 55′.

Temps variable, calme, pluvieux. Depuis 11 heures du matin ciel serein, sans nuages: la nuit, vent d'ouest frais.

Température de la mer, 16°,5 (en 15 mètres de profondeur, 15°,7); temp. de l'air, 19°,7; thermomètre exposé au soleil, 20°,3; force du soleil, 0°,5 : température de l'air à 11ʰ de la nuit, 13°,7.

Hygromètre, 54°,5 Deluc (87°,5 Saussure).

Cyanomètre, 16°; couleur bleue de la mer, 34°. Le ciel a une teinte bleu-rougeâtre, presque violette, phénomène singulier que j'ai aussi observé quelquefois dans l'Océan Pacifique, surtout dans l'hémisphère austral, et sans que la mer fût verte.

Inclinaison magnétique, 73°,0 déterminée par un calme plat.

Intensité magnétique, 234 oscillations.

Le 14 juin. Lat. bor. 32° 16′, long. occ. 17° 4′.

A l'est de l'île de Madère, à 45 lieues de distance : grand frais de l'ouest; mer très-grosse.

Température de la mer, malgré la hauteur des vagues, 17°,7; temp. de l'air, 16°,8.

CHAPITRE III. 167

Inclinaison magnétique, 71°,90, un peu douteuse (lat. 31° 46′, et long. 17° 4′).

Intensité magnétique, 237, très-douteuse.

Le 15 juin. Lat. bor. 30° 36′, long. occ. 16° 54′.

Beau temps, mer presque entièrement calme.

Température de l'eau, 18°,7 ; température de l'air, 20°,6.

Marche progressive de l'hygromètre et du thermomètre, observée avec beaucoup de soin à l'ombre et 4 mètres au-dessus de la surface de l'Océan :

Heures	Hygromètre de Saussure.	Thermomètre centigrade.
à 21ʰ 30′...	85°,3...	21°,2 calme.
22ʰ 30′...	85°,7...	20°,0 un peu de vent.
23ʰ 30′...	85°,8...	20°,0 *idem*.
0ʰ 30′...	85°,3...	21°,4 calme.
2ʰ 30′...	84°,2...	23°,7 *idem*.
3ʰ 30′...	84°,3...	22°,5 *idem*.
6ʰ 30′...	85°,2...	20°,0 *idem*.
7ʰ 30′...	86°,2...	19°,8 *idem*.

Force du soleil, 3°,1; thermomètre à l'ombre, 20°,6; thermomètre exposé au soleil, 23°,7.

Entre le cap de Geer et l'îlot du Salvage, 23 lieues à l'est du dernier. L'estime des pilotes, comparée aux longitudes données par l'horloge marine, indique un courant qui porte vers le sud-est.

Le 16 juin. Lat. bor. 29° 18′, long. occ. 16° 40′.

Beau temps, vent d'ouest très-foible : près des côtes occidentales de l'île de Lancerote.

Température de l'Océan, 19°,3; air, 18°,9.
Cyanomètre, 22° (couleur de la mer, 40°).
Force du soleil, 3°,6; thermomètre exposé au soleil, 22°,5.
Marche progressive de l'hygromètre et du thermomètre, l'air étant très-peu agité.

Heures.	Hygromètre de Saussure.	Thermomètre centigrade.
21$^{h\frac{1}{2}}$	85°,8	19°,5
22$^{h\frac{1}{2}}$	85°,0	18°,7

Heures.	Hygromètre de Saussure.	Thermomètre centigrade.
$23^{h\frac{1}{2}}$	$84°,8$	$18°,7$
$0^{h\frac{1}{2}}$	$83°,8$	$20°,0$
$1^{h\frac{1}{2}}$	$83°,4$	$21°,2$
$2^{h\frac{1}{2}}$	$83°,3$	$21°,8$
$3^{h\frac{1}{2}}$	$83°,5$	$22°,5$
$4^{h\frac{1}{2}}$	$83°,5$	$21°,2$
$5^{h\frac{1}{2}}$	$83°,8$	$21°,2$
$6^{h\frac{1}{2}}$	$85°,0$	$19°,3$

Le 17 juin. Lat. bor. 29° 21′, long. occ. 16° 6′.

Temps clair, calme par intervalles, sur les côtes de la petite île de la Graciosa et dans l'archipel d'îlots qui en est au nord.

Température de l'Océan dans le canal, entre les îles d'Alegranza et de Santa Clara, où la mer n'a que 62 mètres de profondeur, 17°,8, par conséquent de $1°\frac{1}{2}$ plus froide qu'en pleine mer, sur le même parallèle. Température de l'air, 20°.

Le 18 juin. Lat. bor. 29° 5′, long. occid. 17° 10′.

Température de la mer bien au delà de la sonde, 18°,7 ; temp. de l'air, 18°,3 : joli frais, temps clair. Force du soleil, 1°,6 ; thermomètre exposé au soleil, 19°,9.

Le 19 juin. Lat. bor. 28° 28′, long. occ. 18° 33′.

Arrivée à la rade de Sainte-Croix de Ténériffe.
Inclinaison magnétique, 69°,35.
Intensité magnétique, 238 oscillations.
Séjour à l'île de Ténériffe, depuis le 19 jusqu'au 25 juin.

Le 25 juin. Lat. bor. 26° 51′, long. occ. 19° 13′.

Températare de la mer, 20° ; air, 18°,8 : grand frais du N. E.

CHAPITRE III.

Le 26 juin. Lat. bor. 25° 15′, long. occ. 20° 17′.

Température de l'Océan, 20°; temp. de l'air, 21°,2.

Inclinaison magnétique, 67°,60, observation très-bonne (latitude 24° 53′, et longitude 20° 58′).

Intensité, 239 oscillations comptées en temps de calme, au sud-ouest du cap Bojador, à 62 lieues de distance.

Le 27 juin. Lat. bor. 22° 52′, long. occ. 22° 13′.

Mer, 20°; air, 20°,1 : brise fraîche du N. E., la force du soleil ne paraissant que de 2°. La nuit, temp. de l'air, 19°,3.

Le 28 juin. Lat. bor. 21° 36′, long. occ. 25° 23′.

Air, 22°, grand frais du N. E. : à 90 lieues de distance au nord du cap Vert.

Inclinaison magnétique, 64°,65, observation très-bonne (lat. 21° 29′, et long. 25° 42′).
Oscillations, 237.

Le 29 juin. Lat. bor. 20° 8′, long. occ. 28° 51′.

Température de la mer, 21°,2; air, 20°. Depuis les 10 heures du matin jusqu'aux 5 heures du soir, le thermomètre n'a pas varié de 0°,8, pendant que la brise souffloit très-fort.

Inclinaison magnétique, 63°,52. Oscillations, 236 (à 60 lieues de distance au N. N. O. de l'île Saint-Antoine) : par les 19° 54′ de latitude et les 28° 45′ de longitude.

Le 30 juin. Lat. bor. 18° 53′, long. occ. 30° 41′.

Température de la mer, 21°,8; temp. de l'air, 21°,2; beau temps.
Cyanomètre, 22°,4.
Hygromètre, 44° Deluc (81°,5 Saussure).

CHAPITRE III.

Le 1.er juillet 1799. Latit. bor. 17° 57′, longitude occid. 33° 14′.

Mer, 22°,4; air, 24°,8; vent de N. E. modéré, temps nuageux : la nuit, brouillard épais qui fit baisser le thermomètre à 1 heure jusqu'à 21°,3.

Le 2 juillet. Lat. bor. 17° 26′, long. occ. 35° 8′.

Mer, 22°,6; air, 23° : temps couvert, quelques grains. Peu de variations horaires dans la marche des instrumens météorologiques :

Heures	Thermomètre centigrade.	Hygromètre de Deluc.	
1h apr. midi..	22°,7	51°	(86° Saussure).
2h	22°,9	51°,2	⎫
4h	23°,0	51°,2	⎬ temps gris, mais sans pluie; vent N. E. foible.
5h	22°,9	53°,2	⎭
9h le soir....	22°,2	55°,2	
10h	22°,2	57°	(89° Saussure).

Le 3 juil. Lat. bor. 16° 41′, long. occid. 36° 31′.

Température de la mer, 22°,5. Marche des instrumens :

Heures.	Thermomètre.	Hygromètre de Deluc.	
17ʰ	22°,7	56°,8 (88°,7 Sauss.)	couvert.
18ʰ	22°,6	57°,0	lev. du sol., pluie tr.-fine.
20ʰ	22°,6	56°,2	couvert.
0ʰ	22°,8	56°,0	⎫ pluie très-fine, gouttes
1ʰ	22°,8	59°,0	⎪ éparses qui ne touchent
2ʰ	23°,1	59°,5	⎬ pas l'hygromètre et ne modifient presque pas
3ʰ	22°,7	62°,0	⎪ l'état hygroscopiq. de
6ʰ	21°,8	60°,2	⎭ l'air.
11ʰ	22°,7	57°,0	bleu, belles étoiles.

Le 4 juil. Lat. bor. 16° 19′, long. occid. 39° 19′.

Mer, 22°,5; air, 22°.

Cyanomètre, 23°,5, ciel très-pur. La nuit, N. E. très-frais, suivi de grains et de pluie électrique.

Le *thermomètre*, tout le jour entre 22° et 23°,6; l'*hygromètre*, entre 87° et 89°,6 (division de Saussure).

Le 5 juil. Lat. bor. 15° 18′, long. occid. 42° 21′.

Mer, 23°,0 ; air, 22°,2.
Marche des instrumens météorologiques :

Heures.	Thermomètre centigrade.	Hygromètre de Deluc.
à 23^h	21°,9	61°,2
0^h	23°,2	61°,5
2^h	23°,4	60°,0
3^h	23°,4	61°,2
6^h	23°,1	63°,0
12^h	23°,3	63°,4

Temps couvert et nuageux.

Le 6 juil. Lat. bor. 14° 57′, long. occid. 44° 40′.

Température de l'Océan, 23°,7 ; temp. de l'air, 22°,8.

Heures.	Thermomètre centigrade.	Hygromètre de Deluc.
15^h	22°,6	68°,5
18^h	22°,7	66°,5
20^h	23°,3	65°,5

Heures.	Thermomètre centigrade.	Hygromètre de Deluc.
22^h	$23°,1$	$66°,4$
0^h	$23°,5$	$65°,0$
7^h	$23°,6$	$65°,2$
12^h	$23°,5$	$66°,0$

Temps couvert et nuageux.

L'hygromètre de Saussure se seroit soutenu entre $92°,8$ et $94°,4$.

Le 7 juil. Lat. bor. $14° 20'$, long. occid. $47° 38'$.

Au milieu de l'Océan, entre l'Afrique et l'Amérique méridionale, vent d'est très-frais; ciel légèrement couvert; mer très-belle.

Heures	Thermomètre centigrade.	Hygromètre de Deluc.	
14^h	$23°,7$	$64°,5$	($92°,4$ Saussure).
18^h	$22°,6$	$62°,0$	
20^h	$23°,3$	$61°,0$	
0^h	$24°,4$	$58°,5$	
4^h	$24°,2$	$56°,0$	($88°,3$ Saussure).
8^h	$25°,8$	$57°,2$	
11^h	$23°,6$	$61°,0$	

Cyanomètre à 0ʰ 30′, le ciel étant sans vapeurs, 22°,5.

Inclinaison magnétique, 56°, 30 : oscillations, 239; bonne observation (latit. 14° 15′, et longitude 48° 3′).

Le 8 juil. Lat. bor. 13° 51′, long. occid. 49° 43′.

Température de l'Océan, 24°,7; temp. de l'air, 23°,6.

Cyanomètre seulement, 17°, et cependant le ciel tout bleu, sans nuages, sans vapeurs visibles : couleur bleue de l'Océan, 33°.

Joli frais, mer belle, à 200 lieues de distance de la Guiane françoise et au N. N. E.

Heures.	Thermomètre centigrade.	Hygromètre de Deluc.
20ʰ	23°,5	58°
2ʰ	23°,0	57°
4ʰ	23°,0	56°,2 (88°,3 Saussure).
7ʰ	22°,8	59°,0
12ʰ	22°,3	62°,2 (91°,4 Saussure).

Le 9 juill. Lat. bor. 13° 2′, long. occid. 52° 58′.

Mer agitée, brise assez fraîche.
Inclinaison magnétique, 50°,67; bonne.
Oscillations, 234; un peu douteuses.

Le 10 juil. Lat. bor. 12° 34′, long. occ. 54° 19′.

Joli frais, ciel très-pur.
Cyanomètre seulement, 16°; couleur de la mer, 35°.

Température de l'air, depuis 17 heures et 10 heures, entre 24°,6 et 25°,8.

Hygromètre, pendant ce temps, entre 88°,5 et 90° Saussure.

Le 11 juil. Lat. bor. 11° 17′, long. occ. 57° 47′.

Beau temps; petit vent.

Heures.	Thermomètre centigrade.	Hygromètre de Deluc.
18^h	$24°,2$	$60°$
20^h	$24°,8$	$59°$
21^h	$25°,2$	$58°,3$
23^h	$25°,0$	$59°$
0^h	$25°,2$	$58°,5$
2^h	$26°,6$	$57°$
8^h	$25°,0$	$60°$
11^h	$23°,7$	$58°$

Hygromètre de Saussure constamment entre 89° et 90°,7; sur le méridien de Surinam, à 80 lieues de distance des bouches de l'Orénoque de la Barbade : pendant la nuit, un peu de pluie et un bel arc-en-ciel lunaire.

Le 12 juil. Lat. bor. 10° 46′, long. occ. 60° 54′.

Bon frais, surtout la nuit; vent d'est assez fort; mer agitée; ciel très-beau, mais vaporeux.

Température de l'Océan, 25°8; temp. de l'air, 25°,3.

Cyanomètre, 14°,4.

Hygromètre de Saussure, tout le jour, de 89°,5 à 90°,2.

Inclinaison magnétique, 46°95; oscillations, 229 (bonne observation).

Le 13 juil. Lat. bor. 11°, 16′, long. occ. 62° 45′.

Nuageux, grains; vent d'est très-frais; mer très-grosse; un peu de pluie, à une lieue de distance dans l'est-sud-est du cap septentrional de l'île de Tabago.

Température de l'Océan, 25°,8; temp. de l'air, 25°,1.

Hygromètre, de 90° à 91°,8 (division de Saussure).

Le 14 juil. Lat. bor. 11° 1′, long. occid. 64° 51′.

Température de l'Océan, 25°,6; mais sur le bas-fond qui s'étend depuis l'île de Tabago à celle de la Grenade, 23°,1; température de l'air, 25°.

Hygromètre de Saussure, 91°,5 à 92°,7.

Inclinaison magnétique, 47°,5; oscillations, 237; bonne observation. La côte montagneuse de Paria est relevée à 4 lieues de distance; petit frais, temps beau et serein.

Le 15 juil. Lat. bor. 10° 51′, long. occid. 66° 12′.

Vent de nord-est foible, beau; mer très-belle.

Température de l'Océan, sur le bas-fond près de la Punta Araya, 23°,4; mer au large, 25°,2. A 5 milles de distance du port de Cumana, dans le N. N. E., la surface de l'Océan n'avoit que 22°,2 de température sans qu'il fût possible de trouver du fond à 60 brasses de profondeur. Ce froid est-il dû au courant qui vient des bas-fonds de l'île de la Marguerite? Dans les mers très-étroites, par exemple dans la Baltique, la température de l'eau offre également des changemens très-brusques. Au port de Cumana, l'eau de la mer s'est soutenue en 1799 et 1800, constamment entre 25°,2 et 26°,3, la température de la basse maréee étant souvent de 0°,8 plus élevée que celle de la haute marée.

Température de l'air, 28°,7.
Hygromètre, 86° Saussure.

Le 16 juil. Lat. bor. 10° 28', long. occid. 66° 30'.

Arrivée au port de Cumana.

DÉTERMINATION DE LA HAUTEUR DE PLUSIEURS POINTS DE L'ISLE DE TÉNÉRIFFE.

Je discuterai, dans cette note, les mesures trigonométriques et barométriques exécutées, depuis un siècle, par différens voyageurs, dans l'île de Ténériffe. Je donnerai en même temps le précis historique des tentatives qui ont été faites pour déterminer la hauteur du Pic de Teyde et des points les plus remarquables situés sur le chemin qui conduit à la cime de ce volcan. Il n'st pas seulement d'un grand intérêt pour la géologie de connoître exactement l'élévation absolue de cette montagne; cette connoissance est aussi nécessaire pour le perfectionnement des cartes des îles Canaries, parce que MM. de Borda et Varela, lors de l'expédition de la frégate *la Boussole*, se sont servis des angles de hauteur du Pic et des azimuts pour fixer les distances relatives de Ténériffe, de Gomère et de Palma.

Quoique, dès l'année 1648, les opérations de Pascal et de Perrier eussent prouvé que le baromètre pouvoit être appliqué avec succès aux mesures de hauteur, ce n'est pourtant que depuis le commencement du dix-huitième siècle qu'on a des idées précises de l'élévation de quelques montagnes. Riccioli donnoit encore dix milles italiens, et Nicholls quinze lieues de hauteur au Pic de Teyde[1]. Edens ne tenta pas même une mesure, quoiqu'il fût parvenu à la cime du volcan en 1715. Son voyage[2], le plus ancien de ceux qui furent publiés, fixa cependant l'attention des géographes et des physiciens

[1] *Zach, Journ. astron.*, 1800, T. I, p. 396. *Viera, Noticias Historicas*, T. I, p. 234.
[2] *Phil. Trans.*, Vol. XXVII, p. 317.

en Europe, et le premier essai d'une mesure fut fait par le père Feuillée [1] en 1724. Ce voyageur trouva, par une opération trigonométrique, la hauteur absolue du Pic, de 2213 toises. La Caille, en parlant de cette mesure dans les *Mémoires de l'Académie* [2], jeta des doutes sur l'exactitude du résultat. Ces doutes ont été reproduits par Bouguer qui, en fixant les limites des neiges perpétuelles sous différentes zones, a discuté, avec sa sagacité ordinaire, l'opération du père Feuillée. Il conclut que la hauteur du Pic n'excède pas 2062 toises [3].

Il existe encore une autre mesure de cette montagne, faite pendant le voyage du père

---

[1] *Journal manuscrit du père Feuillée.*

[2] *Mém. de l'Académie*, 1746, p. 143. *Voyage de la Flore*, T. I, p. 114.

[3] *Figure de la Terre*, p. 48. Deluc, *Rech. sur les modif. de l'atmosphère*, §. 280 et 783. Malgré la discussion de Bouguer et la mesure si connue de Borda, on trouve encore, dans plusieurs ouvrages de physique, la hauteur du Pic évaluée à 2097, 2180 et 2270 toises. *Voyez* la troisième édition de l'excellente *Histoire de Sumatra*, par M. Marsden, publiée en 1811, p. 14, et la *Géologie* de M. Breislack, T. I, p. 6, dont la table des hauteurs fourmille d'erreurs typographiques.

Feuillée, par M. Verguin. Cette mesure, purement barométrique, a été négligée jusqu'ici, parce que, calculée d'après la méthode de Cassini, elle avoit donné l'excessive hauteur de 2624 toises[1]. Cette erreur, qui excède les $\frac{2}{5}$ de la hauteur totale du volcan, se réduit à $\frac{1}{20}$, si l'on applique la formule de La Place et le coëfficient de Ramond aux observations de M. Verguin, et si l'on suppose, ce qui est assez probable par une latitude aussi méridionale, que la pression de l'air n'a pas changé très-sensiblement dans l'espace de trois jours. Le 31 juillet 1724, le baromètre du P. Feuillée se soutint, au port de l'Orotava, à 27$^{po.}$ 9$^{li.}$ 7. Le 3 août, on trouva le même instrument, au Monte-Verde, à 23$^{po.}$ 0$^{li.}$, et à la cime du Pic, à 17$^{pp.}$ 5$^{li.}$. Le père Feuillée ne parle ni de la température de l'air aux deux stations, ni d'observations correspondantes faites à la même heure sur la côte. Les voyageurs construisoient eux-mêmes, à cette époque, leurs baromètres sur les lieux, et les instrumens météorologiques étoient totalement inconnus

[1] *Mém. de l'Académie*, 1733, p. 45.

à l'Orotava et à Santa-Cruz. L'observation à la cime du volcan ayant été faite dans une saison où les variations barométriques s'élèvent rarement, sur les côtes de Ténériffe, dans l'espace de trois jours, au delà d'une ou de deux lignes, on peut, en calculant l'élévation du Pic, prendre pour base la hauteur du mercure observée le 31 juillet. En supposant 22° centésimaux pour la température de la côte, plusieurs heures avant le passage du soleil au méridien et 8° pour la température de l'air à la cime du volcan, ce qui est conforme à la loi du décroissement du calorique dans ces régions, je trouve, par la formule de M. La Place, 2025 toises ou 120 toises de plus que ne donne la mesure trigonométrique de M. de Borda. Quelque changement que l'on fasse à l'estime de la température et de la hauteur barométrique de l'Orotava, on trouvera toujours, et ce fait est bien remarquable, que la détermination barométrique de M. Verguin est de beaucoup plus exacte que l'opération géométrique du père Feuillée. L'erreur de la dernière, dans laquelle on a négligé le nivellement du terrain destiné à la mesure de la base, est presque trois fois plus grande que l'erreur de la mesure barométrique que nous venons de rapporter.

Les observations que le père Feuillée fit à la ville de la Laguna, indiquent à peu près la hauteur absolue de cet endroit si connu par son extrême fraîcheur[1]. En prenant les moyennes barométriques de deux mois, pendant lesquels les écarts extrêmes ne s'élèvent qu'à 4 ou 5 lignes, on trouve $25^{po.}$ $11^{li.}$, et, pour le port de l'Orotava, $27^{po.}$ $10^{li.}$. Or, en supposant les températures de ces deux stations de 15 et 20 degrés du thermomètre de Réaumur, j'obtiens, par la formule de La Place, pour la ville de la Laguna, 313 toises. Cette hauteur n'augmenteroit encore que de 66 toises ou d'un cinquième, si l'on prenoit $28^{po.}$ $3^{li.}$ pour la hauteur moyenne de la colonne de mercure au port de l'Orotava, quoique l'on sache que le baromètre de Feuillée, mal purgé d'air, étoit constamment trop bas de 6, 8 lignes, et même plus[2]. M. Lichtenstein, qui a fait un voyage inté-

[1] *Voyez* plus haut, p. 223 du premier volume.
[2] Barom. de Feuillée à la cime du Pic, 17 pouc. 5 lig; Barom. de Borda au même point, 18 pouc. 0 lig.; Barom. de Lamanon, 18 pouc. 4 lig.

ressant dans l'intérieur de l'Afrique, évalue l'élévation absolue de la Laguna de deux à trois mille pieds au-dessus du niveau des côtes [1].

Adanson, dans son *Voyage au Sénégal* [2], rapporte « que le Pic de Teyde (en 1749) fut trouvé élevé de plus de 2000 toises. » Il est probable que ce résultat est fondé sur une base mesurée par le loch et sur une opération faite à la voile par M. Daprès de Mannevilette, commandant du vaisseau sur lequel Adanson étoit embarqué.

Le docteur Heberden [3], dans la relation de son voyage à la cime du Pic en 1752, avoit trouvé l'élévation absolue du volcan, de 15396 pieds anglois ou 2408 toises. « Ce résultat, ajoute-t-il, a été confirmé par deux autres opérations que j'ai exécutées successivement :

[1] *Allgem. geogr. Ephemer.*, 1806, p. 51.
[2] T. I, p. 8.
[3] *Phil. Trans.*, Vol. XLVII, p. 353. *Cook's second Voyage round the World*, Vol. II, p. 282. Dans l'*Essai sur les îles Fortunées*, p. 284, les résultats de la première mesure de Borda et de celles de Hebersden et d'Hernandez se trouvent confondus. *Barrow, Voyage à la Cochinchine*, T. I, p. 69.

il est de même entièrement conforme aux résultats de deux opérations trigonométriques faites long-temps avant par M. John Crosse, consul anglois à Santa-Cruz de Ténériffe. » Voilà cinq mesures qu'on dit s'accorder parfaitement entre elles, et dont les erreurs s'élèvent à plus de 500 toises, ou au quart de la hauteur totale du Pic. Le docteur Heberden avoit séjourné sept ans à l'Orotava; on doit regretter qu'il ne donne aucun détail ni sur la nature des instrumens employés par lui et M. Crosse, ni sur la valeur des angles, la longueur et le nivellement de la base sur laquelle les triangles ont été appuyés. Toutes ces opérations que nous venons de rapporter ne méritent pas plus de foi que celles de Don Manuel Hernandez[1] qui assure avoir trouvé, en 1742, par une mesure géométrique, la hauteur du volcan, de 2658 toises, et par conséquent de 200 toises plus élevé que le Mont-Blanc.

C'est à Borda que nous devons la connaissance de la véritable élévation du volcan de Ténériffe; cet excellent géomètre a obtenu

[1] *Borda, Voyage de la Flore*, T. I, p. 88.

un résultat exact, après avoir passé par une erreur qu'il attribue à la négligence d'un de ses coopérateurs. Il fit trois mesures du Pic, dont deux géométriques et une barométrique. La première mesure géométrique [1], exécutée en 1771, ne donna que 1742 toises; et, tant qu'on la considéra comme exacte, Borda et Pingré trouvèrent, par des opérations faites à la voile, la hauteur du Pic de 1701 toises [2]. Heureusement Borda visita les îles Canaries une seconde fois, en 1776, conjointement avec M. de Chastenet-de-Puységur : il fit alors une opération trigonométrique plus exacte, dont il n'a publié le résultat que dans le Supplément du Voyage de la Flore [3]. On y trouve « que la cause principale de l'erreur commise en 1771 avoit été l'indication d'un faux angle porté sur le registre comme étant de 33′, tandis qu'il avoit été véritablement reconnu être de 53′. »

---

[1] *Borda, Voyage de la Flore*, T. I, p. 89.
[2] « Toutes les parties de notre travail se soutenoient réciproquement, et concouroient à une même détermination. » *Ibid.*, T. I, p. 120. *Journ. de Phys.*, 1776, p. 66, et 1779, p. 129.
[3] *Ibid.*, T. I, p. 378.

Le résultat de la mesure trigonométrique faite en 1776, est de 1905 toises : c'est celui qui est aujourd'hui le plus généralement adopté, et sur lequel se fonde en grande partie le gisement des îles Canaries dans les cartes de Varela et de Borda. Je pense rendre service aux physiciens et aux navigateurs, en consignant ici le détail des opérations faites dans la campagne de la frégate *la Boussole*, et tiré du manuscrit précieux dont j'ai eu occasion de parler dans le chapitre précédent[1]. Il seroit à désirer que le journal de M. de Borda fût publié en entier. Les résultats qu'il renferme se trouvent consignés sur la *Carte particulière des îles Canaries, d'après les observations de la Boussole et de l'Espiégle*, 1776. Cette carte, la meilleure de celles qui ont paru jusqu'à ce jour, fait partie de la collection publiée aux frais du *Dépôt de la Marine*.

« La mesure du Pic de Ténériffe, dit M. de Borda, n'étoit pas pour nous un objet

---

[1] Pag. 116. Ce manuscrit du Dépôt a 190 pages in-4.°; il est copié sur l'original, de la main de M. de Fleurieu. J'en dois la communication à la bienveillance du vice-amiral M. de Rosily.

de simple curiosité; elle tenoit essentiellement à notre travail nautique. Il nous étoit nécessaire de connoître l'élévation exacte de ce volcan, pour tirer parti des observations de hauteur apparente que nous avions faites à plusieurs pointes des îles de Ténériffe, Gomère [1] et Canarie, et qui devaient servir à fixer les longitudes et les latitudes de ces pointes. »

« Le terrain des environs du port de l'Orotava étant inégal et entrecoupé de vallons, il ne nous a pas été possible d'y trouver une base assez grande pour déterminer la distance du Pic par un seul triangle, et nous en avons employé trois. Nous avons d'abord mesuré, près de *La Paz*, maison de campagne de M. Cologan, une première base [2], ab, de 229,5 toises; au moyen de celle-ci, nous en avons conclu une seconde, ac, de

---

[1] Au port de la Gomera, par exemple, M. de Borda trouva l'angle de hauteur du Pic de 4° 1′. Un relèvement astronomique plaça la montagne est 24° 17′ nord. En supposant son élévation au-dessus du niveau de l'Océan de 1904 toises, on trouve le port de la Gomera éloigné du Pic de 0° 27′ 18″.

[2] Voyez fig. 1.

de 614 toises, et ensuite une troisième, *c d*, de 1526 toises. Le point *c* était le sommet du monticule nommé par les indigènes la *Montaneta del Puerto* qui domine la ville du port de l'Orotava. La station *d* est l'extrémité occidentale d'une galerie de la maison du colonel Franqui, à la *Villa del Orotava*, près du Dragonnier célèbre par sa grosseur et son antiquité. Il paroît que la base du père Feuillée avoit été mesurée dans une plage assez étendue, mais non horizontale, située au bas de l'hermitage de la Paz, près de la maison de campagne de M. Cologan. Notre base *a b* a été mesurée successivement par deux différentes troupes : la première a trouvé 1377 pieds 6 pouces; la seconde, 1377 pieds 3 pouces 6 lignes. On s'est servi de trois perches de 15 pieds chacune, étalonnées avec soin sur une règle de 3 pieds, que M. Varela avoit comparée à Cadix à la toise péruvienne de M. Godin. Voici les angles pris avec un quart de cercle de Ramsden, d'un pied de rayon :

Triangle *a b c*.	Triangle *a c d*.	Triangle *c P d*.
$bac = 85°\ 53'\ 55''$	$dac = 85°\ 58'\ 40''$	$cdP = 94°\ 0'\ 40''$
$abc = 73°\ 8'\ 55''$	$dca = 70°\ 20'\ 55''$	$dcP = 76°\ 34'\ 0''$
$bca = 20°\ 57'\ 15''$	$adc = 23°\ 40'\ 8''$	
$180°\ 0'\ 5''$	$179°\ 59'\ 43''$	

« Nous avons mesuré les trois angles des triangles abc et acd. Comme dans le triangle cPd on ne pouvoit employer ce genre de vérification, j'ai mesuré, avec la plus grande précision, les deux angles cdP et dcP, au moyen d'un cercle à réflexion, et je n'ai trouvé que des différences de 8 à 10 secondes. Il résulte de là que l'angle au Pic dcP est de 9° 25′ 20″. On trouve de même $ac =$ 3686^{pi},2; $ad =$ 8647^{pi},3; $cd =$ 9159^{pi},5; $cP =$ 55814^{pi},6 ; et $dP =$ 54420^{pi},9. Les angles de hauteur donnent les élévations suivantes du Pic ou des différens points des stations les uns par rapport aux autres : hauteur du Pic, vue du point $d =$ 10423^{pi},2 ; la même, vue du point $c =$ 11116^{pi},0; celle de d au-dessus du point $a =$ 733^{pi},6; la même au-dessus du point $c =$ 687^{pi},6, et celle du point c au-dessus du point $a =$ 47^{pi},5. Cela posé, la hauteur du Pic au-desssus du point d étant de..................... 10423^{pi},2

si on ajoute la hauteur du point
d au-dessus du point a........ 733,6

on aura une première hauteur du
Pic au-dessus du point a....... 11156,8

CHAPITRE III.

De même, celle du Pic au-dessus
du point c étant.................. 11116,0
si on ajoute celle du point c au-
dessus du point a.............. 47,3
on a une seconde hauteur du Pic
au-dessus du point a.......... 11163,3

Prenant un milieu entre ces deux résultats, on trouve 11160 pieds; et, en retranchant pour la réfraction 13^{pi},7, on a 11146^{pi},3. Il restoit à déterminer la hauteur du point a au-dessus du niveau de l'Océan. La dépression de l'horizon de la mer étoit en a de 17′ 7″, et en d de 32′ 25″. D'après ces dépressions, le point a est élevé, au-dessus du niveau de l'Océan, de 283^{pi},6; et, en ajoutant cette quantité à la hauteur du Pic[1] au-dessus du

---

[1] M. de Borda avoit trouvé, dans un premier calcul, 1904 toises en adoptant 19 pieds pour l'effet de la réfraction. Il n'a pas indiqué les hauteurs apparentes; on peut les déduire des valeurs de dP et cP. En c, le Pic devoit sous-tendre un angle de 11° 29′ 18″. Il paroît y avoir une légère erreur dans les hauteurs de d sur c et de c sur a. Au port de l'Orotava, à la maison de M. Cologan, la hauteur apparente du volcan fut trouvée de 11° 29′ 35″. Un relèvement astrono-

point *a*, on a, pour la hauteur absolue, 11430 pieds ou 1905 toises. »

La troisième mesure faite par M. de Borda est une mesure barométrique. Nous avons encore puisé les détails suivans dans le *Manuscrit du Dépôt*, et ils se trouvent assez conformes aux résultats que M. Cavanilles a publiés en 1799, d'après le manuscrit de Don Jose Varela, dans les *Anales de ciencias naturales*[1]. » M. de Borda partit de Santa-Cruz, le 27 septembre 1776. Il étoit accompagné de quarante personnes, parmi lesquelles il y avoit onze officiers de la marine française et espagnole. On s'étoit muni de boussoles de déclinaison et d'inclinaison, d'une montre de longitude, de plusieurs thermomètres et de deux excellens baromètres qui avoient été comparés, au port de l'Orotava, au baromètre de M. Pasley, négociant écossais[2]. Au retour du

mique donna pour le gisement Sud 29° 44′ Ouest, d'où résulte une distance de 0° 9′ 45″.

[1] T. I, p. 295. J'ignore par quel malentendu il est dit, dans ce même ouvrage (T. I, p. 85), que j'avois trouvé la hauteur du Pic de 1917 toises.

[2] M. Pasley assura n'avoir observé, depuis plusieurs années, le thermomètre de Réaumur, au port de l'Orotava, ni au-dessus de 22°,7 ni au-dessous de 12°,5.

CHAPITRE III.

Pic, ces instrumens furent vérifiés de nouveau; la différence étoit restée absolument la même, et l'on trouva, par l'interpolation d'un grand nombre d'observations faites d'heure en heure par M. Pasley, les différences suivantes :

STATIONS.	BAROMÈTRES.		Thermomètre à l'air, éch. de Réaumur.	REMARQUES.
	n.° I.	n.° H.		
	pouc. lig.	pouc. lig.		
Pino del Dornajito..	25 1,2		16°	
Port d'Orotava.....	28 2,8		20°	
Station des Rochers.	19 9,5	19 9,8	8°,0	à 8ʰ du soir.
Port.............	28 2,7	28 3,0	19°,5	
Caverne de glace...	18 9,2		10°	à 7ʰ 20′ du matin.
Port.............	28 2,8		19°	
Pied du Piton......	18 4,5		9°	à 8ʰ 30′ du matin.
Port.............	28 2,8		19°,5	
Sommet du Pic.....	18 0,0	18 0,4	8°,5	à 10ʰ ½ du matin.
Port.............	28 2,8	28 3,0	20°,0	

« Depuis le 30 septembre à huit heures du soir, jusqu'au 1.ᵉʳ octobre à dix heures 30′ du matin, le baromètre n'avoit varié que de 1/10 ligne. D'après la formule barométrique de Deluc[1], on trouve les hauteurs suivantes, en ajoutant 11 toises, pour l'élévation de la maison de M. Pasley au-dessus du niveau de la mer: Pin du Dornajito, 516 toises; Station des Rochers, 1518 toises; Caverne de glace, 1757 toises; Pied du Piton, 1847 toises; le sommet du Pic, 1929 toises. »

J'ai recalculé ces observations de M. de Borda, conjointement avec M. Mathieu, d'après la formule de M. La Place, et, en supposant la température du mercure égale à celle de l'air et en réduisant les stations au niveau de la mer, nous avons obtenu; pour le Pin de Dornajito, 533 toises; pour l'Estancia de los Ingleses, 1555 toises; pour la Caverne de glace, 1799 toises; pour le pied du Piton, 1892 toises; pour la cime du volcan, 1976 toises;

---

[1] Comparez Fleurieu dans le *Voyage de Marchand*, T. II, p. 11. Forster (*Observations during a voyage round the world*, Vol. I, p. 22) donne au Pic 12340 pieds anglois, ou 1931 toises, d'après la mesure barométrique de Borda.

CHAPITRE III.

Ce dernier résultat s'éloigne deux fois plus de celui de la mesure trigonométrique que la hauteur obtenue par la formule de Deluc. Nous discuterons plus bas les causes d'erreur qui peuvent affecter les opérations partielles.

Il est assez ordinaire que, lorsqu'il s'agit d'appliquer de petites corrections à des hauteurs barométriques et thermométriques, les voyageurs qui ont observé ensemble ne s'arrêtent pas aux mêmes nombres, considérés comme moyennes des bonnes observations. MM. Varela et Arguedas donnent, dans leur mémoire sur la mesure du Pic, les hauteurs barométriques suivantes:

		pouc.	lig.		
1.	Pino del Dornajito.....	25	0,86	Th.	$17°$ R.
	Niveau de la mer......	28	4,00	——	$19°\frac{0}{5}$
2.	Estancia de los Ingleses.	19	9,81	——	$9°$
	Niveau de la mer.....	28	3,72	——	$19°\frac{0}{5}$
3.	Cueva de la Nieva.....	18	8,93	——	$11°\frac{0}{5}$
	Niveau de la mer.....	28	3,51	——	$18°\frac{0}{5}$
4.	Pied du Pain de Sucre..	18	3,89	——	$9°\frac{0}{5}$
	Niveau de la mer......	28	3,51	——	$19°\frac{0}{10}$
5.	Cime du Pic..........	18	0,11	——	$8°\frac{0}{5}$
	Niveau de la mer......	28	3,72	——	$19°\frac{0}{10}$

M. Varela trouve, j'ignore d'après quelle formule, pour la première station, 534 toises;

pour la seconde station, 1531 toises; pour la troisième station, 1780 toises; pour la quatrième station, 1864 toisés; et pour la cinquième station, 1940 toises. Les petites différences que l'on observe entre les hauteurs barométriques indiquées par les marins espagnols et celles qui sont indiquées par M. de Borda, proviennent en grande partie de ce que les unes sont réduites au niveau de la mer, tandis que les autres se rapportent à l'élévation du sol sur lequel est placée la maison de M. Pasley.

Lors de l'expédition de Lapérouse, en 1785, M. Lamanon porta un baromètre à la cime du Pic de Ténériffe. L'observation de ce physicien [1], calculée par M. de Zach, donne, par la formule de Deluc, 1856 toises; d'après celle de Shuckburgh, 1893 toises; et d'après celle de Roy, 1889 toises. Il résulte de la même

---

[1] *Voyez* plus haut, p. 141. Zach, *Journ. astron.*, 1800, p. 396. On est surpris de voir qu'à une époque où les physiciens connoissoient depuis long-temps les travaux utiles de Deluc, Shuckburgh et de Trembley sur les formules barométriques, l'éditeur du Voyage de Lapérouse (Tom. II, p. 18) ait pu jeter tant de doutes sur les résultats obtenus à l'aide du baromètre.

observation barométrique, selon la formule de M. La Place, 1902 toises.

M. Johnstone, en mesurant une base au moyen du loch, trouva la hauteur du Pic de 1899 toises [1]. M. de Churruca, dans un voyage au détroit de Magellan, essaya également de déterminer l'élévation du volcan par une opération géométrique faite à la voile [2]. Il la trouva, en 1788, de 2193 toises, « en se félicitant d'avoir atteint une exactitude supérieure à toute espérance raisonnable (*toda esperanza racional*), parce que des hauteurs barométriques calculées par Bezout [3] donnoient le même nombre de toises. » Il en est des mesures des montagnes comme des latitudes et des longitudes géographiques. Les observateurs sont satisfaits de leurs opérations, lorsqu'ils les trouvent d'accord avec quelques résultats anciens auxquels ils donnent la préférence sur les autres.

M. Cordier mesura le Pic de Ténériffe, le 16 avril 1803, en employant un excellent

[1] *Voyage of Lord Macartney*, T. I, p. 113.
[2] *Viage al Magellanes. Apendice*, p. 10.
[3] *Cours de Mathématiques*, Vol. IV, p. 416 (édit. de 1775).

baromètre qu'il avoit fait bouillir la veille, et par un temps très-beau et très-constant qui se prolongea pendant un mois. « Les instrumens étoient placés *au vent* du Pic, et la hauteur barométrique fut ramenée à la température de l'air ambiant. Le baromètre correspondant de construction angloise ne différoit que de $\frac{1}{7}$ de ligne, ancienne mesure de France, de celui de Mossy, dont se servit le voyageur. Quoique les personnes chargées des observations à l'Orotava, MM. Little et Legros, n'employassent pas le vernier, ils évaluèrent cependant les hauteurs du mercure, avec beaucoup de précision, à des quarts et des cinquièmes de lignes [1]. » M. Cordier a tenu compte des petits changemens de niveau dans la cuvette, et ce physicien, très-exercé aux mesures barométriques, a pris toutes les précautions nécessaires pour ob-

---

[1] Ces détails et les hauteurs barométriques qui n'avoient point été imprimés dans le *Journal de Physique*, T. LVII, p. 60, m'ont été communiqués par M. Cordier. Ce voyageur qui a parcouru l'Égypte, l'Espagne et les îles Canaries, prépare un ouvrage intéressant sur la géologie des volcans éteints.

tenir un résultat exact. Voici le tableau de ses observations :

STATIONS.	HEURES.	BAROMÈTRE.	Thermomètre de Réaumur.
		pouc. lig.	
Estancia de los Ingleses.	4 ½	19 9,5	4°,9
Port d'Orotava.......	....	28 4,6	15°,0
Sommet du Pic.......	le matin.	18 4,0	6°,7
Port d'Orotava.......	....	28 5,6	19°,9

Le baromètre correspondant étoit placé à 7 toises de hauteur au-dessus du niveau de la mer. M. Cordier a trouvé, par la formule de Deluc, la station des Rochers de 1529 toises, et la cime du volcan de 1901 toises. La formule de M. La Place m'a donné, pour le premier de ces points, 1550 toises; pour le second, 1920 toises [1].

[1] Dans le Voyage manuscrit, de M. O-Donell, dont je dois la communication à l'obligeance de M. Leudé de Segrai, on trouve la note suivante : « Les mesures barométriques que nous fîmes de la hauteur du volcan,

Résumons maintenant les mesures barométriques et géométriques du Pic faites depuis un siècle :

I. Mesures géométriques.

a) faites à terre.

Le père Feuillée, en 1724	2213
Le même résultat modifié par Bouguer	2062
Heberden et Crosse, cinq opérations, en 1752	2408

coïncident, à peu de chose près (*con corta differencia*), avec celles de M. Cordier, en ayant égard à la différence de la toise françoise et de la toise castillane. Elévation absolue des ravins au pied du Pic, 1278 toises espagnoles; Estancia de los Ingleses, 1731 toises; sommet du Pic, 3287 toises. » Je ne devine pas ce que M. O-Donell désigne sous le nom de toises espagnoles; car, en supposant qu'il ait voulu parler de la *vara castellana*, dont 2,33 font une toise françoise, le volcan seroit encore de beaucoup moins élevé que ne le trouva M. de Borda dans la première de ses trois mesures.

Hernandez, en 1742............ 2658 tois.
Borda et Pingré, en 1771....... 1742
Borda, en 1776................ 1905

b) *faites à la voile.*

Mannevilette, en 1749.......... 2000
Borda et Pingré, en 1771....... 1701
Churrucca, en 1788............ 2193
Johnstone 1899

II. Mesures barométriques calculées d'après la formule de M. Laplace.

Feuillée et Verguin, en 1724.... 2025 tois.
Borda, en 1776................ 1976
Lamanon, en 1785............. 1902
Cordier, en 1803.............. 1920

Ces mesures, faites à différentes époques, varient de 1700 à 2600 toises; et, ce qui est assez remarquable, les résultats obtenus par des opérations géométriques diffèrent beaucoup plus entre eux que ceux qui sont dus à l'emploi du baromètre. On a eu bien tort cependant de citer ce manque d'harmonie comme une preuve de l'incertitude de toutes les mesures de montagnes. Des angles dont la valeur est déterminée par de mauvais graphomètres, des bases qui n'ont point été nivelées ou dont la longueur a été déterminée par le sillage d'un vaisseau, des triangles qui offrent un angle excessivement aigu au sommet de la montagne, des hauteurs barométriques sans indications de la température de l'air et du mercure, ne sont pas sans doute des moyens propres à conduire à des résultats exacts. Des quatorze opérations trigonométriques et barométriques indiquées plus haut, il n'y a que les quatre suivantes que l'on puisse considérer comme de véritables mesures :

Borda, par une triangulation..... 1905$^{tois.}$
Borda, au moyen du baromètre.. 1976
Lamanon, *id*...................... 1902
Cordier, *id*...................... 1920

La moyenne de ces quatre observations,

dont tous les détails nous sont connus, donne 1926 toises pour la hauteur absolue du volcan; mais il faut discuter ici si, en prenant la moyenne, on doit exclure la mesure barométrique de M. de Borda, comme péchant par excès, ou si l'on doit préférer le résultat de la triangulation aux mesures barométriques d'un Pic rasé presque continuellement de vents ascendans et descendans.

L'opération trigonométrique, faite en 1776, est plus compliquée que ne le sont généralement celles par lesquelles on détermine l'élévation d'un seul point. Les voyageurs ont l'habitude d'employer, ou une base dirigée vers la cime d'une montagne et deux angles de hauteur pris aux extrémités de cette base, ou bien une base qui seroit à peu près perpendiculaire à la première, deux angles de position pris dans un plan oblique et un seul angle de hauteur. Dans les deux cas, on mesure directement le côté du triangle dont le sommet est appuyé à la cime de la montagne. La mesure du Pic exécutée par M. de Borda, est une triangulation entièrement semblable à celles par lesquelles, dans la prolongation d'une méridienne, on détermine les élévations des signaux ou des montagnes voisines de ces signaux au-dessus du niveau de la mer. On ne sauroit disconvenir que la simplicité d'une méthode et le petit nombre des élémens qui entrent dans le calcul de la hauteur, offrent des avantages particuliers; mais il seroit injuste de condamner des opérations plus compliquées, si l'on peut se convaincre que les observateurs ont apporté le plus grand soin à la résolution de chaque triangle.

M. de Borda n'a pu mesurer immédiatement la grande base de 1526 toises, aux extrémités de laquelle il a déterminé les angles obliques de position et les angles que sous-tend la hauteur du volcan. La longueur de cette base a été trouvée par la résolution de deux petits triangles, et cette détermination mérite d'autant plus de confiance que tous les angles ont été mesurés directement ; qu'on a vérifié, par un cercle répétiteur à réflexion, le résultat obtenu par le petit quart de cercle de Ramsden ; que les erreurs de chaque angle ne paroissent pas avoir excédé 8 à 10 secondes, et que la première base, de 213 toises, a été mesurée deux fois, sans qu'on ait trouvé plus de $2\frac{1}{7}$ pouces de différence. Je ne pense pas que cette partie de la mesure de M. de Borda puisse avoir manqué de précision; et il faut espérer que la même précision a été atteinte dans les angles de hauteur, dont trois sont indispensables pour la mesure du Pic ; savoir : le sommet du Piton vu en d, le signal d vu en a, et la dépression de l'horizon de la mer. Il auroit été à désirer que l'observateur eût déterminé ces angles au moyen de son cercle à réflexion, en employant, comme horizon artificiel, un verre plan ou du mercure [1] ; car l'erreur de collimation et la position horizontale de l'instrument sont bien difficiles à déterminer avec précision dans un quart de cercle mobile d'un pied de rayon. D'après le manuscrit conservé au *Dépôt de la Marine*, cette véri-

---

[1] J'ai fait voir, dans un autre endroit, qu'au bord de la mer, on peut, avec beaucoup d'exactitude, mesurer la dépression de l'horizon par un instrument à réflexion, en prenant alternativement des hauteurs du soleil au-dessus de l'horizon de la mer et dans un horizon artificiel, et en réduisant ces hauteurs au même instant.

fication des angles de hauteur n'a pas eu lieu ; et l'harmonie qu'offrent les deux hauteurs du Piton au-dessus des points d et c, prouve plus la constance de l'erreur de collimation que l'exactitude de la valeur absolue des angles de hauteur. Pour obtenir deux résultats comparatifs, M. de Borda a dû prendre sept distances zénithales ; savoir : celle du sommet vu en c et en d, celle du signal d vu en a et en c, celle du signal c vu en a, et les dépressions de l'horizon de la mer mesurées en d et en a. Tout le monde sait que ces distances zénithales sont plus difficiles à obtenir avec précision que les angles de position, surtout lorsqu'on ne peut faire usage d'un cercle astronomique répétiteur. Aussi, à circonstances égales, une méthode est d'autant plus désavantageuse que les angles de hauteur sont plus multipliés. Pour résoudre la question de savoir quel est le nombre de toises dont la hauteur du Pic peut avoir été trouvée trop grande ou trop petite, j'ai supposé une erreur dans la mesure de la base, dans celle de l'angle soustendu par la montagne, et dans les réfractions terrestres. Si le volcan avoit 1925 toises d'élévation absolue au lieu de 1905 toises, l'angle de P en c seroit, d'après le calcul de M. Oltmanns et le mien, de 11° 36′ 34″ au lieu de 11° 29′ 18″ que M. de Borda a trouvés; les bases cd et ab seroient de 9260 et 1391 pieds, au lieu de 9159 et 1377 pieds. Or, comment supposer que l'on se soit trompé de 7′ 16″ en déterminant l'erreur de collimation du quart de cercle, et de 14 pieds dans la double mesure d'une base de 229,5 toises ? Nous ignorons à combien M. de Borda a évalué l'effet de la réfraction terrestre : mais il est probable que sa supposition n'a pas différé beaucoup de $\frac{1}{10}$ de l'arc. La distance du volcan est de 9 milles, et une variation de réfraction de 22″ ne changeroit encore que d'une toise la hauteur totale de la montagne.

Comme les bases qui servent à la mesure des montagnes ne se trouvent généralement pas sur les côtes et au niveau de l'Océan, les voyageurs sont forcés de recourir, soit à des mesures barométriques, soit à la dépression de l'horizon. Dans l'opération de M. de Borda, ces réductions ont été assez considérables, d étant élevé de 169 toises, et c de 55 toises au-dessus de la surface de la mer. Or, quand il s'agit de comparer des mesures barométriques et géométriques qui ne diffèrent que d'un petit nombre de toises, il faut examiner quelle est la limite des erreurs que l'on a pu commettre, et si la mesure pèche par excès ou par défaut. Les variations de la réfraction terrestre élèvent ou dépriment l'horizon de la mer de 2 ou 3 minutes pour un observateur placé sur la côte à 3 ou 4 toises de hauteur. A cette distance, les trajectoires peuvent être plus ou moins concaves ou convexes, selon la température du sol ou de la mer, et selon le décroissement inégal de densité qu'offrent les couches d'air superposées. A mesure que l'observateur s'élève au-dessus des côtes, les erreurs dues aux variations irrégulières de la réfraction diminuent considérablement; et il est facile de prouver que, lors de l'opération de M. de Borda, elles n'ont pas excédé 3 à 4 toises[1]. Comme la mer, à cette époque,

[1] Les nombreuses observations de dépression faites par M. Méchain à Montjouy, près de Barcelone, ne diffèrent entre elles que de $7\frac{1}{2}$ toises. C'est la limite des écarts extrêmes, la hauteur totale de la montagne

étoit plus froide que l'air, les stations *c* et *d* peuvent avoir été trouvées moins hautes qu'elles ne le sont effectivement¹, et l'on peut supposer, ce qui est confirmé par les mesures barométriques, que le résultat trigonométrique, fait en 1776, péche plutôt par défaut que par excès.

En résumant ce que nous venons de constater par l'examen successif des élémens qui

---

étant de 105 toises. *Delambre, Base du Système métrique*, T. II, p, 759 et 765.

¹ Biot, sur les réfractions extraordinaires, dans les *Mém. de l'Institut*, 1809, p. 157, 177 et 180. M. de Borda, comme la plupart des géomètres qui ont mesuré la dépression de l'horizon, a négligé d'indiquer la température de l'Océan ; mais nous savons qu'à cette époque l'air était à 25° ; et, d'après les observations rapportées plus haut, p. 63-98, on peut admettre que la chaleur de l'eau de la mer a été de 20 à 21 degrés. Or, des hauteurs de 30 toises calculées, dans la supposition d'une réfraction moyenne de 0,08 et d'un décroissement uniforme en progression arithmétique, paroissent diminuées de 3 toises lorsqu'il y a quatre degrés de différence entre la température de l'air et de l'eau. Ce nombre résulte des observations nombreuses faites par MM. Biot et Mathieu à la tour de Dunkerque.

entrent dans le calcul de l'élévation absolue du Pic de Ténériffe, il résulte que la mesure trigonométrique faite par M. de Borda est probablement exacte à moins de $\frac{1}{516}$ de la hauteur totale, à moins qu'on ne suppose des erreurs accidentelles dues à la négligence des observateurs.

Je ne doute pas que ce même degré de précision puisse être atteint, dans des circonstances bien favorables, par des mesures multipliées faites au moyen du baromètre; mais il est difficile de juger, lorsqu'il s'agit de quelques observations isolées, si des vents obliques, ou une inégale distribution de la chaleur dans les couches d'air superposées, n'ont pas altéré les résultats. Des trois mesures barométriques faites par MM. de Borda, Lamanon et Cordier, et calculées d'après la formule de La Place et le coëfficient de Ramond, il n'y a que la seconde qui ne donne pas des hauteurs plus grandes que l'opération géométrique. Si l'on substitue à la formule de La Place celle de Deluc ou de Trembley, les hauteurs, au lieu de pécher par excès, pécheront par défaut. En supposant que le Pic ait effectivement 1905 toises d'élévation, la formule de La Place, appliquée aux observations barométriques de MM. Lamanon et Cordier, n'offriroit qu'une erreur de $5\frac{1}{2}$ toises ou de $\frac{1}{546}$, quantité extrêmement petite, et qui ne seroit que la moitié ou le tiers de celle à laquelle d'excellens observateurs peuvent être exposés [1].

Le premier coëfficient [2] de la formule barométrique de M. La Place, publiée en 1798, se fondoit sur la comparaison des mesures barométrique et géométrique du volcan de Ténériffe, faite par M. de Borda. L'illustre auteur de la Mécanique céleste, ayant reconnu dans

---

[1] M. *D'Aubuisson* conclut, après avoir discuté un grand nombre d'observations calculées d'après la formule de La Place, et comparées à des mesures géodésiques précises, « qu'en évitant les causes manifestes d'inexactitude, tels que les heures du matin, les changemens considérables de temps d'un jour à l'autre, les orages et l'influence des localités, on peut regarder un centième comme la limite des erreurs. Il ajoute que, le plus souvent, par des compensations heureuses, l'erreur ne sera que de quelques millièmes. » *Journal de Physique*, T. LXXI, p. 35.

[2] Le coëfficient, 17972 mèt. *Exposition du Syst. du Monde*, éd. 1., p. 82. Ramond, *Mém. sur la formule barométrique*, p. 2.

la suite que ce coëfficient ne donnoit pas des hauteurs exactes, en a substitué un autre fourni par les excellentes observations de M. Ramond. En examinant la relation manuscrite du voyage de Borda, on ne peut deviner la source d'une erreur qui paroît excéder de beaucoup celle de la mesure barométrique du Mont-Blanc par Saussure. Le baromètre correspondant a été observé, à l'Orotava, de quart d'heure en quart d'heure; ses plus grandes variations, en vingt-quatre heures, ont été de quelques dixièmes de ligne. On a vérifié avec soin les échelles ; on a tenu compte de l'accumulation du mercure dans la cuvette [1]. Les thermomètres ont été observés à l'ombre ; les moindres circonstances se trouvent indiquées dans les journaux de MM. de Borda et Varela. Ces voyageurs sont même les seuls qui aient porté deux baromètres à la cime du Piton. Les deux instrumens s'accordoient à 3 ou 4 dixièmes de ligne, et l'on prenoit constamment la moyenne entre les deux. Si l'on ne connoissoit pas avec assez de précision la véritable hauteur du Pic, on

---

[1] Elle étoit de 0,9 de ligne au bord du cratère.

CHAPITRE III. 217

devroit penser que la mesure barométrique faite en 1776 ne pourroit être en erreur de $\frac{1}{100}$, tandis qu'elle l'est probablement au delà de $\frac{1}{50}$. Il suffit de comparer les indications du baromètre et du thermomètre de Borda avec les indications de ces mêmes instrumens dans les voyages de Lamanon et de M. Cordier, pour reconnoître que, dans la matinée du 1.er octobre 1776, sur le sommet du Piton, la pression de l'air a éprouvé une modification extraordinaire et très-problématique. Voici les élémens de cette comparaison :

LIEUX.	BAROM. ET THERMOM. DE RÉAUMUR.						HAUTEUR d'après la formule de Laplace.	DÉCROISSEMENT du calorique; nombre de toises corresp. à 1° R.
	Borda, 1776.		Lamanon, 1785.		Cordier, 1803.			
	Bar.	Ther.			Bar.	Ther.		
Estancia de los Ingleses....	po. li. 19 9,7 28 2,9	8° 19°,5	....	....	po. li. 19 9,5 28 4,6	4°,9 15°	B. 1555 t. C. 1543	B. 134 t. C. 155
	Bar.	Ther.	Bar.	Ther.	Bar.	Ther.		
Sommet du Pic..	po. li. 18 0,2 28 2,9	8°,5 20°	po. li. 18 4,3 28 3,0	9° 24°½	po. li. 18 4,0 28 5,6	6°,7 19°,9	B. 1976 t. L. 1902 C. 1920	B. 165 t. L. 123 C. 144

On est frappé de voir dans ce tableau que M. de Borda a trouvé ses baromètres, au sommet du Pic, 4 lignes plus bas que d'autres observateurs, et sans que les indications du thermomètre servent à expliquer une si énorme différence dans la pression atmosphérique[1]. On pourroit croire que les instrumens se soient dérangés pendant la nuit que les voyageurs ont passée à la station des Rochers; mais on trouve marqué tout exprès, dans les journaux de MM. de Borda et Varela, que, le lendemain du voyage, la différence entre le baromètre de M. Pasley, à l'Orotava, et ceux qui avoient servi à la mesure du Piton, étoit restée la même à deux dixièmes de ligne près. Le volcan de Ténériffe, comme tous les Pics très-élancés, est sans doute peu propre à essayer

[1] L'erreur d'un degré dans l'indication de la température de l'air ne changeroit encore la hauteur du Pic qu'à peu près de $3\frac{4}{5}$ tois. Un grand nombre de bonnes observations, faites à la cime du Saint-Bernard, prouve que les élévations totales calculées sont trop grandes ou trop petites chaque fois que les températures sont au-dessus ou au-dessous de la température moyenne des deux stations. *Journal de Physique*, T. LXXI, p. 10.

l'erreur des coëfficiens barométriques. Il se forme des vents obliques sur la pente rapide de la montagne, et il est à supposer que, lors de la mesure de M. de Borda, un vent ascendant très-violent, ou quelque autre cause perturbatrice inconnue, ont fait baisser le baromètre. Le temps avoit été pluvieux la veille; le décroissement du calorique étoit d'une extrême lenteur, et vraisemblablement très-peu uniforme, ce qui met en défaut toutes les formules : malgré ces circonstances, sans le témoignage d'un observateur aussi exact que M. de Borda, on auroit de la peine à croire que la pression barométrique pût changer de quatre lignes à une hauteur de plus de 1900 toises et aux limites de la zone torride. Il en est d'une mesure barométrique isolée comme d'une longitude déterminée par le simple transport du temps. L'une et l'autre, exécutées avec de bons instrumens et dans des circonstances favorables, sont susceptibles d'une grande exactitude ; mais, lorsque les variations météorologiques ou le retard du chronomètre ne suivent pas une marche régulière et uniforme, il est impossible de fixer la limite des erreurs, comme on le fait avec succès, en discutant une opération géométrique, ou le résultat d'une série de distances lunaires.

Après avoir exclu la mesure barométrique de Borda, il nous en reste deux autres qui inspirent une grande confiance et dont l'une paroît pécher un peu par défaut, comme l'autre par excès. Nous avons déjà fait remarquer que leur résultat moyen ne diffère pas de 0,003 de la mesure géométrique, et nous ne donnerons pas la préférence aux observations barométriques de Lamanon sur celles de M. Cordier, parce que nous croyons avoir prouvé que le résultat même de la triangulation pourroit bien être trop petit de quelques toises, et que M. Cordier a fait son voyage par un temps très-beau et très-constant. Ce savant pense que sa mesure doit donner un résultat très-approchant de la vérité, à cause des précautions nombreuses qu'il a prises pour éviter les erreurs [1]. L'observation a été faite le matin, et l'on sait que, pour cette époque du jour, la formule de M. La Place donne des hauteurs trop foibles, parce que son coëfficient a été déterminé par des observations faites à

---

[1] *Ramond*, p. 5 et 26.

midi : mais, d'un autre côté, M. Ramond a rendu probable que le coëfficient adopté pour nos contrées septentrionales doit subir une légère diminution, pour l'approprier à la mesure des hauteurs comprises entre les Tropiques ou rapprochées des limites de la zone torride [1]. Il y a donc eu compensation, et cette compensation n'a pas été troublée par les effets de la variation diurne du baromètre. J'insiste sur cette dernière circonstance, parce que des physiciens distingués ont affirmé récemment que le baromètre doit baisser sur les hautes montagnes, tandis qu'à neuf heures du matin il atteint son *maximum* dans les plaines. Cette assertion [2] ne se fonde que sur des aperçus théoriques et sur un phénomène local observé par Saussure dans les Alpes. Les observations que nous avons faites, M. Bonpland et moi, sur les variations horaires du baromètre, depuis les côtes jusqu'à 2000 toises de hauteur, prouvent au contraire que, sous les Tropiques, le mercure atteint son *maximum* et son *minimum* exactement aux mêmes heures dans les basses régions et sur les sommets des Andes.

[1] *Ramond*, p. 97.
[2] *Journ. de Phys.*, T. LXXI, p. 15.

La véritable hauteur du Pic de Ténériffe diffère probablement peu de la moyenne entre les trois mesures géométriques et barométriques de Borda, Lamanon et M. Cordier :

$$\begin{array}{r}1905 \text{ toises.}\\1902\phantom{\text{ toises.}}\\\underline{1920\phantom{\text{ toises.}}}\\1909\phantom{\text{ toises.}}\end{array}$$

La détermination exacte de ce point est importante pour la physique, à cause de l'application des nouvelles formules barométriques; pour la navigation, à cause des angles de hauteur que des pilotes instruits prennent quelquefois en passant à la vue du Pic ; pour la géographie, à cause de l'usage que MM. de Borda et Varela ont fait de ces mêmes angles pour le relèvement de la carte de l'archipel des Canaries.

Nous avons agité plus haut, T. I, p. 303, la question de savoir si la côte d'Afrique peut être vue du sommet du volcan de Ténériffe. Ce problème a été discuté par M. Delambre,

CHAPITRE III.   223

auquel nous devons un si grand nombre d'observations précieuses sur les réfractions horizontales. Voici les fondemens du calcul dont nous n'avons donné que le seul résultat dans le 2.ᵉ chapitre : soit (fig. 2) M le Pic de Ténériffe, et N la côte qui est éloignée du pied du Pic de l'arc $PTQ = 2° 49' 0''$. Comme la réfraction fait paroître les objets plus élevés qu'ils ne le sont réellement, il sera possible de voir du haut du Pic le point N, bien qu'il soit caché par la courbure de la terre. Ce point sera effectivement visible, s'il est assez élevé pour envoyer un rayon qui, en décrivant la courbe NTM à travers les couches de l'atmosphère, ne fasse que raser la terre en T. Du Sommet du Pic on apercevroit donc à la fois les points T et N, et l'observateur qui seroit placé en T verroit les points N et M dans son horizon N'TM'. Si l'on désigne par $h = 1904^t$ la hauteur du Pic, d'après la mesure géométrique de Borda, par $R = 3271225^t$ le rayon de la terre, et enfin par c le coëfficient de la réfraction terrestre, dont la valeur moyenne a été trouvée de 0,08 par M. Delambre, on aura la distance PT, à laquelle doit être l'observateur, pour voir le sommet M en M' à l'horizon, par la formule

$$\tang. \, PT = \frac{1}{(1-c)} \sqrt{\frac{2h}{R}}$$

qui donne $PT = 2° \, 7' \, 26''$. Telle est la plus grande distance à laquelle on puisse apercevoir le Pic du niveau de la mer. Si l'on retranche PT de $PTQ = 2° \, 49' \, 0''$, il restera $QT = 41' \, 34''$, avec cette distance on trouvera aisément la hauteur $NQ = h'$ que doit avoir la côte pour paroître en N' à l'horizon. En effet, si, dans la formule précédente, on remplace l'arc PT par QT et la hauteur h par h', on aura

$$\tang. \, QT = \frac{1}{(1-c)} \sqrt{\frac{2h'}{R}}$$

d'où l'on tire

$$h' = \frac{R(1-c)^2 \tang.^2 QT}{2} = 202^t,2.$$

Ainsi, en vertu de la réfraction, et malgré la courbure de la terre qui, à la distance PQ, cacheroit une montagne de $370^t.$, on pourroit voir quelquefois une montagne située sur la côte et élevée seulement de 202 toises; mais, comme les réfractions sont incertaines et peuvent même être négatives, il seroit imprudent d'affirmer quelque chose pour d'aussi grandes distances pour lesquelles on n'a nulle observation.

Résultats des déterminations de hauteur.

Laguna, ville............	360 toises.
Orotava, ville............	163
Pin du Dornajito.........	533
Estancia de los Ingleses....	1552
Caverne de glace.........	1732
Pied du Piton...........	1825
Sommet du Pic de Ténériffe.	1909

J'ai rapporté, dans le Chapitre II [1], le résultat des observations de longitude que j'ai faites à Sainte-Croix de Ténériffe. Voici des données tirées du manuscrit de M. de Borda,

[1] Tome I, p. 213.

et qui serviront à compléter ce qui a été rapporté dans le Recueil de mes observations astronomiques (T. I, p. xxxvii et 28). Don Josef Varela observa, le 30 août 1776, au port de la Gomera, l'émersion du troisième satellite de Jupiter, à 5^h 40′ 8″. Tofiño vit, à Cadix, cette même émersion, à 16^h 23′ 28″. Différence des méridiens, 0^h 43′ 20″; le port de la Gomera étant situé, d'après les opérations de Borda, 0^h 3′ 28″ à l'est de Sainte-Croix, on trouve, pour ce dernier endroit, 0^h 39′ 52″. Le 12 octobre, Varela observa l'immersion du troisième satellite à Sainte-Croix, à 12^h 42′ 11″. Tofiño fit la même observation à Cadix, à 13^h 22′ 26″. Différence des méridiens, 0^h 40′ 15″. Le même jour, émersion du troisième satellite à Sainte-Croix, à 15^h 52′ 51″; à Cadix, 16^h 32′ 54″. Différence, 0^h 40′ 3″. La moyenne de ces trois observations de satellites, qui n'avoient point encore été publiées, donne Saint-Croix à l'ouest de Paris de 18° 36′ 45″, en comptant, avec M. de Borda, pour Cadix, 8° 36′ 0″, conformément à l'observation de l'éclipse annulaire du soleil de 1764, calculée par Duséjour. Mais la véritable longitude de l'ancien observatoire de Cadix étant, d'après un grand nombre d'occultations d'étoiles [1], calculées par MM. Triesnecker et Oltmanns, de 8° 37′ 37″, il en résulte, pour Sainte-Croix, par les satellites, 18° 38′ 22″. Varela et Tofiño se servoient de deux télescopes de Dollond de $2\frac{1}{2}$ pieds de longueur, et avec lesquels ces deux observateurs avoient souvent obtenu à Cadix des résultats d'un accord parfait. Deux observations des premier et second satellites, faites par le père Feuillée, en 1724, à la Laguna et à la ville d'Orotava, et comparées aux observations de Maraldi, à Paris, donnent, pour Sainte-Croix de Ténériffe, 18° 36′ 36″ et 18° 29′ 11″, en supposant, avec Borda, la Laguna de 2′ 50″ et la ville de l'Orotava de 16′ 15″ à l'ouest du môle de Sainte-Croix (Mém. de l'Acad., 1746, p. 123.) Ces données, réunies aux résultats chronométriques, concourent à prouver ce que j'ai développé ailleurs, que la longitude du môle n'est probablement ni plus petite que 18° 33′ ni plus grande que 18° 36′ ou 18° 38′. M. de

---

[1] *Rec. d'obs. astron.*, T. I. p. 25. Espinosa, *Memorias de los Navegantes*, T. I, p. 45.

Borda, en parlant, dans son Journal, du capitaine Cook, qu'il eut la satisfaction de rencontrer aux îles Canaries, ajoute : « Je ne conçois pas pourquoi ce célèbre navigateur, qui connoissoit les déterminations des voyageurs qui l'ont précédé, s'obstine à vouloir que le port de Sainte-Croix soit par les 18° 51′ 0″. (*Third Voyage*, T. I, p. 19.) Avant l'expédition de la *Boussole* et de l'*Espiégle*, on croyoit généralement la latitude du Pic de Ténériffe de 28° 12′ 54″. (*Maskelyne, Brit. Mariner's Guide*, p. 17.) Cook trouva le Pic, par des opérations faites à la voile, 12′ 11″ plus austral et 29′ 30″ plus occidental que le môle de Sainte-Croix. Les opérations géométriques de Borda donnent, avec plus de précision, 11′ 37″ pour la différence en latitude, et 23′ 54″ pour la différence en longitude. Au môle, le Pic a été relevé astronomiquement Ouest 28° 55′ Sud. Angle de hauteur apparent, 4° 37′. Distance, 22740 toises, en supposant l'élévation du volcan de 1904 toises. Latitude du Pic, 28° 16′ 53″. Longitude, 18° 59′ 54″. Je consigne ici tout ce qui a rapport à cette montagne célèbre pour engager les navigateurs à vérifier des résultats

aussi importans pour la géographie nautique.

M. de Borda est le seul voyageur qui ait comparé, d'une manière précise, l'inclinaison magnétique à Sainte-Croix et à la cime du Pic de Ténériffe. Il a trouvé la dernière de 1° 15′ plus grande. (*Manuscrit du Dépôt, Cah. 4.ᵉ.*) Cette augmentation d'inclinaison observée sur le sommet d'une haute montagne, est conforme à ce que j'ai remarqué plusieurs fois dans la chaîne des Andes : elle dépend probablement de quelque système d'attractions locales; mais, pour bien juger de ce phénomène, il faudroit connoître exactement l'inclinaison de l'aiguille aimantée au pied du volcan, par exemple, à la ville d'Orotava. La déclinaison, en 1776, étoit à Gomera de 15° 45′, au môle de Sainte-Croix de 15° 50′, et au bord du cratère du Pic, 19° 40′ vers le nord-ouest.

LIVRE II.

CHAPITRE IV.

Premier séjour à Cumana. — Rives du Manzanares.

Nous étions arrivés au mouillage, vis-à-vis de l'embouchure du Rio Manzanares, le 16 juillet, à la pointe du jour; mais nous ne pûmes débarquer que très-tard dans la matinée, parce que nous fûmes obligés d'attendre la visite des officiers du port. Nos regards étoient fixés sur des groupes de cocotiers qui bordoient la rivière, et dont les troncs excédant soixante pieds de hauteur dominoient le paysage. La plaine étoit couverte de touffes de Casses, de Capparis et de ces Mimoses arborescentes qui, semblables au pin de l'Italie, étendent leurs branches en forme de parasol. Les feuilles pennées des palmiers se détachoient sur l'azur d'un ciel dont la pureté n'étoit troublée par aucune trace de vapeurs. Le soleil montoit rapidement vers le zénith. Une lumière éblouissante étoit répandue dans l'air, sur les collines blanchâtres, parsemées de Cactiers cylindriques, et sur cette mer toujours calme, dont les rives sont peuplées d'Alcatras [1], d'Aigrettes et de Flamants. L'éclat du jour, la vigueur des couleurs végétales, la forme des plantes, le plumage varié des oiseaux, tout annonçoit le grand caractère de la nature dans les régions équatoriales.

La ville de Cumana, capitale de la Nouvelle-Andalousie, est éloignée d'un mille de l'*embarcadère* ou de la batterie *de la Bocca*, près de laquelle nous avions pris terre, après avoir passé la barre du Manzanares. Nous eûmes à parcourir une vaste plaine [2], qui sépare le faubourg des Guayqueries des côtes de la mer. L'excessive chaleur de l'atmosphère étoit augmentée par la réverbération du sol en partie dénué de végétation. Le thermomètre centigrade, plongé dans le

---

[1] Pélican brun de la taille du cygne; *Buffon, Pl. enlum.*, n.° 957. Pelicanus fuscus, Lin. (*Oviedo, Lib. XIV*, c. 6.

● *Salado*

sable blanc, s'élevoit à 37°,7. Dans de petites mares d'eau salée, il se soutenoit à 30°,5, tandis que la chaleur de l'Océan, à sa surface, est généralement, dans le port de Cumana [1], de 25°,2 à 26°,3. La première plante que nous cueillîmes sur le continent de l'Amérique étoit l'Avicennia tomentosa [2] qui, dans cet endroit, atteint à peine deux pieds de hauteur. Cet arbuste, le Sesuvium, le Gomphrena jaune et les Cactiers couvrent les terrains imprégnés de muriate de soude; ils appartiennent à ce petit nombre de végétaux qui vivent en

---

[1] En réunissant un grand nombre d'expériences faites en 1799 et 1800, à différentes saisons, je trouve que, dans le port de Cumaná, au nord du Cerro Colorado, la mer est, pendant le jusant, de 0°,8 plus chaude que pendant le flot, quelle que soit l'heure de la marée. Je consignerai ici l'observation du 20 octobre, qui peut presque servir de type, et qui a été faite sur un point des côtes où la mer, à 150 toises de distance, a déjà 30 ou 40 brasses de profondeur. A dix heures du matin : jusant, 26,°1; air, près de la côte, 27°,4; air, près de la ville, 30°,2; eau du Manzanares, 25°,2. A quatre heures de l'après-midi : mer montante, 25°,3; air, près des côtes, 26°,2; air à Cumana, 28°,1; eau du Manzanares, 25°,7.

[2] *Mangle prieto.*

société, comme la bruyère de l'Europe, et qui ne se trouvent dans la zone torride que sur les rivages de la mer et sur les plateaux élevés des Andes[1]. L'avicennia de Cumana se distingue par une autre particularité non moins remarquable : elle offre l'exemple d'une plante commune aux plages de l'Amérique méridionale et aux côtes du Malabar.

Le pilote indien nous fit traverser son jardin qui ressembloit plutôt à un taillis qu'à un terrain cultivé. Il nous montra, comme une preuve de la fertilité de ce climat, un Fromager (Bombax heptaphyllum) dont le tronc, dans sa quatrième année, avoit atteint près de deux pieds et demi de diamètre. Nous avons observé, sur les bords de l'Orénoque et de la rivière de la Madeleine, que les Bombax, les Carolinea, les Ochroma et d'autres arbres de la famille des Malvacées,

---

[1] Sur l'extrême rareté des *plantes sociales* entre les Tropiques (voyez l'*Essai sur la Géog. des plantes*, p. 19), et un Mémoire de M. Brown, sur les Protéacées (*Trans. of the Lin. Soc.*, Vol. X, P. 1, p. 23), dans lequel ce grand botaniste a étendu et confirmé, par des faits nombreux, mes idées sur les associations des végétaux d'une même espèce.

prennent un accroissement extrêmement rapide. Je pense cependant qu'il y a eu quelque exagération dans le rapport de l'Indien sur l'âge du Fromager; car, sous la zone tempérée dans les terrains humides et chauds de l'Amérique septentrionale, entre le Mississipi et les Monts Aleghany, les arbres n'excèdent pas un pied de diamètre [1] en dix ans, et la végétation n'y est en général que d'un cinquième plus accélérée qu'en Europe, même en prenant pour exemple le Platane d'Occident, le Tulipier et le Cupressus disticha qui acquièrent de neuf à quinze pieds de diamètre. C'est aussi sur la plage de Cumana, dans le jardin du pilote guayquerie, que nous vîmes, pour la première fois, un *Guama* [2] chargé de fleurs,

[1] A cinq pieds de terre. Ces mesures sont d'un excellent observateur, M. Michaux.

[2] *Inga spuria*, qu'il ne faut pas confondre avec l'Inga commun ou Inga vera, Willd. (Mimosa Inga, Lin.) Les étamines blanches, au nombre de soixante à soixante-dix, sont attachées à une corolle verdâtre, ont un éclat soyeux et sont terminées par une anthère jaune. La fleur du *Guama* a 18 lignes de long. La hauteur commune de ce bel arbre, qui préfère les endroits humides, est de 8 à 10 toises. Je ferai observer,

et remarquable par l'extrême longueur et l'éclat argenté de ses nombreuses étamines. Nous traversâmes le faubourg des Indiens, dont les rues sont très-bien alignées, et formées de petites maisons toutes neuves et d'un aspect riant. Ce quartier de la ville venoit d'être reconstruit, à cause du tremblement de terre qui avoit ruiné Cumana, dix-huit mois avant notre arrivée. A peine eûmes-nous passé, sur un pont de bois, le Rio Manzanares qui nourrit quelques Bavas ou crocodiles de la petite espèce, que nous vîmes partout les traces de cette horrible catastrophe; de nouveaux édifices s'élevoient sur les décombres des anciens.

Nous fûmes conduits, par le capitaine du *Pizarro*, chez le gouverneur de la province, Don Vicente Emparan, pour lui présenter les passeports qui nous avoient été donnés par la première secrétairerie d'état. Il nous reçut avec cette franchise et cette noble simplicité qui, de tout temps, ont caractérisé

à cette occasion, que l'on a distingué dans cet ouvrage, par le caractère *italique*, les noms des plantes nouvelles que nous avons recueillies, M. Bonpland et moi.

la nation basque. Avant d'avoir été nommé gouverneur de Portobelo et de Cumana, il s'étoit distingué comme capitaine de vaisseau dans la marine royale. Son nom rappelle un des événemens les plus extraordinaires et les plus affligeans que présente l'histoire des guerres maritimes. Lors de la dernière rupture entre l'Espagne et l'Angleterre, deux frères de M. d'Emparan se battirent, pendant la nuit, devant le port de Cadix, l'un prenant le vaisseau de l'autre pour une embarcation ennemie. Le combat fut si terrible que les deux vaisseaux coulèrent presque à la fois. Une très-petite partie des équipages fut sauvée, et les deux frères eurent le malheur de se reconnoître peu de temps avant leur mort.

Le gouverneur de Cumana nous témoigna beaucoup de satisfaction de la résolution que nous avions prise de séjourner quelque temps dans la Nouvelle-Andalousie, dont le nom, à cette époque, étoit presque inconnu en Europe, et qui, dans ses montagnes et sur le bord de ses nombreuses rivières, renferme un grand nombre d'objets dignes de fixer l'attention des naturalistes. M. d'Emparan nous montra des cotons teints avec des plantes indigènes, et de beaux meubles pour lesquels on avoit employé exclusivement les bois du pays : il s'intéressoit vivement à tout ce qui a rapport à la physique, et il demanda, à notre grand étonnement, si nous pensions que, sous le beau ciel des Tropiques, l'atmosphère contenoit moins d'azote (*azotico*) qu'en Espagne, ou si la rapidité avec laquelle le fer s'oxide dans ces climats, étoit uniquement l'effet d'une plus grande humidité indiquée par l'hygromètre à cheveu. Le nom de la patrie, prononcé sur une côte lointaine, ne sauroit être plus agréable à l'oreille du voyageur, que ne l'étoient pour nous ces mots d'azote, d'oxide de fer et d'hygromètre. Nous savions que, malgré les ordres de la cour et les recommandations d'un ministre puissant, notre séjour dans les colonies espagnoles nous exposeroit à des désagrémens sans nombre, si nous ne parvenions à inspirer un intérêt particulier à ceux qui gouvernent ces vastes contrées. M. d'Emparan aimoit trop les sciences pour trouver étrange que nous vinssions de si loin recueillir des plantes et déterminer la position de quelques lieux par des moyens astronomiques. Il ne supposa d'autres motifs à notre voyage que ceux qui étoient énoncés dans nos passeports, et les marques publiques de considération qu'il nous a données pendant un long séjour dans son gouvernement, ont contribué beaucoup à nous procurer un accueil favorable dans toutes les parties de l'Amérique méridionale.

Nous fîmes débarquer nos instrumens vers le soir, et nous eûmes la satisfaction de trouver qu'aucun n'avoit été endommagé. Nous louâmes une maison spacieuse, et dont l'exposition étoit favorable pour les observations astronomiques. On y jouissoit d'une fraîcheur agréable, lorsque la brise souffloit; les fenêtres étoient dépourvues de vitres, et même de ces carreaux de papier qui, le plus souvent, remplacent les vitres à Cumana. Tous les passagers du *Pizarro* quittèrent le bâtiment, mais la convalescence de ceux qui avoient été attaqués de la fièvre maligne étoit très-lente. Nous en vîmes qui, après un mois, malgré les soins qui leur avoient été donnés par leurs compatriotes, étoient encore d'une foiblesse et d'une maigreur effrayantes. L'hospitalité, dans les colonies espagnoles est telle, qu'un Européen qui arrive, sans recommandation et sans moyens pécuniaires, est presque sûr de trouver du secours s'il débarque dans quelque port pour cause de maladie. Les Catalans, les Galiciens et les Biscayens ont les rapports les plus fréquens avec l'Amérique. Ils y forment comme trois corporations distinctes, qui exercent une influence remarquable sur les mœurs, l'industrie et le commerce colonial. Le plus pauvre habitant de Siges ou de Vigo est sûr d'être reçu dans la maison d'un *Pulpero*[1] Catalan ou Galicien, soit qu'il arrive au Chili, au Mexique ou aux îles Philippines. J'ai vu les exemples les plus touchans de ces soins rendus à des inconnus, pendant des années entières, et toujours sans murmure. On a dit que l'hospitalité étoit facile à exercer dans un climat heureux, où la nourriture est abondante, où les végétaux indigènes fournissent des remèdes salutaires, et où le malade, couché dans un hamac, trouve sous un hangar l'abri dont il a besoin. Mais doit-on compter pour rien l'embarras causé dans une

---

[1] Petit marchand.

famille par l'arrivée d'un étranger dont on ne connoît pas le caractère? Est-il permis d'oublier ces témoignages d'une douceur compatissante, ces soins affectueux des femmes, et cette patience qui ne se lasse point dans une longue et pénible convalescence? On a remarqué qu'à l'exception de quelques villes très-populeuses, l'hospitalité n'a pas encore diminué d'une manière sensible depuis le premier établissement des colons espagnols dans le nouveau monde. Il est affligeant de penser que ce changement aura lieu, lorsque la population et l'industrie coloniale feront des progrès plus rapides, et que cet état de la société, que l'on est convenu d'appeler une civilisation avancée, aura banni peu à peu « la vieille franchise castillane. »

Parmi les malades qui débarquèrent à Cumana, se trouvoit un nègre qui tomba en démence, peu de jours après notre arrivée : il mourut dans cet état déplorable, quoique son maître, vieillard presque septuagénaire, qui avoit quitté l'Europe pour chercher un établissement à San Blas, à l'entrée du golfe de Californie, lui eût prodigué tous les secours imaginables. Je cite ce fait pour prouver qu'il arrive quelquefois que des hommes nés sous la zone torride, après avoir habité les climats tempérés, éprouvent les effets pernicieux de la chaleur des tropiques. Le nègre étoit un jeune homme de dix-huit ans, très-robuste, et né sur la côte de Guinée. Un séjour de quelques années sur le plateau des Castilles avoit donné à son organisation ce degré d'excitabilité qui rend les miasmes de la zone torride si dangereux pour les habitans des pays septentrionaux.

Le sol qu'occupe la ville de Cumana fait partie d'un terrain très-remarquable sous le point de vue géologique. Comme depuis mon retour en Europe, d'autres voyageurs m'ont devancé dans la description de quelques parties des côtes qu'ils ont visitées après moi, je dois me borner ici à donner du développement aux observations vers lesquelles leurs études n'étoient point dirigées. La chaîne des Alpes calcaires du Bergantin et du Tataraqual se prolonge de l'est à l'ouest depuis la cime de l'*Imposible* jusqu'au port de Mochima et au Campanario. La mer, dans des temps très-reculés, paroît avoir séparé ce rideau de montagnes de la côte rocheuse d'Araya et de

Maniquarez. Le vaste golfe de Cariaco est dû à une irruption pélagique, et l'on ne sauroit douter qu'à cette époque, les eaux ont couvert, sur la rive méridionale, tout le terrain imprégné de muriate de soude que traverse le Rio Manzanares. Il suffit de jeter un coup d'œil sur le plan topographique de la ville de Cumana, pour prouver ce fait aussi indubitable que l'ancien séjour de la mer dans le bassin de Paris; d'Oxford et de Rome. Une retraite lente des eaux a mis à sec cette plage étendue dans laquelle s'élève un groupe de monticules composés de gypse et de brèches calcaires, de la formation la plus récente.

La ville de Cumana est adossée à ce groupe qui étoit jadis une île du golfe de Cariaco. La partie de la plaine qui est au nord de la ville s'appelle la *Petite Plage* [1]; elle s'étend à l'est jusqu'à Punta Delgada, où une vallée étroite, couverte de Gomphrena flava, marque encore le point de l'ancien déversoir des eaux. Cette vallée, dont l'entrée n'est défendue par aucun ouvrage extérieur, est le point par lequel la place est le plus exposée à une attaque mili-

---

[1] *Plaga Chica.*

taire. L'ennemi peut passer en toute sûreté entre la *Pointe des sables du Barigon*[1] et l'embouchure du Manzanares, où la mer, près de l'entrée du golfe de Cariaco, a 40, 50 et, plus au sud-est, même jusqu'à 87 brasses de fond. Il peut débarquer près de *Punta Delgada*, et prendre le fort Saint-Antoine et la ville de Cumana de revers, sans craindre le feu des batteries de l'ouest construites à la *Petite Plage*[2], à l'embouchure de la rivière, et au *Cerro Colorado*.

La colline de brèches calcaires, que nous venons de considérer comme une île dans l'ancien golfe, est couverte d'une forêt épaisse de Cierges et de Raquettes. Il y en a qui ont trente à quarante pieds de haut, et dont le tronc, couvert de Lichens et divisé en plusieurs branches, en forme de candélabre, offre un aspect extraordinaire. Près de Maniquarez, à la Punta Araya, nous avons mesuré un Cactier dont le tronc avoit plus de quatre pieds neuf pouces de circonférence[3]. Un

---

[1] Punta Arenas del Barigon, au sud du château d'Araya.

[2] A l'ouest de *los Serritos*.

[3] *Tuna macho*. On distingue dans le bois du Cactus

Européen, qui ne connoît que les Raquettes de nos serres, est surpris de voir que le bois de ce végétal devient extrêmement dur avec l'âge, qu'il résiste pendant des siècles à l'air et à l'humidité, et que les Indiens de Cumana l'emploient de préférence pour des rames et des seuils de porte. Cumana, Coro, l'île de la Marguerite et Curaçao sont les endroits de l'Amérique méridionale qui abondent le plus en végétaux de la famille des Nopalées. C'est là seulement que des botanistes, après un long séjour, pourroient composer une monographie des Cactus qui varient singulièrement, non dans leurs fleurs et leurs fruits, mais dans la forme de leur tige articulée, le nombre des arêtes et la disposition des épines. Nous verrons dans la suite comment ces végétaux, qui caractérisent un climat chaud et excessivement sec, semblable à celui de l'Égypte et de la Californie, disparoissent peu à peu à mesure que l'on s'éloigne de la Terre-Ferme pour pénétrer dans l'intérieur des terres.

les prolongemens médullaires, comme M. Desfontaines l'a déjà observé. (*Journ. de Phys.*, T. XLVIII, p. 153.)

Les groupes de Cierges et de Raquettes sont, pour les terrains arides de l'Amérique équinoxiale, ce que les marécages, couverts de Joncacées et d'Hydrocaridées, sont pour nos pays du Nord. On regarde presque comme impénétrable un endroit où des Cactiers épineux de la grande espèce sont réunis par bandes. Ces endroits, appelés *Tunales*, n'arrêtent pas seulement l'indigène qui marche nu jusqu'à la ceinture; ils se font craindre également des castes pourvues de vêtemens. Dans nos promenades solitaires, nous essayâmes de pénétrer quelquefois dans le *Tunal* qui couronne le sommet de la colline du château, et dont une partie est traversée par un sentier. C'est là qu'on pourroit étudier, sur des milliers d'individus, l'organisation de ce singulier végétal. Quelquefois la nuit nous surprit subitement; car le crépuscule est presque nul sous ce climat. Nous nous trouvâmes alors dans une position d'autant plus pénible que le *Cascabel* ou serpent à sonnettes [1], le *Coral*,

---

[1] Crotalus cumanensis et C. Löflingii, deux espèces nouvelles. *Voyez* mon *Recueil d'Observ. zoologiques*, T. II, p. 8.

et d'autres vipères, munies de crochets venimeux, fréquentent, dans le temps de la ponte, ces endroits brûlans et arides, pour y déposer leurs œufs sous le sable.

Le château Saint-Antoine est construit à l'extrémité occidentale de la colline. Il ne se trouve pas sur le point le plus élevé, étant dominé à l'est par un sommet non fortifié. Le *Tunal* est regardé ici et partout dans les colonies espagnoles, comme un moyen de défense militaire assez important. Lorsqu'on élève des ouvrages de terre, les ingénieurs cherchent à multiplier les cierges épineux et à favoriser leur accroissement, comme ils ont soin de conserver les crocodiles dans les fossés des places de guerre. Sous un climat où la nature organique est si active et si puissante, l'homme appelle à sa défense les reptiles carnassiers et les plantes armées de formidables épines.

Le château Saint-Antoine, sur lequel, les jours de fêtes, on arbore le pavillon castillan, n'est élevé que de trente toises au-dessus du niveau des eaux dans le golfe de Cariaco [1].

---

[1] Cette élévation est conclue de la distance zénithale

Placé sur une colline nue et calcaire, il domine la ville et se présente d'une manière très-pittoresque aux vaisseaux qui entrent dans le port. Il se détache en clair sur le sombre rideau de ces montagnes qui élèvent leurs sommets jusqu'à la région des nuages, et dont la teinte vaporeuse et bleuâtre se marie avec l'azur du ciel. En descendant du fort Saint-Antoine vers le sud-ouest, on trouve, sur la pente du même rocher, les ruines de l'ancien château Sainte-Marie. C'est un site délicieux pour ceux qui veulent jouir, vers le coucher du soleil, de la fraîcheur de la brise de mer et de l'aspect du golfe. Les hautes cimes de l'île de la Marguerite [1] se présentent au-dessus de la côte rocheuse de l'isthme d'Araya; vers l'ouest, les petites îles de Caracas, Picuita et Boracha rappellent les

du mât auquel on attache les flammes servant de signaux. J'ai trouvé, à la grande place de Cumana, cet angle, non corrigé, par la réfraction de 83° 2′ 10″. D'après le plan topographique de Cumana, levé, en 1793, par M. Fidalgo, la distance horizontale de la *Gran-Plaza*, au Castillo de San Antonio, est de 220 toises.

[1] Le promontoire du Macanao.

catastrophes qui ont déchiré les côtes de la Terre-Ferme. Ces îlots ressemblent à des ouvrages de fortification ; et, par l'effet du mirage, tandis que le soleil échauffe inégalement les couches inférieures de l'air, l'Océan et le sol, leurs pointes paroissent soulevées, comme l'extrémité des grands promontoires de la côte. On se plaît, pendant le jour, à suivre ces phénomènes inconstans [1] ; on voit, à l'entrée de la nuit, se rasseoir sur leurs bases, ces masses pierreuses suspendues en l'air ; et l'astre dont la présence vivifie la nature organique, semble, par l'inflexion variable de ses rayons, imprimer le mouvement à la roche immobile, et rendre ondoyantes les plaines couvertes de sables arides.

La ville de Cumana, proprement dite, occupe le terrain contenu entre le château Saint-Antoine et les petites rivières du Manzanares et de Santa Catalina. Le Delta, formé

[1] La véritable cause du mirage ou de la réfraction extraordinaire que subissent les rayons, lorsque des couches d'air de densités différentes se trouvent superposées les unes aux autres, a déjà été entrevue par Hooke. Voyez ses *Posth. Works*, p. 472.

par la bifurcation de la première de ces rivières, offre un terrain fertile couvert de Mammea, d'Achras, de bananiers et d'autres plantes cultivées dans les jardins ou *charas* des Indiens. La ville n'a aucun édifice remarquable, et la fréquence des tremblemens de terre ne permet pas d'espérer qu'elle puisse en avoir un jour. Il est vrai que les fortes secousses se répètent dans une même année, moins souvent à Cumana qu'à Quito, où l'on trouve cependant des églises somptueuses et très-élevées. Mais les tremblemens de terre de Quito ne sont violens qu'en apparence; et par la nature particulière du mouvement et du sol, aucun édifice ne s'écroule. A Cumana, comme à Lima et dans plusieurs villes placées loin de la bouche des volcans actifs, il arrive que la série des secousses foibles est interrompue, après une longue suite d'années, par de grandes catastrophes qui ressemblent aux effets de l'explosion d'une mine. Nous aurons occasion de revenir plusieurs fois sur ces phénomènes, pour l'explication desquels on a imaginé tant de vaines théories, et que l'on a cru classer en les attribuant à des mouvemens

perpendiculaires et horizontaux, au choc
et à l'oscillation [1].

Les faubourgs de Cumana sont presque
aussi populeux que l'ancienne ville. On en
compte trois, celui des *Serritos*, sur le chemin
de la *Plaga chica*, où l'on trouve quelques
beaux Tamariniers; celui de Saint-François,
vers le sud-est, et le grand faubourg des
Guayqueries ou Guaygueries. Le nom de
cette tribu d'Indiens étoit tout-à-fait inconnu
avant la conquête. Les indigènes qui le portent
appartenoient jadis à la nation des Guaraounos que l'on ne trouve plus que dans
les terrains marécageux compris entre les
bras de l'Orénoque. Des vieillards m'ont
assuré que la langue de leurs ancêtres étoit
un dialecte du *Guaraouno;* mais que, depuis
un siècle, il n'existe, à Cumana et à l'île de
la Marguerite, aucun indigène de cette tribu

---

[1] Cette classification date du temps de Posidonius.
C'est le *succussio* et l'*inclinatio* de Sénèque (*Nat.
Quæst.*, Lib. VI, c. 21). Mais les anciens avoient déjà
remarqué judicieusement que la nature des secousses
est trop variable pour qu'on puisse l'assujétir à ces
lois imaginaires. (Platon chez *Plut., de placit. philos.*,
Lib. III, c. 15, *ed Reiske*, T. IX, p. 551.)

qui sache parler un autre idiome que le castillan.

La dénomination de *Guayqueries*, de même que celle de *Pérou* et de *Péruvien*, doit son origine à un simple malentendu. Les compagnons de Cristophe Colomb, en longeant l'île de la Marguerite, où réside encore, sur la côte septentrionale, la portion la plus noble [1] de la nation guayquerie, rencontrèrent quelques indigènes qui harponnoient des poissons en lançant un bâton attaché à une corde et terminé par une pointe extrêmement aiguë. Ils leur demandèrent, en langue d'Hayti, quel étoit leur nom, et les Indiens

---

[1] Les Guayqueries *de la Banda del Norte* se regardent comme de race plus noble, parce qu'ils se croient moins mélangés avec les Indiens Chaymas et d'autres castes cuivrées. On les distingue des Guayqueries du continent à la manière de prononcer l'espagnol qu'ils parlent presque sans desserrer les dents. Ils montrent avec orgueil aux Européens la Pointe de la Galère, appelée ainsi à cause du vaisseau de Colomb qui étoit mouillé dans ces parages, et le port du Manzanillo, où ils jurèrent aux blancs, pour la première fois, en 1498, cette amitié qu'ils n'ont jamais trahie, et qui leur a fait donner, en style du palais, le titre de *fieles*, fidèles. (*Voyez* plus haut, p. 57.)

croyant que la question des étrangers avoit rapport aux harpons formés du bois dur et pesant du palmier *Macana*, répondirent *Guaike, Guaike*, ce qui signifie *bâton pointu*. Il existe aujourd'hui une différence frappante entre les Guayqueries, tribu de pêcheurs habiles et civilisés, et ces Guaraounos sauvages de l'Orénoque qui suspendent leurs habitations aux troncs du palmier *Moriche*!

La population de Cumana a été singulièrement exagérée dans ces derniers temps. En 1800, plusieurs colons, peu habitués aux recherches d'économie politique, faisoient monter cette population à 20,000 ames, tandis que des officiers du roi, employés à l'administration du pays, pensoient que la ville, avec ses faubourgs, n'en renfermoit pas 12,000. M. Depons, dans son ouvrage estimable sur la province de Caracas, donnoit, à Cumana, en 1802, près de 28,000 habitans ; d'autres ont porté ce nombre, pour l'année 1810, à 30,000. Quand on considère la lenteur avec laquelle la population s'accroît à la Terre-Ferme, je ne dis pas dans les campagnes, mais dans les villes, on doit révoquer en doute que Cumana soit déjà d'un tiers plus peuplée que la Véra-Cruz, port principal du vaste royaume de la Nouvelle-Espagne. Il est même facile de prouver qu'en 1802, la population excédoit à peine dix-huit à dix-neuf mille ames. J'ai eu communication des différens mémoires que le Gouvernement a fait dresser sur la statistique du pays, à l'époque où l'on agitoit la question de savoir, si le revenu de la ferme du tabac pouvoit être remplacé par une contribution personnelle, et je me flatte que mon évaluation repose sur des fondemens assez solides.

Un dénombrement, fait en 1792, n'a donné pour la ville de Cumana, ses faubourgs et les maisons éparses à une lieue à la ronde, que 10,740 habitans. Don Manuel Navarete, officier de la trésorerie, assure que l'erreur de ce dénombrement ne sauroit être du tiers ou du quart de la somme totale. En comparant les registres annuels des baptêmes, on ne remarque qu'un foible accroissement depuis 1790 jusqu'en 1800. Les femmes, il est vrai, sont extrêmement fécondes, surtout dans la caste des indigènes; mais, quoique la petite vérole soit encore inconnue dans ce pays, la mortalité des enfans en bas âge est effrayante, à cause de l'abandon extrême dans lequel ils vivent, et de la mauvaise habitude qu'ils ont de se nourrir de fruits verts et indigestes. Le nombre des naissances[1] s'élève généralement de 520 à 600, ce qui indique au plus une population de 16,800 ames. On peut être sûr que tous les enfans indiens sont baptisés et inscrits sur les registres des paroisses; et en supposant que la population eût été, en 1800, de 26,000 ames, il n'y aurait eu, sur quarante-trois individus, qu'une seule naissance; tandis que le rapport des naissances à la population totale est, en France, comme 28 à 100, et dans les ré-

---

[1] Voici les résultats que j'ai tirés des registres qui m'ont été communiqués par les curés de Cumana. Naissances de l'année 1798, dans le district des *Curas rectores*, 237; dans le district des *Curas castrenses*, 57; dans le faubourg des Guayqueries, ou paroisse d'*Alta Gracia*, 209; dans le faubourg des Serritos, ou paroisse du Socorro, 19. Total, 522. On reconnoît, par ces registres des paroisses, la grande fécondité des mariages indiens; car, quoique le faubourg des Guayqueries renferme beaucoup d'individus d'autres castes, on est frappé de la quantité d'enfans nés sur la rive gauche du Manzanares. Leur nombre s'élève à deux cinquièmes du total des naissances.

gions équinoxiales du Mexique, comme 17 à 100.

Il est à présumer que peu à peu le faubourg indien s'étendra jusqu'à l'embarcadère; la plaine qui n'est pas encore couverte de maisons ou de cabanes, ayant au plus 340 toises de long [1]. Les chaleurs sont un peu moins accablantes du côté de la plage que dans l'ancienne ville où la réverbération du sol calcaire et la proximité de la montagne Saint-Antoine élèvent singulièrement la température de l'air. Au faubourg des Guayqueries, les vents de mer ont un libre accès; le sol y est argileux, et à ce que l'on croit, moins exposé par cette raison aux secousses violentes des tremblemens de terre, que les

---

[1] J'ai conclu cette distance des angles de hauteur et des azimuts de plusieurs édifices dont j'avois mesuré avec soin la hauteur. Du côté de la rivière, il y avoit, en 1800, de la première cabane du faubourg des Guayqueries à la *Casa blanca* (de Don Pasqual Goda), 538 toises, et de cette première cabane au pont sur le Manzanares, 210 toises. Ces données auront un jour quelque intérêt lorsqu'on voudra connoître les progrès de l'industrie et de la prospérité de Cumana depuis le commencement du dix-neuvième siècle.

maisons adossées aux rochers et aux collines sur la rive droite du Manzanares.

La plage près de l'embouchure du petit Rio Santa Catalina est bordée de Paletuviers[1], mais ces *Manglares* n'ont pas assez d'étendue pour diminuer la salubrité de l'air de Cumana. Le reste de la plaine est en partie dénué de végétation, en partie couvert de touffes de Sesuvium portulacastrum, Gomphrena flava, G. *myrtifolia*, Talinum cuspidatum, *T. cumanense*, et Portulaca lanuginosa. Entre ces plantes herbacées s'élèvent çà et là l'Avicennia *tomentosa*, le Scoparia dulcis, un Mimosa frutescent à feuilles très-irritables[2], et surtout des Casses, dont le nombre est si grand dans l'Amérique

---

[1] Rhizophora mangle. M. Bonpland a retrouvé, à la *Plaga chica*, l'Allionia incarnata, dans le même lieu où l'infortuné Löfling avoit découvert ce nouveau genre des Nyctaginées.

[2] Les Espagnols désignent par le nom de *Dormideras* (végétaux dormeurs), le petit nombre de Mimoses à feuilles irritables au toucher. Nous avons augmenté ce nombre de trois espèces qui étoient inconnues aux botanistes ; savoir, le Mimosa humilis de Cumana, le M. pellita des savanes de Calabozo et le M. dormiens des rives de l'Apuré.

méridionale, que nous en avons recueilli, dans nos voyages, plus de trente espèces nouvelles.

En sortant du faubourg indien et en remontant la rivière vers le sud, on trouve d'abord un bosquet de Cactiers, puis un endroit charmant ombragé de Tamariniers, de Bresillets, de Bombax et d'autres végétaux remarquables par leur feuillage et leurs fleurs. Le sol offre ici de bons pâturages, où des laiteries construites en roseaux sont séparées les unes des autres par des groupes d'arbres épars. Le lait reste frais lorsqu'on le conserve non dans le fruit du Calebassier[1] tissu de fibres ligneuses très-denses, mais dans des vases d'argile poreuse de Maniquarez. Un préjugé, répandu dans les pays du nord, m'avoit fait croire que les vaches, sous la zone torride, ne donnoient pas du lait très-gras; mais le séjour à Cumana, et surtout le voyage par les vastes plaines de Calabozo, couvertes de graminées et de sensitives herbacées, m'ont appris que les ruminans d'Europe s'habituent parfaitement aux climats les plus

---

[1] Crescentia Cujete.

brûlans, pourvu qu'ils trouvent de l'eau et une bonne nourriture. Le laitage est excellent dans les provinces de la Nouvelle-Andalousie, de Barcelone et de Venezuela, et souvent le beurre est meilleur dans les plaines de la zone équinoxiale que sur le dos des Andes où les plantes alpines ne jouissant, dans aucune saison, d'une température assez élevée, sont moins aromatiques que dans les Pyrénées, les montagnes d'Estramadure et celles de la Grèce.

Comme les habitans de Cumana préfèrent la fraîcheur du vent de mer à l'aspect de la végétation, ils ne connoissent presque d'autre promenade que celle de la grande plage. Les Castillans, qu'on accuse en général de ne pas aimer les arbres et le chant des oiseaux, ont transporté leurs habitudes et leurs préjugés dans les colonies. A la Terre-Ferme, au Mexique et au Pérou, il est rare de voir un indigène planter un arbre, simplement dans le but de se procurer de l'ombre; et si l'on excepte les environs des grandes capitales, les allées sont presque inconnues dans ces pays. La plaine aride de Cumana présente, après de fortes ondées, un phénomène extraordinaire. La terre, humectée et réchauffée par les rayons du soleil, répand cette odeur de musc qui, sous la zone torride, est commune à des animaux de classes très-différentes, au Jaguar, aux petites espèces de chats-tigres, au Cabiaï [1], au vautour Galinazo [2], au crocodile, aux vipères et aux serpens à sonnettes. Les émanations gazeuses, qui sont les véhicules de cet *arome*, ne semblent se dégager qu'à mesure que le terreau, renfermant les dépouilles d'une innombrable quantité de reptiles, de vers et d'insectes, commence à s'imprégner d'eau. J'ai vu des enfans indiens, de la tribu des Chaymas, retirer de la terre, et manger des millepiés ou Scolopendres [3] de 18 pouces de longueur sur 7 lignes de large. Partout où l'on remue le sol, on est frappé de la masse de substances,

---

[1] Cavia capybara, Lin.; Chiguire.

[2] Vultur aura, Lin.; Zamuro ou Galinazo, le *vautour du Brésil*, de Buffon. Je ne puis me résoudre à adopter des noms qui désignent, comme appartenant à un seul pays, des animaux propres à tout un continent.

[3] Les scolopendres sont très-communs derrière le château Saint-Antoine, au sommet de la colline.

organiques qui, tour à tour, se développent, se transforment ou se décomposent. La nature, dans ces climats, paroît plus active, plus féconde, on diroit plus prodigue de la vie.

Dans la plage et près des laiteries dont nous venons de parler, on jouit, surtout au lever du soleil, d'une très-belle vue sur un groupe élevé [1] de montagnes calcaires.

[1] Si le Brigantin (*Cerro del Bergantin*) est effectivement éloigné de Cumana de 24 milles ou de 22800 toises, comme l'indique la carte de M. Fidalgo publiée par le Dépôt hydrographique de Madrid, en 1805, des angles de hauteur que j'ai pris à la *Plaga grande* donnent à cette montagne 1255 toises de hauteur. Mais cette même carte, moins exacte pour les positions éloignées des côtes que pour ces côtes mêmes, assigne à la ville de Cumanacoa une latitude de 10° 5′, tandis qu'elle est, d'après mes observations directes, de 10° 16′ 11″ (*Obs. astron.*, T. I, p. 96). Si cette position trop méridionale influe sur celle du Brigantin, il faut admettre que cette cime est beaucoup moins élevée. Elle se présente à la *Plaga grande* sous un angle de hauteur corrigé par la réfraction de la courbure de la terre, de 3° 6′ 12″. D'autres angles, appuyés sur une base de 196 toises qui a été mesurée dans un terrain où les eaux ont séjourné long-temps,

Comme ce groupe ne sous-tend à la maison que nous habitions qu'un angle de trois degrés, il m'a servi pendant long-temps pour comparer les variations de la réfraction terrestre aux phénomènes météorologiques. Les orages se forment au centre de cette Cordillère ; et l'on voit de loin de gros nuages se résoudre en pluies abondantes, tandis que pendant sept ou huit mois il ne tombe pas une goutte d'eau à Cumana. Le Brigantin, qui est la cime la plus élevée de cette chaîne, se présente d'une manière très- pittoresque derrière le Brito et le Tataraqual. Il a pris son nom de la forme d'une vallée très-profonde qui se trouve à sa pente septentrionale, et qui ressemble à l'intérieur d'un vaisseau. Le sommet de cette montagne est presque dénué de végétation et aplati comme celui de Mowna-Roa, dans les îles Sandwhich : c'est un mur taillé à pic, ou, pour me servir d'un terme plus expressif des

---

me feroient croire que la hauteur et la distance du Brigantin ne sont pas beaucoup au-dessus de 800 toises, et de 14 à 16 milles : mais on ne peut avoir de la confiance dans une base si courte et dans une opération dont le but n'étoit pas la mesure du Brigantin.

navigateurs espagnols, une *table*, *mesa*. Cette physionomie particulière et la disposition symétrique de quelques cônes qui entourent le Brigantin, m'avoient fait croire d'abord que ce groupe, qui est entièrement calcaire, renfermoit des roches de formation basaltique ou trappéenne.

Le gouverneur de Cumana avoit envoyé, en 1797, des hommes courageux pour explorer cette contrée entièrement déserte, et pour ouvrir un chemin direct à la Nouvelle-Barcelone, par la cime de la *mesa*. On supposoit avec raison, que ce chemin seroit plus court et moins dangereux pour la santé des voyageurs que celui que suivent les courriers de Caracas, le long des côtes; mais toutes les tentatives, pour franchir la chaîne des montagnes du Brigantin, furent inutiles. Dans cette partie de l'Amérique, comme dans la Nouvelle-Hollande [1], à l'ouest de la ville de

---

[1] Les montagnes Bleues de la Nouvelle-Hollande, celles de Carmarthen et de Lansdown, ne sont plus visibles, par un temps clair, au delà de 50 milles de distance. Péron, *Voyage aux Terres australes*, p. 389. En supposant l'angle de hauteur d'un demi-degré,

Sidney, ce n'est pas autant la hauteur de la Cordillère que la forme des rochers qui oppose des obstacles difficiles à surmonter.

La vallée longitudinale, formée par les hautes montagnes de l'intérieur et la pente méridionale du *Cerro de San Antonio*, est traversée par le Rio Manzanares. C'est de tous les environs de Cumana, la seule partie entièrement boisée; on la nomme la *plaine des Charas*[1], à cause des nombreuses plantations que les habitans ont commencées depuis quelques années le long de la rivière. Un sentier étroit conduit de la colline de San Francisco, à travers la forêt, à l'hospice des Capucins, maison de campagne très-agréable, que les religieux aragonais ont bâtie pour y recueillir de vieux missionnaires infirmes qui ne peuvent plus remplir leur ministère. A mesure que l'on avance vers l'est, les arbres de la forêt deviennent plus vigoureux, et l'on

---

la hauteur absolue de ces montagnes seroit environ de 620 toises.

[1] *Chacra*, par corruption *Chara*, hutte ou cabane environnée d'un jardin. Le mot *ipure* a la même signification.

rencontre quelques singes[1], qui sont d'ailleurs très-rares aux environs de Cumana. Au pied des Capparis, des Bauhinia et du Zygophyllum à fleurs d'un jaune d'or, s'étend un tapis de Bromelia[2], voisin du B. karatas, qui, par son odeur et la fraîcheur de son feuillage, attire les serpens à sonnettes.

La rivière du Manzanares a des eaux très-limpides, et ne ressemble heureusement en rien au Manzanares de Madrid, qu'un pont somptueux fait paroître encore plus étroit. Elle prend sa source, comme toutes les rivières de la Nouvelle-Andalousie, dans une partie des savanes (*Llanos*), qui est connue sous le nom de plateaux[3] de Jonoro, d'Amana et de Guanipa, et qui reçoit, près du village indien de San Fernando, les eaux du Rio Juanillo. On a proposé plusieurs fois au gouvernement, mais toujours sans succès, de faire construire un batardeau au premier

---

[1] Le *Machi* commun, ou Singe pleureur.

[2] *Chihuchihue*, de la famille des Ananas.

[3] Ces trois éminences portent les noms de *Mesas*, *Tables*. Une plaine immense s'élève insensiblement en dos d'âne, sans qu'il y ait aucune apparence de montagnes ou de collines.

Ipure pour établir des irrigations artificielles dans la *plaine des Charas*; parce que, malgré son apparente stérilité, la terre y est extrêmement productive partout où l'humidité se joint à la chaleur du climat. Les cultivateurs, qui sont généralement peu aisés à Cumana, devoient restituer peu à peu les avances faites pour la construction de l'écluse. En attendant l'exécution de ce projet, on a établi des roues à godets, des pompes mues par des mulets et d'autres machines hydrauliques d'une construction assez imparfaite.

Les bords du Manzanares sont très-agréables, et ombragés de Mimoses, d'Erythrina, de Ceiba et autres arbres d'une taille gigantesque. Une rivière, dont la température, dans le temps des crues, descend jusqu'à 22°, quand l'air est à 30 et 33 degrés, est un bienfait inappréciable dans un pays où les chaleurs sont excessives pendant toute l'année, et où l'on désire de se baigner plusieurs fois par jour. Les enfans passent pour ainsi dire une partie de leur vie dans l'eau : tous les habitans, même les femmes des familles les plus riches, savent nager; et, dans un pays où l'homme est encore si près de l'état de nature, une des premières questions que l'on se propose le matin en se rencontrant, est de savoir si l'eau de la rivière est plus fraîche que la veille. La manière de jouir du bain est assez variée. Nous fréquentions tous les soirs une société de personnes très-estimables, dans le faubourg des Guayqueries. Par un beau clair de lune, on plaçait des chaises dans l'eau : les hommes et les femmes étoient légèrement vêtus, comme dans quelques bains du nord de l'Europe ; et la famille et les étrangers, réunis dans la rivière, passoient quelques heures à fumer des cigarres en s'entretenant, selon l'habitude du pays, de l'extrême sécheresse de la saison, de l'abondance des pluies dans les cantons voisins, et surtout du luxe dont les dames de Cumana accusent celles de Caracas et de la Havane. Le cercle n'étoit pas inquiété par les *Bavas* ou petits crocodiles qui sont extrêmement rares aujourd'hui, et qui approchent les hommes sans les attaquer. Ces animaux ont trois à quatre pieds de long : nous n'en avons jamais rencontré dans le Manzanares, mais bien des dauphins[1] qui quelquefois

---

[1] *Toninas.*

remontoient la rivière pendant la nuit, et effrayoient les baigneurs, en faisant jaillir l'eau par leurs évents.

Le port de Cumana est une rade qui pourroit recevoir les escadres de l'Europe entière. Tout le golfe de Cariaco, qui a trente-cinq milles de long sur six à huit milles de large, offre un excellent mouillage. Le Grand-Océan n'est pas plus calme et plus pacifique sur les côtes du Pérou que la mer des Antilles depuis Portocabello, et surtout depuis le cap Codera jusqu'à la pointe de Paria. Les ouragans des îles Antilles ne se font jamais sentir dans ces parages où l'on navigue dans des chaloupes non pontées. Le seul danger du port de Cumana est un bas-fond, celui du *Morne Rouge*[1], qui, de l'est à

---

[1] *Baxo del Morro roxo.* Il y a d'une et demie à trois brasses d'eau sur ce bas-fond, tandis que au delà des accores il y en a dix-huit, trente et même trente-huit. Les restes d'une ancienne batterie, située au nord-nord-est du château Saint-Antoine, et tout près de ce dernier, servent de *marque* pour éviter le banc du Morne Rouge. Il faut virer de bord avant que cette batterie couvre une montagne très-élevée de la péninsule d'Araya, qui a été relevée par

l'ouest, a 900 toises de largeur, et qui est tellement accore qu'on y touche presque sans s'en apercevoir.

J'ai donné quelque étendue à la description du site de Cumana, parce qu'il m'a paru important de faire connoître un lieu qui, depuis des siècles, a été le foyer des tremblemens de terre les plus effrayans. Avant de parler de ces phénomènes extraordinaires, il sera utile de résumer les traits épars du tableau physique dont je viens de tracer l'esquisse.

La ville, placée au pied d'une colline sans verdure, est dominée par un château. Point de clocher, point de coupoles qui puissent fixer de loin l'œil du voyageur, mais bien quelques troncs de tamariniers, de cocotiers et de datiers qui s'élèvent au-dessus des maisons, dont les toits sont en terrasses. Les plaines environnantes, surtout celles du côté de la mer, offrent un aspect triste, poudreux

---

M. Fidalgo, du château Saint-Antoine, nord 66° 30′ est, à 6 lieues de distance. Si l'on néglige cette manœuvre, on risque d'autant plus de toucher que les hauteurs de Bordones ôtent le vent au vaisseau qui se dirige sur le port.

et aride, tandis qu'une végétation fraîche et vigoureuse fait reconnoître de loin les sinuosités de la rivière qui sépare la ville des faubourgs, la population de races européenne et mixte des indigènes à teint cuivré. La colline du fort Saint-Antoine, isolée, nue et blanche, renvoie à la fois une grande masse de lumière et de chaleur rayonnante : elle est composée de brèches dont les couches renferment des pétrifications pélagiennes. Dans le lointain, vers le sud, se prolonge un vaste et sombre rideau de montagnes. Ce sont les hautes Alpes calcaires de la Nouvelle-Andalousie, surmontées de grès et d'autres formations plus récentes. Des forêts majestueuses couvrent cette Cordillère de l'intérieur, et se lient, par un vallon boisé, aux terrains découverts, argileux et salins des environs de Cumana. Quelques oiseaux, d'une taille considérable, contribuent à donner une physionomie particulière à ces contrées. Sur les plages maritimes et dans le golfe, on trouve des bandes de hérons pêcheurs et des Alcatras d'une forme très-lourde, qui cinglent, comme le cygne, en relevant les ailes. Plus près de l'habitation des hommes, des milliers de vautours *Galinazo*, véritables Chacals parmi les volatiles, sont occupés sans cesse à déterrer les cadavres des animaux [1]. Un golfe, qui renferme des sources chaudes et sousmarines, sépare les roches secondaires des roches primitives et schisteuses de la péninsule d'Araya. L'une et l'autre de ces côtes sont baignées par une mer paisible, d'une teinte azurée, et toujours doucement agitée par le même vent. Un ciel pur, sec, et n'offrant que quelques nuages légers au coucher du soleil, repose sur l'Océan, sur la péninsule dépourvue d'arbres et sur les plaines de Cumana, tandis qu'on voit les orages se former, s'accumuler et se résoudre en pluies fécondes entre les cimes des montagnes de l'intérieur. C'est ainsi que, sur ces côtes, comme au pied des Andes, le ciel et la terre offrent de grandes oppositions de sérénité et de brouillards, de sécheresse et d'ondées, de nudité absolue et de verdure sans cesse renaissante. Dans le nouveau continent, les régions basses et maritimes diffèrent autant des régions montueuses de l'intérieur, que les

---

[1] *Buffon, Hist. nat. des oiseaux*, T. I, p. 114.

plaines de la Basse-Égypte diffèrent des plateaux élevés de l'Abyssinie.

Les rapports que nous venons d'indiquer, entre le littoral de la Nouvelle-Andalousie et celui du Pérou, s'étendent jusqu'à la fréquence des tremblemens de terre et aux limites que la nature semble avoir prescrites à ces phénomènes. Nous avons éprouvé nous-mêmes des secousses très-violentes à Cumana; et, au moment où l'on reconstruisoit les édifices récemment écroulés, nous avons été à même de recueillir, sur les lieux, le détail exact des circonstances qui ont accompagné la grande catastrophe du 14 décembre 1797. Ces notions auront d'autant plus d'intérêt, que les tremblemens de terre ont été considérés jusqu'ici, moins sous un point de vue physique et géologique, que sous le rapport des effets funestes qu'ils ont sur la population et le bien-être de la société.

C'est une opinion très-répandue sur les côtes de Cumana et à l'île de la Marguerite, que le golfe de Cariaco doit son existence à un déchirement des terres accompagné d'une irruption de l'Océan. La mémoire de cette grande révolution s'étoit conservée parmi les

Indiens, jusqu'à la fin du quinzième siècle, et l'on rapporte qu'à l'époque du troisième voyage de Christophe Colomb, les indigènes en parloient comme d'un événement assez récent. En 1530, de nouvelles secousses effrayèrent les habitans des côtes de Paria et de Cumana. La mer inonda les terres, et le petit fort que Jacques Castellon avoit construit à la Nouvelle-Tolède [1] s'écroula entièrement. Il se forma en même temps une énorme ouverture dans les montagnes de Cariaco, sur les bords du golfe de ce nom, où une grande masse d'eau salée, mêlée d'asphalte, jaillit du schiste micacé [2]. Les tremblemens de terre

---

[1] C'est le premier nom donné à la ville du Cumana (*Girolamo Benzoni, Hist. del Mondo nuovo*, p. 3, 31 et 33). Jacques Castellon étoit arrivé de Saint-Domingue en 1521, après l'apparition que le fameux Bartholomée de las Casas avoit faite dans ces contrées. En lisant avec attention les relations de Benzoni et de Caulin, on voit que le fort de Castellon étoit construit près de l'embouchure du Manzanares (*alla ripa del fiume de Cumana*), et non, comme l'ont affirmé quelques voyageurs modernes, sur la montagne où se trouve aujourd'hui le château Saint-Antoine. (*Caulin, Hist. corrografica*, p. 126).

[2] *Herera, Descripcion de las Indias*, p. 14.

furent très-fréquens vers la fin du seizième siècle; et, selon les traditions conservées à Cumana, la mer inonda souvent les plages, et s'éleva jusqu'à 15 ou 20 toises de hauteur. Les habitans se sauvèrent sur le Cerro de San Antonio et sur la colline où se trouve aujourd'hui le petit couvent de St.-François. On croit même que ces fréquentes inondations engagèrent les habitans à construire le quartier de la ville qui est adossé à la montagne et qui occupe une partie de sa pente.

Comme il n'existe aucune chronique de Cumana, et que ses archives, à cause des dévastations continuelles des termites ou fourmis blanches, ne renferment aucun document qui remonte à plus de cent cinquante ans, on ne connoît pas les dates précises des anciens tremblemens de terre. On sait seulement que, dans les temps plus rapprochés de nous, l'année 1766 a été à la fois la plus funeste pour les colons, et la plus remarquable pour l'histoire physique du pays. Une sécheresse semblable à celles que l'on éprouve de temps en temps aux îles du cap Vert, avoit régné depuis quinze mois, lorsque, le 21 octobre 1766, la ville de Cumana fut entièrement détruite. La mémoire de ce jour est renouvelée tous les ans par une fête religieuse accompagnée d'une procession solennelle. Toutes les maisons s'écroulèrent dans l'espace de peu de minutes, et les secousses se répétèrent pendant quatorze mois d'heure en heure. Dans plusieurs parties de la province, la terre s'entr'ouvrit et vomit des eaux sulfureuses. Ces éruptions furent surtout très-fréquentes dans une plaine qui s'étend vers Casanay, deux lieues à l'est de la ville de Cariaco, et qui est connue sous le nom du *terrain creux*, *tierra hueca*, parce qu'elle paroît entièrement minée par des sources thermales. Pendant les années 1766 et 1767, les habitans de Cumana campèrent dans les rues, et ils commencèrent à reconstruire leurs maisons lorsque les tremblemens de terre ne se succédèrent plus que de mois en mois. Il arriva alors sur ces côtes ce que l'on a éprouvé dans le royaume de Quito, immédiatement après la grande catastrophe du 4 février 1797. Tandis que le sol oscilloit continuellement, l'atmosphère sembloit se résoudre en eau. De fortes ondées firent gonfler les rivières; l'année fut extrêmement fertile, et les Indiens, dont les frêles cabanes résistent facilement aux secousses les plus fortes, célébroient, d'après les idées d'une antique superstition, par des fêtes et des danses, la destruction du monde et l'époque prochaine de sa régénération.

La tradition porte que, dans le tremblement de terre de 1766 comme dans un autre très-remarquable de 1794, les secousses étoient de simples oscillations horizontales : ce ne fut que le jour malheureux du 14 décembre 1797, que pour la première fois, à Cumana, le mouvement se fit sentir par soulèvement, de bas en haut. Plus des quatre cinquièmes de la ville furent alors entièrement détruits ; et le choc, accompagné d'un bruit souterrain très-fort, ressembloit, comme à Riobamba, à l'explosion d'une mine placée à une grande profondeur. Heureusement la secousse la plus violente fut précédée d'un léger mouvement d'ondulation, de sorte que la plupart des habitans purent se sauver dans les rues, et qu'il ne périt qu'un petit nombre de ceux qui étoient rassemblés dans les églises. C'est une opinion généralement reçue à Cumana, que les tremblemens de terre les plus destructeurs s'annoncent par des oscillations trèsfoibles et par un bourdonnement qui n'échappe pas à la sagacité des personnes habituées à ce genre de phénomènes. Dans ce moment fatal, les cris de « *misericordia, tembla, tembla* [1] » retentissent partout, et il est rare que de fausses alarmes soient données par un indigène. Les plus peureux observent avec attention les mouvemens des chiens, des chèvres et des cochons. Ces derniers animaux, doués d'un odorat extrêmement fin, et accoutumés à fouiller la terre, avertissent de la proximité du danger, par leur inquiétude et leurs cris. Nous ne déciderons pas si, placés plus près de la surface du sol, ils entendent les premiers le bruit souterrain, ou si leurs organes reçoivent l'impression de quelque émanation gazeuse qui sort de la terre. On ne sauroit nier la possibilité de cette dernière cause. Pendant mon séjour au Pérou, on observa, dans l'intérieur des terres, un fait qui a rapport à ce genre de phénomènes, et qui s'étoit déjà présenté plusieurs fois. A la suite de violens tremblemens de terre, les herbes qui couvrent les savanes du Tucuman acquirent des

---

[1] *Miséricorde, la terre tremble.*

propriétés nuisibles; il y eut épizootie parmi les bestiaux, et un grand nombre d'entre eux paroissoit étourdi ou asphyxié par les mofettes qu'exhaloit le sol.

A Cumana, une demi-heure avant la catastrophe du 14 décembre 1797, on sentit une forte odeur de soufre près de la colline du couvent de Saint-François. C'est dans ce même lieu que le bruit souterrain, qui sembloit se propager du sud-est au nord-ouest, fut le plus fort. En même temps on vit paroître des flammes sur les bords du Rio Manzanares, près de l'hospice des Capucins et dans le golfe de Cariaco, près de Mariguitar. Nous verrons dans la suite que ce dernier phénomène, si étrange dans un pays non volcanique, se présente assez souvent dans les montagnes de calcaire alpin, près de Cumanacoa, dans la vallée de Bordones, à l'île de la Marguerite et au milieu des savanes ou *Llanos* [1] de la Nouvelle-Andalousie. Dans ces savanes, des gerbes de feu s'élèvent à une

[1] Dans la Mesa de Cari, au nord d'Aguasay et dans la Mesa de Guanipa, loin des *Morichales*, qui sont les endroits humides où végète le palmier Mauritia.

hauteur considérable : on les observe, pendant des heures entières, dans les endroits les plus arides, et l'on assure qu'en examinant le sol qui fournit la matière inflammable, on n'aperçoit aucune crevasse. Ce feu, qui rappelle les sources d'hydrogène ou *Salse de Modène* [1] et les feux follets de nos marais, ne se communique pas à l'herbe, sans doute parce que la colonne de gaz qui se développe est mêlée d'azote et d'acide carbonique, et ne brûle pas jusqu'à sa base. Le peuple, d'ailleurs moins superstitieux ici qu'en Espagne, désigne ces flammes rougeâtres par le nom bizarre de *l'ame du tyran Aguirre*, imaginant que le spectre de Lopez d'Aguirre, persécuté par les remords, erre dans ces mêmes contrées qu'il avoit souillées de ses crimes [2].

[1] *Breislak, Geologia*, T. II, p. 284.
[2] Lorsqu'à Cumana et à l'île de la Marguerite, le peuple prononce le mot *el tirano*, c'est toujours pour désigner l'infâme Lopez d'Aguirre qui, après avoir pris part, en 1560, à l'émeute de Fernando de Guzman contre Pedro de Ursua, gouverneur des Omeguas et du Dorado, se donna lui-même le titre de *traidor*, le *traître*. Il descendit avec sa bande la rivière des Amazones, et

CHAPITRE IV. 279

Le grand tremblement de terre de 1797 a produit quelques changemens dans la configuration du bas-fond du Morne Rouge, vers l'embouchure du Rio Bordones. Des soulèvemens analogues ont été observés lors de la ruine totale de Cumana, en 1766. A cette époque, sur la côte méridionale du golfe de Cariaco, la Punta Delgada s'est agrandie sensiblement; et, dans le Rio Guarapiche, près du village de Maturin, il s'est formé un écueil, sans doute par l'action des fluides élastiques qui ont déplacé et soulevé le fond de la rivière.

Nous ne continuerons pas à décrire en détail les changemens locaux produits par les différens tremblemens de terre de Cumana. Pour suivre une marche conforme au but que nous nous sommes proposé dans cet ouvrage, nous tâcherons de généraliser les idées, et de réunir dans un même cadre tout ce qui a rapport à ces phénomènes à la fois si effrayans et si difficiles à expliquer. Si les physiciens

---

parvint, par une communication des rivières de la Guyane, dont nous parlerons plus bas, à l'île de la Marguerite. Le port de Paraguache porte encore dans cette île le nom de *port du Tyran*.

qui visitent les Alpes de la Suisse ou les côtes de la Laponie, doivent ajouter à nos connoissances sur les glaciers et les aurores boréales, on peut exiger d'un voyageur qui a parcouru l'Amérique espagnole, que son attention soit principalement fixée sur les volcans et les tremblemens de terre. Chaque partie du globe offre des objets d'études particuliers ; et, lorsqu'on ne peut espérer de deviner les causes des phénomènes de la nature, on doit du moins essayer d'en découvrir les lois, et de démêler, par la comparaison de faits nombreux, ce qui est constant et uniforme, de ce qui est variable et accidentel.

Les grands tremblemens de terre qui interrompent la longue série des petites secousses, ne paroissent avoir rien de périodique à Cumana. On les a vus se succéder à quatre-vingts, à cent, et quelquefois à moins de trente années de distance, tandis que, sur les côtes du Pérou, par exemple à Lima, on ne peut méconnoître une certaine régularité dans les époques des ruines totales de la ville. La croyance des habitans à l'existence de ce type y influe même d'une manière heureuse sur la tranquillité publique et sur la conservation de l'industrie. On admet généralement qu'il faut un espace de temps assez long pour que les mêmes causes puissent agir avec la même énergie ; mais ce raisonnement n'est juste qu'autant que l'on considère les secousses comme un phénomène local, et que l'on suppose, sous chaque point du globe exposé à de grands bouleversemens, un foyer particulier. Partout où de nouveaux édifices s'élèvent sur les ruines des anciens, on entend dire à ceux qui refusent de rebâtir, que la destruction de Lisbonne, du 1.er novembre 1755, a été bientôt suivie par une seconde non moins funeste, le 31 mars 1761.

C'est une opinion extrêmement ancienne [1] et très-répandue à Cumana, à Acapulco et à Lima, qu'il existe un rapport sensible entre les tremblemens de terre et l'état de l'atmosphère qui précède ces phénomènes. Sur les côtes de la Nouvelle-Andalousie, on est inquiet lorsque, par un temps excessivement chaud et après de longues sécheresses,

---

[1] *Arist. Meteor.*, *Lib.* II (*ed. Duval*, T. I, p. 798). *Seneca, Nat. Quæst.*, *Lib.* VI, c. 12.

la brise cesse tout-à-coup de souffler, et que le ciel, pur et sans nuages au zénith, offre, près de l'horizon, à 6 ou 8 degrés de hauteur, une vapeur roussâtre. Ces pronostics sont cependant bien incertains; et, quand on se rappelle l'ensemble des variations météorologiques, aux époques où le globe a été le plus agité, on reconnoît que des secousses violentes ont également lieu par des temps humides et secs, par un vent très-frais, et par un calme plat et suffocant. D'après le grand nombre de tremblemens de terre dont j'ai été témoin au nord et au sud de l'équateur, sur le continent et dans le bassin des mers, sur les côtes et à 2500 toises de hauteur, il m'a paru que les oscillations sont généralement assez indépendantes de l'état antérieur de l'atmosphère. Cette opinion est partagée par beaucoup de personnes instruites qui habitent les colonies espagnoles, et dont l'expérience s'étend, sinon sur un plus grand espace du globe, du moins sur un plus grand nombre d'années que la mienne. Au contraire, dans des parties de l'Europe, où les tremblemens de terre sont rares comparativement à l'Amérique, les physiciens inclinent à admettre une liaison intime entre les ondulations du sol et quelque météore qui se présente accidentellement à la même époque. C'est ainsi qu'en Italie, on soupçonne un rapport entre le Sirocco et les tremblemens de terre, et qu'à Londres on regarda, comme les avant-coureurs des secousses qui se faisoient sentir depuis 1748 jusqu'en 1756, la fréquence des étoiles filantes, et ces aurores australes [1] qui

[1] *Phil. Trans.*, T. XLVI, p. 642, 663 et 743. L'aspect de ces météores conduisit presque en même temps deux savans distingués à des théories diamétralement opposées. Hales, frappé de son expérience sur la décomposition du gaz nitreux, lorsqu'il entre en contact avec l'air atmosphérique, imagina une théorie chimique d'après laquelle le tremblement de terre étoit l'effet « d'une prompte condensation d'exhalaisons sulfureuses et nitreuses » (*Ibid.*, p. 678). Stuckeley, familiarisé avec les idées de Franklin, sur la distribution de l'électricité dans les couches de l'atmosphère, regarda le mouvement oscillatoire de la surface du globe comme l'effet d'un choc électrique qui se propage de l'air dans la terre (*Ibid.*, p. 642). D'après l'une et l'autre de ces théories, on admettoit l'existence d'un gros nuage noir qui séparoit des couches d'air inégalement chargées d'électricité ou de vapeurs nitreuses, et ce nuage avoit été vu à Londres

depuis ont été observées plusieurs fois par M. Dalton.

Les jours où la terre est ébranlée par des secousses violentes, la régularité des variations horaires du baromètre n'est pas troublée sous les Tropiques. J'ai vérifié cette observation à Cumana, à Lima et à Riobamba; elle est d'autant plus digne de fixer l'attention des physiciens, qu'à Saint-Domingue, à la ville du Cap-françois, on prétend avoir vu baisser un baromètre d'eau [1] de deux pouces et demi immédiatement avant le tremblement de terre de 1770. De même on rapporte que, lors de la destruction d'Oran, un pharmacien se sauva avec sa famille, parce que, observant par hasard, peu de minutes avant la catastrophe, la hauteur du mercure dans son

au moment des premières secousses. Je cite ces rêveries pour rappeler à quelles erreurs on s'expose, en physique et en géologie, si au lieu d'embrasser l'ensemble des phénomènes on s'arrête à des circonstances accidentelles.

[1] Currejolles, dans le *Journ. de Phys.*, T. LIV, p. 106. Cet abaissement ne répond qu'à deux lignes de mercure. Le baromètre resta assez immobile à Piguerol, en avril 1808. (*Ibid.*, T. LXVII, p. 292.)

baromètre, il s'aperçut que la colonne se raccourcissoit d'une manière extraordinaire. J'ignore si l'on peut ajouter foi à cette assertion; comme il est à peu près impossible d'examiner les variations du poids de l'atmosphère pendant les secousses mêmes, il faut se contenter d'observer le baromètre avant ou après que ces phénomènes ont eu lieu. Dans la zone tempérée, les aurores boréales ne modifient pas toujours la déclinaison de l'aimant et l'intensité des forces magnétiques [1]. Peut-être aussi les tremblemens de terre n'agissent-ils pas constamment de la même manière sur l'air qui nous entoure.

Il paroît difficile de révoquer en doute que, loin de la bouche des volcans encore actifs, la terre, entr'ouverte et ébranlée par des secousses, répand de temps en temps des émanations gazeuses dans l'atmosphère. A Cumana, comme nous l'avons indiqué plus

---

[1] J'ai eu occasion d'observer, conjointement avec M. Oltmanns, à Berlin, dans la nuit du 20 décembre 1806, un changement d'intensité magnétique. Le point de convergence des rayons de l'aurore boréale a été déterminé astronomiquement par des azimuts. (*Gilbert, Annalen*, 1811, p. 274.)

haut, des flammes et des vapeurs mêlées d'acide sulfureux, s'élèvent du sol le plus aride. Dans d'autres parties de la même province, la terre vomit de l'eau et du pétrole. A Riobamba, une masse boueuse et inflammable qu'on appelle *Moya*, sort de crevasses qui se referment, et s'accumule en collines élevées. A sept lieues de Lisbonne, près de Colares, on vit, pendant le terrible tremblement de terre du 1.er novembre 1755, sortir des flammes et une colonne de fumée épaisse du flanc des rochers d'Alvidras, et, selon quelques témoins, du sein de la mer [1]. Cette fumée dura plusieurs jours, et elle étoit d'autant plus abondante que le bruit souterrain qui accompagnoit les secousses étoit plus fort.

Des fluides élastiques versés dans l'atmosphère peuvent agir localement sur le baromètre, sinon par leur masse qui est très-petite comparativement à la masse de l'atmosphère, mais parce qu'au moment des grandes explosions, il se forme vraisemblablement un courant ascendant, qui diminue la pression

---

[1] *Phil. Trans.*, T. XLIX, p. 414.

de l'air. J'incline à croire que, dans la plupart des tremblemens de terre, rien ne s'échappe du sol ébranlé, et que là où les émanations de gaz et de vapeurs ont lieu, elles précèdent les secousses moins souvent qu'elles ne les accompagnent et les suivent. Cette dernière circonstance offre l'explication d'un fait qui paroît indubitable, je veux dire de cette influence mystérieuse qu'ont, dans l'Amérique équinoxiale, les tremblemens de terre sur le climat et sur l'ordre des saisons de pluie et de sécheresse. Si la terre n'agit généralement sur l'air qu'au moment des secousses, on conçoit pourquoi il est si rare qu'un changement météorologique sensible devienne le présage de ces grandes révolutions de la nature.

L'hypothèse d'après laquelle, dans les tremblemens de terre de Cumana, des fluides élastiques tendent à s'échapper de la surface du sol, semble confirmée par l'observation du bruit effrayant que l'on observe pendant les secousses aux bords des puits dans la *plaine des Charas*. Quelquefois l'eau et le sable sont projetés à plus de vingt pieds de hauteur. Des phénomènes analogues n'ont pas échappé à la sagacité des anciens qui habitoient des parties de la Grèce et de l'Asie mineure, remplies de cavernes, de crevasses et de rivières souterraines. La nature, dans sa marche uniforme, fait naître partout les mêmes idées sur les causes des tremblemens de terre et sur les moyens par lesquels l'homme, oubliant la mesure de ses forces, prétend diminuer l'effet des explosions souterraines. Ce qu'un grand naturaliste romain a dit de l'utilité des puits et des cavernes[1], est répété, dans le nouveau monde,

---

[1] In puteis est remedium, quale et crebri specus præbent : conceptum enim spiritum exhalant : quod in certis notatur oppidis, quæ minus quatiuntur, crebris ad eluviem cuniculis cavata. *Plin.*, *Lib. II*, c. 82 (*ed. Par.* 1723, T. I, p. 112). Encore aujourd'hui, dans la capitale de Santo Domingo, les puits sont regardés comme diminuant la violence des secousses. J'observerai à cette occasion que la théorie des tremblemens de terre, donnée par Sénèque (*Nat. Quæst. Lib. VI*, c. 4-31), contient le germe de tout ce qui a été dit de nos temps sur l'action des vapeurs élastiques renfermées dans l'intérieur du globe. (Comparez Michell, dans les *Phil. Trans.*, T. LI, p. 566-634; et Thomas Young, dans *Rees, New Cyclopædia*, Vol. XII, p. 2, art. *Earthquake*.)

par les Indiens les plus ignorans de Quito, lorsqu'ils montrent aux voyageurs les *guaicos* ou crevasses de Pichincha.

Le bruit souterrain, si fréquent pendant les tremblemens de terre, n'est le plus souvent pas en rapport avec la force des secousses. A Cumana il les précède constamment; tandis qu'à Quito, et depuis peu à Caracas et aux Antilles, on a entendu un bruit semblable à la décharge d'une batterie, long-temps après que les secousses avoient cessé. Un troisième genre de phénomènes, le plus remarquable de tous, est le roulement de ces tonnerres souterrains qui durent pendant plusieurs mois, sans être accompagnés du moindre mouvement oscillatoire du sol [1].

Dans tous les pays sujets aux tremblemens de terre, on regarde comme la cause et le foyer des secousses le point où, vraisemblablement par une disposition particulière des

---

[1] Les tonnerres souterrains (*bramidos y truenos subterraneos*) de Guanaxuato seront décrits dans la suite de cet ouvrage. (*Nouv.-Esp.*, T. I, p. 303 de l'éd. 8°.) Le phénomène d'un bruit sans secousses avoit déjà été observé par les anciens. (*Aristot., Meteor., Lib. II*, éd. *Duval*, p. 802. *Plin., Lib. II*, c. 80.)

couches pierreuses, les effets sont les plus sensibles. C'est ainsi que l'on croit à Cumana que la colline du château Saint-Antoine, et surtout l'éminence sur laquelle est placé le couvent de Saint-François, renferment une énorme quantité de soufre et d'autres matières inflammables. On oublie que la rapidité avec laquelle les ondulations se propagent à de grandes distances, même à travers le bassin de l'Océan, prouve que le centre d'action est très-éloigné de la surface du globe. C'est sans doute par cette même cause que les tremblemens de terre ne sont pas restreints à de certaines roches, comme le prétendent quelques physiciens, mais que toutes sont propres à propager le mouvement. Pour ne pas sortir du cercle de ma propre expérience, je citerai ici les granites de Lima et d'Acapulco, le gneiss de Caracas, le schiste micacé de la péninsule d'Araya, le schiste primitif de Tepecuacuilco au Mexique, les calcaires secondaires de l'Apennin, de l'Espagne et de la Nouvelle-Andalousie[1], enfin les por-

---

[1] J'aurois pu ajouter à cette liste des roches secondaires les gypses de la plus nouvelle formation, par

phyres trapéens des provinces de Quito et de Popayan. Dans ces lieux divers, le sol est fréquemment ébranlé par les secousses les plus violentes; mais quelquefois, dans une même roche, les couches supérieures opposent des obstacles invincibles à la propagation du mouvement. C'est ainsi que, dans les mines de la Saxe[1], on a vu sortir les ouvriers effrayés par des oscillations qui n'étoient point ressenties à la surface du sol.

Si, dans les régions les plus éloignées les unes des autres, les roches primitives, secondaires ou volcaniques participent également aux mouvemens convulsifs du globe, on ne peut disconvenir aussi que, dans un terrain peu étendu, certaines classes de roches s'opposent à la propagation des secousses. A Cumana, par exemple, avant la grande catastrophe de 1797, les tremblemens de terre ne se faisoient sentir que le long de la

---

exemple, celui de Montmartre, placé au-dessus d'un calcaire marin qui est postérieur à la craie. Voyez, sur le tremblement de terre ressenti à Paris et dans ses environs, en 1681, les *Mém. de l'Académie*, T. I, p. 341.

[2] *A Marienberg* dans l'*Erzgebürge*.

côte méridionale et calcaire du golfe de Cariaco jusqu'à la ville de ce nom, tandis qu'à la péninsule d'Araya et au village de Maniquarez le sol ne participoit pas aux mêmes agitations. Les habitans de cette côte septentrionale qui est composée de schiste micacé, élevoient leurs cabanes sur un terrain immobile; un golfe de trois à quatre mille toises de largeur les séparoit d'une plaine couverte de ruines et bouleversée par des tremblemens de terre. Cette sécurité, fondée sur l'expérience de plusieurs siècles, a disparu : depuis le 14 décembre 1797, de nouvelles communications paroissent s'être ouvertes dans l'intérieur du globe. Aujourd'hui on n'éprouve pas seulement à la péninsule d'Araya les agitations du sol de Cumana; le promontoire de schiste micacé est devenu à son tour un centre particulier de mouvemens. Déjà la terre est quelquefois fortement ébranlée au village de Maniquarez, quand à la côte de Cumana on jouit de la plus parfaite tranquillité. Le golfe de Cariaco n'a cependant que soixante ou quatre-vingts brasses de profondeur.

On a cru observer que, soit dans les continens, soit dans les îles, les côtes occidentales et méridionales sont les plus exposées aux secousses [1]. Cette observation est liée aux idées que les géologues se sont formées depuis long-temps de la position des hautes chaînes de montagnes et de la direction de leurs pentes les plus rapides; l'existence de la Cordillère de Caracas et la fréquence des oscillations sur les côtes orientales et septentrionales de la Terre-Ferme, dans le golfe de Paria, à Carupano, à Cariaco et à Cumana, prouvent l'incertitude de cette opinion.

Dans la Nouvelle-Andalousie, de même qu'au Chili et au Pérou, les secousses suivent le littoral, et s'étendent peu dans l'intérieur des terres. Cette circonstance, comme nous le verrons bientôt, indique un rapport intime entre les causes qui produisent les tremblemens de terre et les éruptions volcaniques. Si le sol étoit le plus agité sur les côtes, parce qu'elles sont les parties les plus basses de la terre, pourquoi les oscillations ne

---

[1] Courrejolles, dans le *Journ. de Phys.*, T. LIV, p. 104.

seroient-elles pas également fortes et fréquentes dans ces vastes savanes ou prairies [1] qui s'élèvent à peine huit ou dix toises au-dessus du niveau de l'Océan?

Les tremblemens de terre de Cumana [2] sont liés à ceux des Petites Antilles, et l'on a même soupçonné qu'ils ont quelques rapports avec les phénomènes volcaniques de la Cordillère des Andes. Le 4 février 1797, le sol de la province de Quito éprouva un tel bouleversement que, malgré l'extrême foiblesse de la population de ces contrées, près de 40,000 indigènes périrent, ensevelis sous les ruines de leurs maisons, engloutis par des crevasses, et noyés dans des lacs qui se formèrent instantanément. A la même époque, les habitans des îles Antilles orientales furent alarmés par des secousses qui ne cessèrent qu'après huit mois, lorsque le volcan de la Guadeloupe vomit de la pierre ponce, des cendres et des bouffées de vapeurs sulfureuses. Cette éruption du 27 septembre, pendant laquelle on

---

[1] Les *Llanos* de Cumana, de la Nouvelle-Barcelone, de Calabozo, de l'Apure et du Meta.

[2] Voyez mon Tableau géologique de l'Amérique méridionale, *Journ. de Phys.*, T. LIII, p. 58.

entendit des mugissemens souterrains très-prolongés [1], fut suivie, le 14 décembre, du grand tremblement de terre de Cumana. Un autre volcan des îles Antilles, celui de Saint-Vincent [2], a offert depuis peu un nouvel exemple de ces rapports extraordinaires. Il n'avoit pas jeté des flammes depuis 1718, lorsqu'il en lança de nouveau en 1812. La ruine totale de la ville de Caracas [3] précéda cette explosion de trente-quatre jours, et de violentes oscillations du sol furent ressenties à la fois aux îles et sur les côtes de la Terre-Ferme.

On a remarqué depuis long-temps que les effets des grands tremblemens de terre s'éten-

[1] *Rapport fait aux généraux Victor Hugues et Lebas, par Amic, Peyre, Hapel, Fontelliau et Codé, chargés d'examiner la situation du volcan de la Basse-Terre, et les effets qui ont eu lieu dans la nuit du 7 au 8 vendémiaire an 6, p. 46.* Cette relation d'un voyage fait à la cime du volcan, renferme beaucoup d'observations curieuses ; elle a été imprimée à la Guadeloupe en 1798.

[2] *Letter of M. Hamilton to Sir Joseph Banks*, 1813. L'éruption commença le 30 avril 1812 ; elle fut précédée de tremblemens de terre qui se répétèrent pendant onze mois. (*Phil. Trans.*, 1785, p. 16.)

[3] Le 26 mars 1812.

dent beaucoup plus loin que les phénomènes qu'offrent les volcans actifs. En étudiant les révolutions physiques de l'Italie, en examinant avec soin la série des éruptions du Vésuve et de l'Etna, on a de la peine à reconnoître, malgré la proximité de ces montagnes, les traces d'une action simultanée. Il est indubitable, au contraire, que, lors des deux dernières ruines de Lisbonne [1], la mer a été

[1] Les 1.er novembre 1755 et 31 mars 1761. Pendant le premier de ces tremblemens de terre, l'Océan inonda, en Europe, les côtes de la Suède, de l'Angleterre et de l'Espagne; en Amérique, les îles Antigua, la Barbade et la Martinique. A la Barbade, où les marées n'ont généralement que 24 à 28 pouces de hauteur, les eaux s'élevèrent de vingt pieds dans la baie de Carlisle. Elles devinrent en même temps « noires comme de l'encre, » sans doute parce qu'elles s'étoient mêlées avec le pétrole ou asphalte qui abonde dans le fond de la mer, tant sur les côtes du golfe de Cariaco, que près de l'île de la Trinité. Aux Antilles et dans plusieurs lacs de la Suisse, ce mouvement extraordinaire des eaux fut observé six heures après la première secousse qui se fit sentir à Lisbonne. (*Phil. Trans.*, Vol. XLIX, p. 403, 410, 544, 668; *Ibid.*, Vol. LII, p. 424). A Cadix, on vit venir du large, à huit milles de distance, une montagne d'eau de soixante pieds de hauteur : elle se jeta impétueusement sur les côtes, et

violemment agitée jusque dans le nouveau monde, par exemple, à l'île de la Barbade, éloignée de plus de douze cents lieues des côtes du Portugal.

Plusieurs faits tendent à prouver que les causes qui produisent les tremblemens de terre ont une liaison étroite avec celles qui ruina un grand nombre d'édifices, semblable à la lame de quatre-vingt-quatre pieds de haut qui, le 9 juin 1586, lors du grand tremblement de terre de Lima, avoit couvert le port du Callao. (*Acosta, Hist. natural de las Indias*, ed. de 1591, p. 123.) Dans l'Amérique septentrionale, au lac Ontario, on avoit observé de fortes agitations de l'eau dès le mois d'octobre 1755. Ces phénomènes prouvent des communications souterraines à d'énormes distances. En comparant les époques des grandes ruines de Lima et de Guatimala, qui se succèdent généralement à de longs intervalles, on a cru reconnoître quelquefois l'effet d'une action qui se propage lentement le long des Cordillères, tantôt du nord au sud, tantôt du sud au nord (*Cosme Bueno, Descripcion del Perù*, ed. de Lima, p. 67.) Voici quatre de ces époques remarquables :

Mexique.	Pérou.
(Lat. 13° 32′ nord).	(Lat. 12° 2′ sud).
30 Nov. 1577.	17 Juin 1578.
4 Mars 1679.	17 Juin 1678.

agissent dans les éruptions volcaniques [1]. Nous avons appris à Pasto que la colonne de fumée noire et épaisse qui, en 1797, sortoit depuis plusieurs mois du volcan voisin

12 Févr. 1689.	10 Oct. 1688.
27 Sept. 1717.	8 Févr. 1716.

J'avoue que, lorsque les secousses ne sont pas simultanées, ou qu'elles ne se suivent pas à peu de temps d'intervalle, il reste beaucoup de doute sur la prétendue communication du mouvement.

[1] La liaison de ces causes, déjà reconnue par les anciens, frappa de nouveau les esprits à l'époque de la découverte de l'Amérique. (*Acosta*, p. 121.) Cette découverte n'offrit pas seulement de nouvelles productions à la curiosité des hommes, elle donna aussi de l'étendue à leurs idées sur la géographie physique, sur les variétés de l'espèce humaine et sur les migrations des peuples. Il est impossible de lire les premières relations des voyageurs espagnols, surtout celle du jésuite Acosta, sans être surpris à chaque instant de cette influence heureuse que l'aspect d'un grand continent, l'étude d'une nature merveilleuse et le contact avec des hommes des races diverses, ont exercée sur les progrès des lumières en Europe. Le germe d'un grand nombre de vérités physiques se trouve dans les ouvrages du seizième siècle, et ce germe auroit fructifié, s'il n'eût point été étouffé par le fanatisme et la superstition.

de cette ville, disparut à l'heure même où, soixante lieues au sud, les villes de Riobamba, Hambato et Tacunga furent bouleversées par une énorme secousse. Lorsque, dans l'intérieur d'un cratère enflammé, on est assis près de ces monticules formés par des éjections de scories et de cendres, on ressent le mouvement du sol plusieurs secondes avant que chaque éruption partielle ait lieu. Nous avons observé ce phénomène au Vésuve en 1805, pendant que la montagne lançoit des scories incandescentes; nous en avions été témoins en 1802, au bord de l'immense cratère de Pichincha, dont il ne sortoit cependant alors que des nuées de vapeurs d'acide sulfureux.

Tout paroît indiquer dans les tremblemens de terre l'action des fluides élastiques qui cherchent une issue pour se répandre dans l'atmosphère. Souvent sur les côtes de la mer du Sud, cette action se communique presque instantanément depuis le Chili jusqu'au golfe de Guayaquil, sur une longueur de six cents lieues ; et, ce qui est très-remarquable, les secousses semblent être d'autant plus fortes que le pays est plus éloigné des volcans actifs. Les montagnes granitiques de la Calabre, couvertes de brèches très-récentes, la chaîne calcaire des Apennins, le comté de Pignerol, les côtes du Portugal et de la Grèce, celles du Pérou et de la Terre-Ferme, offrent des preuves frappantes de cette assertion [1]. On diroit que le globe est agité avec d'autant plus de force, que la surface du sol offre moins de soupiraux qui communiquent avec les cavernes de l'intérieur. A Naples et à Messine, au pied du Cotopaxi et du Tunguragua, on ne craint les tremblemens de terre qu'aussi long-temps que les vapeurs et les flammes ne sont pas sorties de la bouche des volcans. Dans le royaume de Quito, la grande catastrophe de Riobamba, dont nous avons parlé plus haut, a même fait naître l'idée à plusieurs personnes instruites, que ce malheureux pays seroit moins souvent bouleversé, si le feu souterrain parvenoit à briser le dôme porphyritique du Chimborazo, et si cette montagne colossale devenoit un volcan actif. De tous les temps, des faits analogues ont conduit aux mêmes hypothèses. Les Grecs qui attribuoient, comme

---

[1] Fleuriau de Bellevue; *Journ. de Phys.*, T. LXII, p. 261.

nous; les oscillations du sol à la tension des fluides élastiques, citoient en faveur de leur opinion la cessation totale des secousses à l'île d'Eubée, par l'ouverture d'une crevasse dans la plaine Lelantine[1].

Nous avons tâché de réunir, à la fin de ce chapitre, les phénomènes généraux qu'offrent les tremblemens de terre sous différens climats. Nous avons fait voir que les météores souterrains sont soumis à des lois aussi uniformes que le mélange des fluides gazeux qui constituent notre atmosphère. Nous nous sommes abstenus de toute discussion sur la nature des agens chimiques qui sont les causes des grands bouleversemens qu'éprouve de temps en temps la surface de la terre. Il suffit de rappeler ici que ces causes résident à d'immenses profondeurs, et qu'il faut les chercher dans les roches que nous appelons primitives, peut-être même, au-dessous de la croûte ter-

---

[1] « Les secousses ne cessèrent qu'après qu'il se fut ouvert dans la plaine de Lélante (près de Chalcis) une crevasse qui vomit un fleuve de boue enflammée. » *Strabo, Lib. I, ed. Oxon.* 1807, T. I, p. 85. (Voyez aussi la traduction *de M. Du Theil*, T. I, p. 137, note 4.)

reuse et oxidée du globe, dans les abîmes qui renferment les substances métalloïdes de la silice, de la chaux, de la soude et de la potasse.

On a tenté récemment de considérer les phénomènes des volcans et ceux des tremblemens de terre, comme les effets de l'électricité voltaïque, développée par une disposition particulière de strates hétérogènes. On ne sauroit nier que souvent, lorsque de fortes secousses se succèdent dans l'espace de quelques heures, la tension électrique de l'air augmente[1] sensiblement à l'instant où le sol est le plus agité; mais, pour expliquer ce phénomène, on n'a pas besoin de recourir à une hypothèse qui est en contradiction directe avec tout ce que l'on a observé jusqu'ici sur la structure de notre planète, et sur la disposition de ses couches pierreuses.

[1] Voyez les expériences électroscopiques faites en Piémont, dans les vallées de Pélis et de Clusson, en 1808. *Journ. de Phys.*, T. LXVII, p. 292.

CHAPITRE V.

Péninsule d'Araya.—Marais salans.—Ruines du château Saint-Jacques.

Les premières semaines de notre séjour à Cumana furent employées à vérifier nos instrumens, à herboriser dans les campagnes voisines, et à reconnoître les traces qu'avoit laissées le tremblement de terre du 14 décembre 1797. Frappés d'un grand nombre d'objets à la fois, nous éprouvâmes quelque embarras à nous assujétir à une marche régulière d'études et d'observations. Si tout ce qui nous environnoit étoit propre à nous inspirer un vif intérêt, nos instrumens de physique et d'astronomie excitoient à leur tour la curiosité des habitans. Nous fûmes distraits par de fréquentes visites; et, pour ne pas mécontenter des personnes qui paroissoient si heureuses de voir les taches de la lune dans une lunette de Dollond, l'absorption de deux gaz dans un tube eudiométrique, ou les effets du galvanisme sur les mouvemens d'une grenouille, il fallut bien se résoudre à répondre à des questions souvent obscures, et à répéter, pendant des heures entières, les mêmes expériences.

Ces scènes se sont renouvelées pour nous pendant cinq ans, chaque fois que nous avons séjourné dans un lieu où l'on avait appris que nous possédions des microscopes, des lunettes ou des appareils électro-moteurs. Elles étoient généralement d'autant plus fatiguantes, que les personnes qui nous visitoient avoient des notions confuses d'astronomie ou de physique, deux sciences que, dans les colonies espagnoles, on désigne sous le nom bizarre de la nouvelle philosophie, *nueva filosofia*. Les demi-savans nous regardoient avec une sorte de dédain, lorsqu'ils apprenoient que nous ne portions point parmi nos livres le *Spectacle de la Nature* de l'abbé *Pluche*, le *Cours de physique* de *Sigaud La Fond*, ou le *Dictionnaire* de *Valmont de Bomare*. Ces trois ouvrages et le *Traité d'Economie politique* du baron *de Bielfeld* sont les livres étrangers les plus connus et les plus estimés dans l'Amérique espagnole, depuis Caracas et le Chili jusqu'à Guatimala et au nord du Mexique. On ne paroît savant qu'autant qu'on peut en citer les traductions, et c'est seulement dans les grandes capitales, à Lima, à Santa-Fe de Bogota, et à Mexico, que les noms de Haller, de Cavendish et de Lavoisier commencent à remplacer ceux dont la célébrité est devenue populaire depuis un demi-siècle.

La curiosité qui se porte sur les phénomènes du ciel et sur divers objets des sciences naturelles, prend un caractère bien différent chez des nations anciennement civilisées et chez celles qui ont fait peu de progrès dans le développement de leur intelligence. Les unes et les autres offrent, dans les classes les plus distinguées de la société, des exemples fréquens de personnes étrangères aux sciences; mais, dans les colonies et chez tous les peuples nouveaux, la curiosité, loin d'être oiseuse et passagère, naît d'un désir ardent de l'instruction; elle s'annonce avec une candeur et une naïveté qui n'appartiennent en Europe qu'à la première jeunesse.

Je ne pus commencer un cours régulier d'observations astronomiques avant le 28 juillet, quoiqu'il m'importât beaucoup de connoître la longitude donnée par le garde-temps de Louis Berthoud. Le hasard voulut que, dans un pays où le ciel est constamment pur et serein, il y eût plusieurs nuits sans étoiles. Tous les jours, deux heures après le passage du soleil par le méridien, il se formoit un orage, et j'eus beaucoup de peine à obtenir des hauteurs correspondantes du soleil, quoique j'en prisse trois ou quatre groupes à différens intervalles. La longitude chronométrique de Cumana ne différa que de 4″ en temps de celle que j'ai déduite des phénomènes célestes; cependant notre navigation avoit duré plus de quarante jours, et, pendant le voyage à la cime du pic de Ténériffe, l'horloge avoit été exposée à de grandes variations de température [1].

Il résulte de l'ensemble des observations [2] que j'ai faites, en 1799 et 1800, que la latitude de la grande place de Cumana est de 10° 27′ 52″, et sa longitude de 66° 30′ 2″. Cette longitude se fonde sur le transport du temps, sur des distances lunaires, sur l'éclipse

---

[1] *Obs. astr.*; T. I, p. xxiv.
[2] *Ibid.*, T. I, p. 42-92.

du soleil du 28 octobre 1799, et sur dix immersions des satellites de Jupiter, comparées à des observations faites en Europe. Elle diffère très-peu de celle que M. Fidalgo avoit obtenue avant moi, mais par des moyens purement chronométriques. La plus ancienne carte que nous ayons du nouveau continent, celle de Diego Ribeiro, géographe de l'empereur Charles-Quint, place Cumana par les 9° 30' de latitude [1], position qui diffère de 58' de la véritable latitude, et d'un demi-degré de celle à laquelle s'arrête Jefferys dans son *Pilote de l'Amérique*, publié en 1794. Pendant trois siècles on traça toute la côte de la Terre-Ferme sur un parallèle trop méridional, parce que, aux attérages de l'île de la Trinité, les courans portent vers le nord, et que, d'après l'indication du loch, les navigateurs se croient plus au sud qu'ils ne le sont réellement.

Le 17 août, un halo, ou couronne lumineuse autour de la lune, fixa beaucoup

---

[1] D'après Herera, lat. 9° 50'. (*Descripcion de las Indias occid.*, p. 9.) D'après la *Carte de l'Océan Atlantique*, publiée au dépôt de la Marine, en 1792; lat. 9° 52'. La carte de Ribeiro est de l'année 1529.

l'attention des habitans. On le regarda comme le présage de quelque forte secousse de tremblement de terre; car, d'après la physique du peuple, tous les phénomènes extraordinaires sont immédiatement liés les uns aux autres. Les cercles colorés autour de la lune sont beaucoup plus rares dans les pays du nord, qu'en Provence, en Italie et en Espagne. On les voit surtout, et ce fait est assez remarquable, lorsque le ciel est pur et que le temps serein paroît le plus constant. Sous la zone torride, de belles couleurs prismatiques se présentent presque toutes les nuits, même à l'époque des grandes sécheresses : souvent, dans l'espace de peu de minutes, elles disparoissent plusieurs fois, sans doute parce que des courans supérieurs changent l'état des vapeurs légères dans lesquelles la lumière se réfracte. J'ai même observé quelquefois, me trouvant entre les 15 degrés de latitude et l'équateur, de petits halos autour de Vénus; on y distinguoit le pourpre, l'orangé et le violet : mais je n'ai jamais vu de couleurs autour de Sirius, de Canopus ou d'Achernar.

Pendant que le halo fut visible à Cumana, l'hygromètre marqua une forte humidité;

cependant les vapeurs paroissoient si parfaitement dissoutes, ou plutôt si élastiques et si uniformément répandues, qu'elles n'altéroient pas la transparence de l'atmosphère. La lune se leva, après une pluie d'orage, derrière le château Saint-Antoine. Dès qu'elle parut sur l'horizon, on distingua deux cercles, un grand blanchâtre de 44° de diamètre, et un petit qui, brillant de toutes les couleurs de l'arc-en-ciel, avoit 1° 43′ de largeur. L'espace entre les deux couronnes étoit de l'azur le plus foncé. A 40° de hauteur, elles disparurent sans que les instrumens météorologiques indiquassent le moindre changement dans les basses régions de l'air. Ce phénomène n'avoit rien de frappant, si ce n'est la grande vivacité des couleurs, jointe à la circonstance que, d'après des mesures prises avec un sextant de Ramsden, le disque lunaire ne se trouvoit pas exactement dans le centre des halos. Sans cette mesure, on auroit pu croire que l'excentricité étoit l'effet de la projection des cercles sur la concavité apparente du ciel [1]. La forme

---

[1] Le 17 août 1799 : thermomètre, 25°,3; hygromètre de Deluc, 68°. La lune ayant 11° 28′ de hauteur, le diamètre horizontal de la petite couronne

des halos et les couleurs que présente l'atmosphère des Tropiques éclairée par la lune, méritent de nouvelles recherches de la part

étoit 1° 50′, et le diamètre vertical 1° 43′. Il y avoit, du centre de la lune au bord supérieur du petit halo, 44′, et au bord inférieur, 59′. Tout l'espace entre le disque lunaire et l'extrémité du petit halo brilloit de couleurs prismatiques. Le diamètre horizontal du grand halo blanc étoit de 42° 3′. Lorsque la lune eut atteint 37° 34′ de hauteur au-dessus de l'horizon, le diamètre du grand halo fut de 44° 10′, et la largeur de la bande laiteuse de 3° 35′. La lune ne montra plus d'excentricité, et le petit halo n'avoit que 1° 27′ de diamètre. Ces mesures ont été prises sans lunette et en ramenant dans le sextant le bord de la lune en contact avec les extrémités très-tranchées des deux couronnes. Il me paroît difficile d'admettre que j'aie pu me tromper de 19′ sur l'excentricité de la lune : la réfraction auroit plutôt diminué qu'augmenté l'étendue du halo vers le bord inférieur. Il ne faut pas confondre ce phénomène, qui appartient aux dernières couches de l'atmosphère, et qui s'observe par un ciel pur et sans vapeurs visibles, avec ces cercles colorés qui se projettent sur des nuages blancs chassés par le vent devant le disque lunaire, et qui n'ont que sept à huit cents toises de hauteur absolue. (Voyez Walker Jordan dans le *Journ. de Nicholson*, Vol. IV, p. 141; et *Optique de Newton*, 1722, p. 476).

des physiciens. A Mexico, par un temps éminemment serein, j'ai vu[1] de larges bandes, ayant toutes les couleurs de l'Iris, parcourir la voûte du ciel et converger vers le disque lunaire, météore curieux qui rappelle celui qui a été décrit par M. Cotes[2] en 1716.

Si l'exposition de notre maison à Cumana favorisoit singulièrement l'observation des astres et des phénomènes météorologiques, elle nous procuroit quelquefois pendant le jour un spectacle affligeant. Une partie de la grande place est entourée d'arcades au-dessus desquelles se prolonge une de ces longues galeries en bois que l'on retrouve dans tous les pays chauds. Cet emplacement servoit à la vente des noirs amenés des côtes d'Afrique. De tous les gouvernemens européens, le Danemarck a été le premier, et long-temps le seul, qui ait aboli la traite, et cependant les premiers esclaves que nous vîmes exposés, étoient venus sur un vaisseau négrier danois. Rien ne peut arrêter les spéculations d'un vil

---

[1] La nuit du 8 mai 1803.
[2] *Smith, Cours d'Optique*, 1767, T. I, p. 173, §. 109, et p. 121, §. 169.

intérêt en lutte avec les devoirs de l'humanité, l'honneur national et les lois de la patrie.

Les esclaves exposés en vente étoient de jeunes gens de quinze à vingt ans. On leur distribuoit, tous les matins, de l'huile de cocos pour se frotter le corps et pour rendre leur peau d'un noir luisant. A chaque instant se présentoient des acheteurs qui jugeoient, par l'état des dents, de l'âge et de la santé des esclaves; ils leur ouvroient la bouche avec force, comme on fait dans les marchés aux chevaux. Cet usage avilissant date de l'Afrique, comme le prouve le tableau fidèle que, dans une de ses pièces dramatiques[1], Cervantes, sorti d'une longue captivité parmi les Maures, a tracé de la vente des chrétiens esclaves à Alger. On gémit de penser qu'aujourd'hui même il existe aux Antilles des colons européens qui marquent leurs esclaves avec un fer chaud, pour les reconnoître lorsqu'ils s'enfuient. C'est ainsi qu'on traite ceux qui « épargnent aux autres hommes la peine de semer, de labourer et de recueillir pour vivre[2]. »

[1] *El Trato de Argel. Jorn. II* (*Viage al Parnaso*, 1784, p. 316).
[2] *La Bruyère; Caractères*, Chap. XI (*ed.* 1765,

Plus étoit vive l'impression que nous fit la première vente des nègres à Cumana, et plus nous nous félicitâmes de séjourner chez une nation et sur un continent où ce spectacle est très-rare, et où le nombre des esclaves est en général peu considérable. Ce nombre, en 1800, n'excédoit pas six mille dans les deux provinces de Cumana et de Barcelone, lorsque, à la même époque, on évaluoit la population entière à cent dix mille habitans. Le commerce des esclaves Africains que les lois espagnoles n'ont jamais favorisé, est presque nul sur des côtes où le commerce des esclaves Américains se faisoit au seizième siècle avec une effrayante activité. Macarapan, appelé anciennement Amaracapana, Cumana, Araya

p. 300). On aime à citer en entier un passage dans lequel se peint avec force, on peut dire avec une noble sévérité, l'amour de l'espèce humaine. « On trouve (sous la zone torride), certains animaux farouches, des mâles et des femelles, répandus par la campagne, noirs, livides et tout brûlés du soleil, attachés à la terre qu'ils fouillent et qu'ils remuent avec une opiniâtreté invincible; ils ont comme une voix articulée; et, quand ils se lèvent sur leurs pieds, ils montrent une face humaine, et en effet ils sont des hommes. »

et surtout la Nouvelle-Cadix, fondée dans l'îlot de Cubagua, pouvoient alors être regardés comme des comptoirs établis pour faciliter la traite. Girolamo Benzoni de Milan qui, à l'âge de vingt-deux ans, avoit passé à la Terre-Ferme, prit part à des expéditions faites en 1542, sur les côtes de Bordones, de Cariaco et de Paria, pour enlever de malheureux indigènes. Il raconte avec naïveté, et souvent avec une sensibilité peu commune dans les historiens de ce temps, les exemples de cruauté dont il fut témoin. Il vit traîner les esclaves à la Nouvelle-Cadix, pour les marquer au front et au bras, et pour payer le *quint* aux officiers de la couronne. De ce port, les Indiens furent envoyés à l'île d'Haïti [1]

---

[1] « Noi pigliammo dugento et quaranta schiavi fra maschi e femine, piccoli e grandi. Cosa veramente molto compassionevole da vedere la condutta di quelle meschine creature, nude, stanche, stropiate. Le infelici madri con due e tre figliuoli su le spalle e in collo, colme di pianto e di dolore afflitte, legati tutti da corde e di catene di ferro al collo, alle braccia e alle mani. Se conducono a Cubagua e tutti marchiano in faccia e su le braccia con ferro infocato, segnato d'un C; poi gli capitani ne fanno parte a soldati, che gli vendono, o se gli giuocano l'uno

ou Saint-Domingue, après avoir souvent changé de maîtres, non par voie d'achat, mais parce que les soldats les jouoient au dé.

La première excursion que nous fîmes, fut dirigée vers la péninsule d'Araya et vers ces contrées jadis trop célèbres par la traite des esclaves et la pêche des perles. Nous nous embarquâmes sur le Rio Manzanares, près du faubourg indien, le 19 août, vers les deux heures après minuit. Le but principal de ce petit voyage étoit de voir les ruines de l'ancien château d'Araya, d'examiner les salines, et de faire quelques observations géologiques sur les montagnes qui forment la péninsule étroite de Maniquarez. La nuit étoit d'une fraîcheur délicieuse; des essaims d'insectes phosphorescens [1] brilloient dans l'air, sur le sol couvert de Sesuvium et dans les bosquets de Mimosa [2] qui bordent la rivière. On sait

---

con l'atro. Se paga il quinto delle perle, del oro e dei schiavi a gli ufficiali del Re. » *Benzoni, Hist. del Mondo Nuovo*, 1565, p. 4, 7 et 9. C'est ainsi que les Phéniciens et les Carthaginois cherchoient jadis des esclaves en Europe. *Heyne, Opuscula*, T. III, p. 63.

[1] Elater noctilucus.
[2] Lampyris italica, L. Noctiluca.

combien les vers luisans sont communs en Italie et dans tout le midi de l'Europe : mais l'effet pittoresque qu'ils produisent ne sauroit être comparé à ces innombrables lumières éparses et mouvantes qui embellissent les nuits de la zone torride, et qui semblent répéter sur la terre, dans la vaste étendue des savanes, le spectacle de la voûte étoilée du ciel.

Lorsqu'en descendant la rivière nous nous approchâmes des plantations ou *charas*, nous vîmes des feux de joie allumés par des nègres. Une fumée légère et ondoyante s'élevoit vers la cime des palmiers, et donnoit une couleur rougeâtre au disque de la lune. C'étoit la nuit d'un dimanche, et les esclaves dansoient au son bruyant et monotone de la guitare. Les peuples d'Afrique, de race noire, ont dans leur caractère un fond inépuisable de mouvement et de gaieté. Apres avoir été livré à des travaux pénibles pendant la semaine, l'esclave, les jours de fête, préfere encore la musique et la danse à un sommeil prolongé. Gardons-nous de blâmer ce mélange d'insouciance et de légèreté, qui adoucit les maux d'une vie pleine de privations et de douleurs!

La barque dans laquelle nous passâmes le golfe de Cariaco étoit très-spacieuse. On avoit étendu de grandes peaux de Jaguar ou tigre d'Amérique, pour que nous pussions reposer pendant la nuit. Nous n'avions pas séjourné deux mois sous la zone torride, et déjà nos organes étoient tellement sensibles aux plus petits changemens de température, que le froid nous empêchoit de dormir. Nous vîmes avec surprise que le thermomètre centigrade se soutenoit à 21°,8 [1]. Cette observation, très-connue à ceux qui ont vécu long-temps aux

---

[1] *Fig. de la terre*, p. LIV. La hauteur de ce sommet est de 736 toises d'après Dupuget, et de 666 toises d'après M. Leblond. Cette élévation n'est par conséquent pas assez considérable pour que le sentiment du froid puisse être causé, comme au Chimborazo et à Pichincha, par la moindre quantité d'oxygène qu'enlèvent les poumons à un air dilaté. Si le baromètre, par 16°,2 de température, se soutient à la cime de la Montagne Pelée, à 24 pouces 2 lignes (*Le Blond, Voyage aux Antilles et dans l'Amérique méridionale*, T. I, p. 87); l'élévation absolue de ce point est, d'après la formule de M. La Place, de 660 toises, en supposant, pour le niveau de la mer, la hauteur du mercure à 28 pouces 1 ligne, et le thermomètre à 25°.

Indes, mérite l'attention des physiologistes. Bouguer raconte qu'arrivé au sommet de la Montagne Pelée, à l'île de la Martinique, lui et ses compagnons trembloient de froid, quoique la chaleur excédât encore 21 ½ degrés [1]. En lisant l'intéressante relation du capitaine Bligh qui, par une révolte à bord du navire *Bounty*, avoit été forcé de faire douze cents lieues dans une chaloupe ouverte, on voit que ce navigateur, entre les 10 et 12 degrés de latitude australe, souffroit beaucoup plus du froid que de la faim [2]. Pendant notre séjour à Guayaquil, au mois de janvier 1803, nous observâmes que les indigènes se couvroient en se plaignant du froid, lorsque le thermomètre baissait à 23°,8, tandis que la chaleur leur paroissoit suffocante à 30°,5. Six à sept degrés suffisoient pour faire

---

[1] Bligh, *Voyage à la mer du Sud*, traduit par Soulès, p. 265 et 316. L'équipage de la chaloupe étoit souvent mouillé par les lames; mais nous savons qu'à cette latitude, la température de l'eau de la mer ne peut être au-dessous de 23°, et que le froid produit par l'évaporation est peu considérable pendant des nuits où la température de l'air excède rarement 25°.

[2] 85°,8 et 86°,4 de l'hygromètre de Saussure.

naître les sensations opposées du froid et de la chaleur, parce que, sur ces côtes de la mer du Sud, la température habituelle de l'atmosphère est de 28 degrés. L'humidité, qui modifie la force conductrice de l'air pour le calorique, contribue beaucoup à ces impressions. Dans le port de Guayaquil comme partout dans les basses régions de la zone torride, le temps ne se réfroidit que par des pluies d'orage ; et j'ai observé que, lorsque le thermomètre baisse à $23°,8$, l'hygromètre de Deluc se soutient à 50 et 52 degrés [1] : il est au contraire à 37 degrés par une température de $30°,5$. A Cumana, par de fortes ondées, on entend crier dans les rues : *que hielo, estoy emparamado* [2], quoique le thermomètre

[1] $73°$ Sauss. Si la quantité de vapeurs n'augmentoit pas, la différence des *humidités apparentes* ne seroit que de 9 à 10 degrés.

[2] *Quel froid glacé ! j'en suis transi comme si j'étois sur le dos des montagnes.* Le mot provincial *emparamarse* ne peut être rendu que par une périphrase très-longue. *Paramo*, en péruvien *Puna*, est une dénomination que l'on trouve sur toutes les cartes de l'Amérique espagnole. Elle ne signifie, dans les colonies, ni un désert ni une *lande*, mais un endroit montueux, couvert d'arbres rabougris, exposé aux vents,

exposé à la pluie ne baisse qu'à 21°,5. Il résulte de l'ensemble de ces observations, qu'entre les Tropiques, dans les plaines où la température de l'air est, le jour, presque invariablement au-dessus de 27°, on désire se couvrir la nuit chaque fois que, par un air humide, le thermomètre baisse de 4 à 5 ½ degrés.

et dans lequel règne perpétuellement un froid humide. Sous la zone torride, les *Paramos* ont généralement de 1600 à 2200 toises de hauteur. Il y tombe souvent de la neige qui ne reste que quelques heures; car il ne faut pas confondre, comme les géographes ont fait souvent, les mots de *Paramo* et *Puna* avec celui de *Nevado*, en péruvien *Ritticapa*, montagne qui entre dans les limites des neiges perpétuelles. Ces notions ont un grand intérêt pour la géologie et la géographie des végétaux, parce que, dans des contrées où aucune cime n'a été mesurée, on peut se former une idée exacte de la *moindre hauteur* à laquelle s'élèvent les Cordillères, en cherchant sur les cartes les mots de *Paramo* et de *Nevado*. Comme les *Paramos* sont presque continuellement enveloppés d'une brume froide et épaisse, le peuple dit, à Santa-Fe et à Mexico : *cae un paramito*, lorsqu'il tombe une pluie fine et que la température de l'air baisse considérablement. De *Paramo* on a fait *emparamarse*, avoir froid comme si on étoit sur le dos des Andes.

Nous débarquâmes, vers les huit heures du matin, à la pointe d'Araya, près de la *nouvelle saline*. Une maison isolée[1] s'élève dans une plaine dénuée de végétaux, près d'une batterie de trois canons, qui est l'unique défense de cette côte depuis la destruction du fort Saint-Jacques. L'inspecteur de la saline passe sa vie dans un hamac, d'où il donne ses ordres aux ouvriers : une *barque du roi* (*la lancha del rey*) lui porte, toutes les semaines, ses provisions de Cumana. On est étonné qu'une saline, qui jadis avoit excité la jalousie des Anglois, des Hollandois et d'autres puissances maritimes, n'ait pas donné lieu à l'établissement d'un village ou d'une ferme. A peine trouve-t-on, à l'extrémité de la pointe d'Araya, quelques cabanes de pauvres Indiens pêcheurs.

On découvre à la fois, dans ce site, l'îlot de Cubagua, les hautes cimes de la Marguerite, les ruines du château Saint-Jacques, le Cerro de la Vela et la chaîne calcaire du Bergantin, qui borne l'horizon vers le sud. Je profitai de cette vue pour prendre les

---

[1] *La Rancheria de la Salina nueva.*

angles entre ces différens points, en les appuyant sur une base de quatre cents toises que j'avois mesurée entre la batterie et la colline appelée *la Peña*. Comme le Cerro de la Vela, le Bergantin et le château Saint-Antoine de Cumana, sont également visibles à la Punta Arenas, située à l'ouest du village de Maniquarez, les relèvemens des mêmes objets ont servi à déterminer approximativement la position respective de plusieurs points qui sont indiqués dans la carte minéralogique de la péninsule d'Araya. Il en résulte que la lagune de l'ancienne saline est à peu près par les 10° 33′. La différence de longitude entre Cumana et la nouvelle saline est, d'après M. Fidalgo, de 5′ 34″ en arc. J'ai déterminé cette même différence par le transport du temps [1]; les angles horaires étoient exacts, à 3 et 4 secondes près, mais je n'ai aucune confiance dans le résultat chronométrique, parce qu'il ne s'agit que d'un très-petit nombre de secondes, et que l'avance de l'horloge sur le temps moyen de Cumana n'a pu être vérifiée immédiatement

[1] *Observ. astr.* T. I, p. 6, n. 17.

après mon retour, mais seulement quatre jours plus tard.

L'abondance de sel[1] que renferme la péninsule d'Araya fut déjà reconnue [2] par Alonso Niño, lorsque, sur les traces de Colon, d'Ojeda et d'Amerigo Vespucci, il visita ces contrées en 1499. Quoique de toutes les nations du globe, les indigènes de l'Amérique soient ceux qui consomment le moins de sel, parce qu'ils se nourrissent presque uniquement de végétaux, il paroît cependant que les Guayqueries fouilloient déjà les terrains argileux et muriatifères de la *Punta Arenas*. Même les salines, que l'on appelle aujourd'hui *nouvelles*, et qui sont situées à l'extrémité du cap Araya, ont été travaillées dans les temps les plus reculés. Les Espagnols, établis d'abord à Cubagua, et bientôt après sur les côtes de Cumana, exploitoient, dès le commencement du seizième siècle, les marais salans qui se prolongent en forme de lagune au nord-ouest du Cerro de la Vela. Comme à cette époque la péninsule d'Araya

---

[1] *Caulin, Hist. chorografica*, p. 123.
[2] Muriate de soude.

ne renfermoit pas de population stable, les Hollandois profitèrent de la richesse naturelle d'un sol qui leur paroissoit une propriété commune à toutes la nations. De nos jours, chaque colonie a ses salines particulières, et la navigation est tellement perfectionnée, que les négocians de Cadix peuvent envoyer à peu de frais du sel d'Espagne et de Portugal dans l'hémisphère austral, à une distance de 1900 lieues, pour les salaisons de Montevideo et de Buenos-Ayres. Ces avantages étoient inconnus du temps de la conquête; l'industrie coloniale avait fait alors si peu de progrès, que le sel d'Araya étoit transporté à grands frais aux Antilles, à Carthagène et à Portobelo[1]. En 1605, la cour de Madrid envoya des bâtimens armés à la Punta Araya, avec ordre d'y stationner et de chasser les Hollandois de vive force : ceux-ci continuèrent cependant encore à recueillir furtivement du sel jusqu'à ce que l'on construisît, en 1622, près des salines, un fort devenu célèbre sous le nom de *Castillo de Santiago*, ou de la *Real Fuerza de Araya*.

[1] *MSS. des Archives de Cumana. (Informes hechos sobre la Salina nueva.)*

Les grands marais salans sont indiqués sur les cartes espagnoles les plus anciennes, tantôt comme une anse, tantôt comme une lagune. Laet, qui écrivit son *Orbis novus* en 1633, et qui avoit eu d'excellentes notions sur ces côtes, dit même tout exprès que la lagune étoit séparée de la mer par un isthme plus élevé que le niveau de la marée montante. En 1726, un événement extraordinaire détruisit la saline d'Araya, et rendit inutile le fort dont la construction avoit coûté plus d'un million de piastres fortes. On sentit un coup de vent impétueux, phénomène très-rare dans ces parages où la mer n'est généralement pas plus agitée que l'eau de nos grandes rivières. Le flot se porta bien avant dans les terres, et, par l'effet de l'irruption de l'Océan, le lac salé fut converti en un golfe de plusieurs milles de long. Depuis cette époque, on a établi des réservoirs ou *vasets* artificiels au nord de la rangée de collines qui sépare le château de la côte septentrionale de la péninsule.

La consommation du sel s'élevoit, en 1799 et 1800, dans les deux provinces de Cumana [1]

[1] A l'époque de mon voyage, le gouvernement de

et de Barcelone, à neuf ou dix mille *fanegas*, chacune de seize *arrobas* ou quatre quintaux. Cette consommation est très-considérable, et donne, en décomptant sur la population totale cinquante mille Indiens qui ne mangent que très-peu de sel, soixante livres par individu. En France, d'après M. Necker, on ne compte que douze à quatorze livres, et cette différence doit être attribuée à la quantité de sel employée dans les salaisons. La viande de

Cumana comprenoit les deux provinces de la Nouvelle-Andalousie et de la Nouvelle-Barcelone. Les mots *province* et *governio* ou *gouvernement* de Cumana ne sont par conséquent pas synonymes. Un Catalan, Juan de Urpin, qui avoit été tour à tour chanoine, docteur en droit, avocat à Santo-Domingo et simple soldat au château d'Araya, fonda, en 1636, la ville de *Nueva Barcelona*, et essaya de donner le nom de Nouvelle-Catalogne (*Nueva Cathaluña* à la province dont la ville, récemment construite, devenoit la capitale. Cette tentative est restée infructueuse, et c'est du chef-lieu que la province entière a pris sa dénomination. Depuis mon départ d'Amérique, elle a été élevée au rang de *Govierno*. Dans la Nouvelle-Andalousie, le nom indien de Cumana a prévalu sur ceux de *Nueva Toledo* et *Nueva Cordoba*, que l'on trouve sur les cartes du 17.^{c} siècle.

bœuf salée, appelée *tasajo*, est l'objet d'exportation le plus important du commerce de Barcelone. Des neuf à dix mille *fanegas* que fournissent les deux provinces réunies, il n'y en a que trois mille produites par la saline d'Araya; le reste est tiré des eaux de la mer au Morro de Barcelone, à Pozuelos, à Piritu et dans le *Golfo triste*. Au Mexique, le seul lac salé du *Peñon Blanco* fournit par an plus de 250,000 *fanegas* de sel impur[1].

La province de Caracas a de belles salines aux écueils de *los Roques*; celle qui existoit jadis à la petite île de la *Tortuga*, où le sol est fortement imprégné de muriate de soude, a été détruite par ordre du gouvernement espagnol. On a fait un canal par lequel la mer a un libre accès aux marais salans. Les nations étrangères qui ont des colonies aux Petites Antilles, fréquentoient cette île inhabitée, et la Cour de Madrid, d'après les vues d'une politique ombrageuse, craignoit que la saline de la Tortuga ne donnât lieu à un établissement stable qui favorisât le commerce illicite avec la Terre-Ferme.

[1] *Nouvelle-Esp.*, Vol. IV, p. 60 et 136 de l'éd. in-8°.

La régie royale des salines d'Araya ne date que de l'année 1792. Avant cette époque, elles étoient entre les mains de pêcheurs indiens qui fabriquoient le sel à leur gré, et le vendoient en payant au gouvernement la somme modique de 300 piastres. Le prix de la *fanega* étoit alors de 4 réaux[1]; mais le sel étoit extrêmement impur, grisâtre, mêlé de parties terreuses, et surchargé de muriate et de sulfate de magnésie. Comme en outre l'exploitation ou le travail des *saulniers* se faisoit d'une manière très-irrégulière, on manquoit souvent de sel pour la salaison des viandes et des poissons, circonstance qui influe puissamment, dans ces contrées, sur les progrès de l'industrie, le bas-peuple indien et les esclaves se nourrissant de poissons et d'un peu de *tasajo*. Depuis que la province de Cumana dépend de l'intendance de Caracas, la vente du sel se fait par régie; et la *fanega*, que les Guay-

[1] Dans cette *Relation*, comme dans l'*Essai politique sur la Nouvelle-Espagne*, tous les prix sont évalués en piastres fortes et en réaux d'argent, *reales de plata*. Huit de ces réaux équivalent à une piastre forte, ou à 105 sous, monnoie de France. (*Nouv. Esp.*, Vol. III, p. 381; IV, p. 178; V, p. 191 de l'éd. in-8°.)

queries vendoient une demi-piastre, coûte une piastre et demie[1]. Cette augmentation de prix est foiblement compensée par une plus grande pureté du sel et par la facilité qu'ont les pêcheurs et les colons de s'en procurer en abondance pendant toute l'année. L'administration de la saline d'Araya rendoit à la trésorerie, en 1799, un produit net de 8000 piastres.

Il résulte de ces notions statistiques que la fabrication du sel n'est pas d'un grand intérêt, si on la considère comme une branche d'industrie. Elle mérite plus notre attention à cause de la nature du sol qui renferme les marais salans. Pour bien saisir la liaison géologique dans laquelle se trouve le terrain muriatifère avec les roches de formations plus anciennes, nous allons jeter un coup d'œil général sur les montagnes voisines de Cumana et sur celles de la péninsule d'Araya et de l'île de la Marguerite.

[1] La fanega se vend aux Indiens et aux pêcheurs qui ne paient pas les droits royaux (*derechos reales*) à Punta Araya 6, à Cumana 8 *reales*. Les prix sont, pour les autres castes, à Araya 10, à Cumana, 12 *reales*.

Trois grandes chaînes s'étendent parallèlement de l'est à l'ouest. Les deux plus septentrionales sont primitives, et renferment les schistes micacés du Macanao et du Valle San Juan, de Maniquarez et de Chuparipari : nous les désignerons par les noms de *Cordillère de l'île de la Marguerite*, et *Cordillère d'Araya;* la troisième chaîne, la plus méridionale de toutes, *la Cordillère du Bergantin et du Cocollar*, n'offre que des roches de formation secondaire ; et, ce qui est assez remarquable, quoique analogue à la constitution géologique des Alpes à l'ouest du St.-Gothard, le chaînon primitif est beaucoup moins élevé que celui qui est composé de roches secondaires[1]. La

[1] Dans la Nouvelle-Andalousie, la *Cordillère du Cocollar* n'offre nulle part des roches primitives. Si ces roches forment le noyau du chaînon, et s'élèvent au-dessus du niveau des plaines voisines, ce qui est peu probable, il faut croire qu'elles sont toutes recouvertes de calcaire et de grès. Dans les Alpes de la Suisse, au contraire, le chaînon que l'on désigne sous le nom trop vague de *chaînon latéral et calcaire*, offre des roches primitives qui, d'après les belles observations de MM. Escher et Léopold de Buch, sont souvent à découvert jusqu'à huit cent et mille toises de hauteur.

mer a séparé les deux Cordillères septentrionales, celles de l'île de la Marguerite et de la péninsule d'Araya; les petites îles de Coche et de Cubagua sont les restes de ce terrain submergé. Plus au sud, le vaste golfe de Cariaco se prolonge, comme une vallée longitudinale formée par l'irruption de l'Océan, entre les deux chaînons d'Araya et du Cocollar, entre les schistes micacés et le calcaire alpin. Nous verrons bientôt que la direction des couches, très-régulière dans les premières de ces roches, n'est pas tout-à fait parallèle à la direction générale du golfe. Dans les hautes Alpes de l'Europe, la grande vallée longitudinale du Rhône coupe aussi quelquefois [1], sous un angle oblique, les bancs calcaires dans lesquels elle a été creusée.

Les deux chaînons parallèles d'Araya et du Cocollar sont liés, à l'est de la ville de Cariaco, entre les lacs de Campoma et de Putaquao, par une sorte de digue transversale, qui porte le nom de Cerro de Meapire, et qui, dans des temps reculés, en résistant au mouvement

---

[1] Près de Sitten. *Alpina*, T. IV, p. 295. *Bernoulli, Geogn. Uebersicht der Schweiz*, p. 35-41.

des flots, a empêché les eaux du golfe de Cariaco de s'unir à celles du golfe de Paria. C'est ainsi qu'en Suisse, la chaîne centrale, celle qui passe par le col de Ferrex, le Simplon, le St.-Gothard et le Splügen, tient, au nord et au sud, à deux chaînes latérales, par les montagnes de la Fourche et de la Maloya. On aime à rappeler les analogies frappantes qu'offre, dans les deux continens, la charpente extérieure du globe.

La chaîne primitive d'Araya se termine brusquement dans le méridien du village de Maniquarez. Nous ferons voir plus bas que, trente-cinq lieues à l'ouest, on en trouve la continuation dans les gneiss de la *Silla de Caracas* et dans le granite de *las Trincheras :* nous nous bornons ici à ce qui a directement rapport aux environs de Cumana. La pente occidentale de la péninsule d'Araya, de même que la plaine au milieu de laquelle s'élève le château Saint-Antoine, est recouverte de formations très-récentes de grès et d'argile mêlés de gypse. Peut-être ces mêmes formations ont-elles rempli jadis les vallées longitudinales occupées aujourd'hui par l'Océan, et peut-être ont-elles favorisé l'irruption des eaux, en opposant moins de résistance que les schistes micacés et le calcaire alpin. Près de Maniquarez, une brèche ou grès à ciment calcaire, qu'il est aisé de confondre avec une véritable roche calcaire, est immédiatement placée sur le schiste micacé; tandis que, sur la côte opposée, près de Punta Delgada, ce grès couvre un calcaire compacte, gris-bleuâtre, presque dépourvu de pétrifications, et traversé par de petits filons de chaux carbonatée, cristallisée. Cette dernière roche est analogue à la pierre calcaire des hautes Alpes [1].

La formation de grès, extrêmement récente de la péninsule d'Araya, renferme; 1.°, près de Punta Arenas, un grès stratifié, composé de grains très-fins qui sont liés par un ciment calcaire peu abondant; 2.°, au *Cerro de la Vela*, un grès schisteux [2] dépourvu de mica et faisant passage à l'argile schisteuse [3] qui accompagne la houille; 3.°, sur la côte occidentale, entre Punta Gorda et les ruines du

---

[1] *Alpenkalkstein.*
[2] *Sandsteinschiefer.*
[3] *Schieferthon.*

château de Santiago, une brèche composée d'une innombrable quantité de coquilles marines pétrifiées et réunies par un ciment calcaire auquel sont mêlés des grains de quartz; 4.º, près de la pointe du *Barigon*, où l'on exploite la pierre employée pour les constructions à Cumana, des bancs de calcaire coquillier blancs-jaunâtres, dans lesquels on reconnoît aussi quelques grains épars de quartz; 5.º, au *Peñas negras*, à la cime du *Cerro de la Vela*, un calcaire compacte gris-bleuâtre, assez tendre, presque dépourvu de pétrifications, et recouvrant le grès schisteux. Quelque extraordinaire que puisse paroître ce mélange de grès et de calcaire compacte, on ne sauroit douter que ces couches appartiennent à une seule formation. Les roches secondaires très-récentes offrent partout des phénomènes analogues : la *molasse* du pays de Vaud renferme un calcaire coquillier fétide, et le *calcaire à cerithes* des bords de la Seine est quelquefois mêlé de grès [1].

Les couches de brèches calcaires que l'on

---

[1] *Cuvier* et *Brongniart*, *Géogr. min. des environs de Paris*, 1811, p. 18, 25 et 135.

peut examiner le mieux, en allant, le long de la côte rocheuse, de Punta Gorda au château d'Araya, sont composées d'une infinité de coquilles pélagiques de quatre à six pouces de diamètre et en partie bien conservées. On y reconnoît, non des ammonites, mais des ampullaires, des solens et des térébratules. La plupart de ces coquilles sont mêlées; les huîtres et les pectinites sont quelquefois disposés par famille. Toutes se détachent facilement, et leur intérieur est rempli de cellulaires et de madrépores fossiles. Autrefois, en examinant les bancs de grès qui, à l'extrémité septentrionale de la *Punta Araya*, sont fréquemment baignés par la mer, j'avois pensé que des coquilles univalves, ressemblant au genre Hélix, et mêlées aux coquilles bivalves pélagiques, appartenoient à des espèces fluviatiles[1]. Ce mélange se trouve en effet[2] dans le calcaire de très-nouvelle formation qui recouvre la craie du bassin de Paris; mais, pour vérifier un fait si im-

---

[1] *Reuss, Lehrbuch der Geognosie*, T. II, p. 441.
[2] D'après l'observation intéressante de M. Beudan. (Voyez *Cuvier et Brongniart, l. c.*, p. 89.)

portant, il faudroit avoir sous les yeux les coquilles fossiles d'Araya [1], et les examiner de nouveau avec cette scrupuleuse exactitude qu'ont mise récemment dans ce genre de recherches MM. Lamarck, Cuvier et Brongniart.

Nous venons de nommer les *schistes micacés* de Maniquarez et de Chuparipari, la formation de *calcaire alpin* de Punta Delgada et du Cocollar, et celle de *grès*, de brèches calcaires et de calcaire compacte très-récent, que l'on trouve réunis à l'extrémité occidentale de la Punta Araya, comme au château Saint-Antoine de Cumana. Il nous reste à parler d'une quatrième formation qui repose probablement [2] au-dessous du grès calcaire

---

[1] Des échantillons du grès ou brèche coquillière d'Araya se trouvent parmi les suites géologiques que j'ai envoyées, en 1800, au cabinet du roi d'Espagne à Madrid. Nous n'en possédons pas dans les collections que nous avons déposées à Berlin et à Paris.

[2] J'invite les voyageurs minéralogistes à examiner plus particulièrement le Cerro de la Vela. La pierre calcaire des Peñas negras repose sur une argile schisteuse, mêlée de sables quartzeux; mais rien ne s'oppose à admettre que l'argile muriatifère des salines

CHAPITRE V.

d'Araya, je veux dire de *l'argile muria- tifère*.

Cette argile, endurcie, imprégnée de pétrole et mêlée de gypse lamelleux et lenticulaire, est analogue au *salzthon* qui accompagne en Europe le sel gemme de Berchtesgaden, et dans l'Amérique méridionale¹ celui de Zipaquira. Elle est généralement gris de fumée, terreuse et friable; mais elle enchâsse des masses plus solides d'un brun-noirâtre, à cassure schisteuse et quel-

soit d'une formation plus neuve que cette argile schisteuse, ou qu'elle alterne avec des bancs de grès. Aucun puits n'ayant été creusé dans ces contrées, rien ne peut nous instruire sur la superposition des couches. Les bancs de grès calcaire que l'on trouve au nord du lac salé et près des cabanes de pêcheurs, sur la côte opposée au cap Macanao, m'ont paru sortir *au-dessous* de l'argile muriatifère.

¹ Près de Santa-Fe de Bogota. Cette formation d'*argile muriatifère*, long-temps négligée dans les systèmes de géognosie, caractérise le sel gemme plus que le gypse secondaire ancien (*älterer Flözgyps*) qui repose sur le *zechstein* ou *calcaire alpin*, comme je l'ai fait voir en 1798, dans mon ouvrage sur les *moffettes des mines* (*Ueber die unterisdirchen Gasarten*, p. 143.)

quefois conchoïde. Ces fragmens, de six à huit pouces de long, ont une forme anguleuse. Lorsqu'ils sont très-petits, ils donnent à cette argile un aspect porphyroïde. On y trouve disséminés, comme nous l'avons indiqué plus haut, soit en nids, soit en petits filons, de la sélénite [1], et plus rarement du gypse fibreux. Il est assez remarquable que cette couche d'argile, de même que les bancs de sel gemme pur et le *salzthon* en Europe, ne renferme presque jamais de coquilles, tandis que les roches circonvoisines en offrent en grande abondance.

Quoique le muriate de soude ne se trouve pas en parties visibles dans l'argile d'Araya, on ne peut douter de son existence. Il se montre en grands cristaux, si l'on humecte la masse avec de l'eau de pluie, et qu'on l'expose au soleil. La *Lagune*, à l'est du château de Santiago, offre tous les phénomènes qui ont été observés dans les lacs salés de la Sibérie, décrits par Lepechin, Gmelin et Pallas. Elle ne reçoit cependant que les eaux pluviales qui s'infiltrent à travers les

---

[1] En *lentilles* réunies deux à deux.

bancs d'argile, et qui se réunissent au point le plus bas de la péninsule. Tandis que la Lagune servoit de saline aux Espagnols et aux Hollandois, elle ne communiquoit pas avec la mer; aujourd'hui, on a de nouveau interrompu cette communication, en plaçant des fascines à l'endroit où les eaux de l'Océan avoient fait une irruption en 1726. Après de grandes sécheresses on retire encore, de temps en temps, du fond de la *Lagune*, des masses de muriate de soude cristalisé et très-pur, d'un volume de trois ou quatre pieds cubiques. Les eaux salées du lac, exposées à l'ardeur du soleil, s'évaporent à leur surface; des croûtes de sel, formées dans une solution saturée, tombent au fond, et, par l'attraction entre des cristaux d'une même nature et d'une même forme, les masses cristallisées s'aggrandissent de jour en jour. On observe en général que l'eau est salée partout où il s'est formé des mares dans le terrain argilleux. Il est vrai que, pour exploiter la nouvelle saline, près de la batterie d'Araya, on reçoit les eaux de la mer dans des *vasets*, comme aux marais salans du midi de la France; mais, à l'île de la Marguerite, près de Pampatar, on fabrique le sel en n'employant que les eaux douces, qui ont lessivé l'argile muriatifère.

Il ne faut pas confondre le sel disséminé dans ces terrains argilleux, avec celui que renferment les sables des plages, et que l'on bonifie sur les côtes de Normandie[1]. Ces phénomènes, considérés sous le rapport géognostique, n'ont presque rien de commun. J'ai vu de l'argile muriatifère au niveau de l'Océan, à la *Punta Araya*, et à deux milles toises de hauteur dans les Cordillères de la Nouvelle-Grenade. Si dans le premier de ces endroits elle se trouve placée au-dessous d'une brèche coquillière très-récente, elle forme au contraire en Autriche, près d'Ischel, une couche[2] puissante dans le calcaire alpin qui, quoique également postérieur à l'existence des êtres organisés sur le globe, est cependant d'une haute antiquité, comme le prouve le grand nombre de roches qui lui sont superposées. Nous ne révoquerons pas en doute

---

[1] Dans la baie d'Avranches et dans beaucoup d'autres parties de l'Europe. Chaptal, *Chimie appliquée aux arts*, T. IV, p. 161.

[2] *Buch, Geognost. Beobachtungen*, T. I, p. 133.

que le sel gemme pur[1], ou mêlé à l'argile muriatifère[2], ne puisse être le dépôt d'une mer ancienne; mais tout annonce qu'il s'est formé dans un ordre de choses qui ne ressemble aucunement à celui dans lequel les mers actuelles, par une lente évaporation, déposent quelques parcelles de muriate de soude sur les sables de nos plages. De même que le soufre et les houilles appartiennent à des époques de formation très-éloignées les unes des autres, le sel gemme se trouve aussi, tantôt dans le *gypse de transition*[3], tantôt dans le *calcaire alpin*[4], tantôt dans une argile muriatifère couverte par le *grès*[5] *coquillier* très-récent, tantôt enfin dans un *gypse*[6] postérieur à la craie.

[1] Ceux de Wieliczka et du Pérou.
[2] Celui de Hallein, Ischl et Zipaquira.
[3] *Uebergangsgyps*, dans le schiste de transition de l'Allée blanche et entre le Grauwacke et le calcaire noir de transition, près de Bex, au-dessous de la Dent de Chamossaire, selon M. de Buch.
[4] Hall en Tyrol.
[5] Punta Araya.
[6] Gypse de troisième formation parmi les *gypses secondaires*. La *première* formation renferme le gypse

La nouvelle saline d'Araya renferme cinq réservoirs ou *vasets*, dont les plus grands ont

dans lequel se trouvent les sources salées de la Thuringe, et qui est placé, soit dans le calcaire alpin ou *zechstein*, auquel il appartient essentiellement (*Freiesleben, Geognost. Arbeiten*, T. II, p. 121), soit entre le *zechstein* et le *calcaire du Jura*, soit entre le *zechstein* et le grès nouveau. C'est le *gypse ancien* de formation secondaire, de l'école de Werner (*älterer Flözgyps*), qu'on pourroit presque appeler de préférence *gypse muriatifère*. La *seconde* formation se compose du gypse fibreux placé soit dans la *molasse* ou grès nouveau, soit entre celui-ci et le calcaire supérieur. Elle abonde en argile commune qui diffère essentiellement du *Salzthon* ou *argile muriatifère*. La *troisième* formation de gypse est plus récente que la craie; c'est elle qui renferme le *gypse à ossemens* de Paris, et, comme il paroît résulter des recherches de M. Steffens (*Geogn. Aufsätsze*, 1810, p. 142), le gypse du Segeberg, en Holstein, dans lequel le sel gemme est disséminé quelquefois en nids très-petits (*Jenaer Litterat.-Zeit*, 1813, p. 100). Le gypse de Paris, placé entre une pierre calcaire à cérithes qui recouvre la craie et un grès sans coquilles, se distingue par des ossemens fossiles de quadrupèdes détruits, tandis que les gypses du Segeberg et de Lunebourg, dont le gisement est moins certain, sont caractérisés par les boracites qu'ils enveloppent. Deux autres formations, de beaucoup antérieures aux trois que nous venons une forme régulière et deux mille trois cents toises carrées de surface. Leur profondeur moyenne est de huit pouces. On se sert à la fois des eaux de pluie, qui, par infiltration, se réunissent au point le plus bas de la plaine, et de l'eau de la mer que l'on fait entrer par des canaux ou *martellières*, lorsque le flot est poussé par le vent. La position de cette saline est moins avantageuse que celle de la *Lagune*. Les eaux qui se jettent dans celle-ci viennent par des pentes plus inclinées, et ont lessivé une plus grande étendue de terrain. Les indigènes se servent de pompes mues à bras d'hommes pour transporter l'eau de la mer

d'indiquer, sont le *gypse de transition* (*Uebergangsgyps*) d'Aigle, et le *gypse primitif* (*Urgyps*) de la vallée Canaria près d'Airolo. Je pense rendre service au petit nombre de géologues qui préfèrent la connoissance des faits positifs à des spéculations sur l'origine des choses, en leur fournissant des matériaux d'après lesquels ils pourront généraliser leurs idées sur le gisement des roches dans les deux hémisphères. L'*ancienneté relative des formations* est l'objet principal d'une science qui doit nous faire connoître la *construction du globe*, c'est-à-dire la nature et la superposition des couches pierreuses qui constituent la *croûte extérieure* de notre planète.

d'un réservoir principal dans les *vasets*. Il seroit cependant assez facile d'employer le vent comme moteur, la brise soufflant toujours avec force sur cette côte. On n'a jamais pensé ni à emporter les terres déjà lessivées, comme cela se pratique de temps en temps à l'île de la Marguerite, ni à creuser des puits dans l'argile muriatifère, pour trouver quelques couches plus riches en muriate de soude. Les *saulniers* se plaignent en général du manque de pluie; et, dans la nouvelle saline, il me paroît difficile de déterminer quelle est la quantité de sel qui est due uniquement à l'eau de la mer. Les indigènes l'évaluent à un sixième du produit total. L'évaporation est extrêmement forte et favorisée par le mouvement constant de l'air : aussi la *récolte* du sel se fait dix-huit à vingt jours après qu'on a rempli les bassins. Nous trouvâmes[1] la température de l'eau salée, dans les *vasets*, de 32°,5, tandis que l'air, à l'ombre, étoit de 27°,2, et le sable des côtes, à six pouces de profondeur, de 42°,5. Nous fûmes surpris de voir que le thermomètre, plongé dans la mer,

---

[1] Le 19 août 1799, à trois heures après midi.

ne montoit qu'à 23°,1. Cette basse température[1] est peut-être due aux bas-fonds qui entourent la péninsule d'Araya et l'île de la Marguerite, et sur les accores desquels les couches d'eau inférieures se mêlent aux eaux de la surface.

Quoique le muriate de soude soit fabriqué avec moins de soin à la péninsule d'Araya que dans les salines d'Europe, il est cependant plus pur et renferme moins de muriates et de sulfates terreux. Nous ignorons si cette pureté doit être attribuée à la partie du sel qui est fournie par la mer; car, quoiqu'il soit extrêmement probable que la quantité des sels dissous dans les eaux de l'Océan est à peu près la même[2] sous toutes les zones,

---

[1] Voyez plus haut, p. 181.
[2] A l'exception des mers méditerranées et des régions où se forment les glaces polaires. Voy. plus haut, T. I, p. 146, T. II, p. 158. Cette égalité de salure des eaux de la mer (de 0,024 à 0,028) rappelle l'uniformité beaucoup plus grande encore avec laquelle l'oxygène est répandu dans l'Océan aérien. Dans l'un et l'autre de ces élémens, les courans établissent et conservent l'équilibre entre les parties dissoutes ou mêlées entre elles (*Bayly et Cook, Original Observ.*, p. 345).

il n'en est pas moins incertain si la proportion, entre le muriate de soude, les muriate et sulfate de magnésie et les sulfate et carbonate de chaux, est également invariable[1].

Après avoir examiné les salines et terminé nos opérations géodésiques, nous partîmes au déclin du jour pour coucher à quelques milles de distance dans une cabane indienne près des ruines du château d'Araya. Nous nous fîmes précéder par nos instrumens et nos provisions; car, fatigués par l'excessive chaleur de l'air et la réverbération du sol, nous ne sentions de l'appétit, dans ces climats, que le soir ou à la fraîcheur du matin. Nous traversâmes, en nous dirigeant vers le sud, d'abord la plaine couverte d'argile muriatifère et dépourvue de végétaux, puis deux

---

[1] Lavoisier a trouvé que dans les eaux de la mer, près de Dieppe, la quantité de muriate de soude est à celle des autres sels comme 2,36 à 1. D'après MM. Bouillon-Lagrange et Vogel, cette proportion est comme 2,60 à 1. Voyez les observations judicieuses de M. Thomson, dans sa *Chimie*, T. VI, p. 346-357. (Henri, *Phil. Trans.* 1810. P. I, p. 97 et 122; et *Annales de Chimie*, T. LXXXVII, p. 193-208).

chaînes de collines de grès, entre lesquelles est placée la *Lagune*. La nuit nous surprit, tandis que nous suivions un sentier étroit bordé d'un côté par la mer, et de l'autre par des bancs de roches coupées à pic. La marée montoit rapidement et rétrécissoit notre chemin à chaque pas. Arrivés au pied du vieux château d'Araya, nous jouîmes de la vue d'un site qui a quelque chose de lugubre et de romantique. Cependant ni la fraîcheur d'une sombre forêt, ni la grandeur des formes végétales ne relèvent la beauté de ces ruines. Isolées sur une montagne nue et aride, couronnées d'agave, de cactus colonnaires et de mimoses épineuses, elles ressemblent moins aux ouvrages de l'homme qu'à ces masses de rochers brisées lors des premières révolutions du globe.

Nous voulûmes nous arrêter pour admirer ce spectacle imposant, et pour observer le coucher de Vénus, dont le disque paroissoit par intervalles entre les masures du château; mais le mulâtre qui nous servoit de guide étoit excédé de soif, et nous pressoit vivement de rebrousser chemin. Il s'étoit aperçu depuis long-temps que nous étions égarés;

et, comme il se flattoit d'agir sur nous par la crainte, il parloit sans cesse du danger des tigres et des serpens à sonnettes. Les reptiles venimeux sont en effet très-communs près du chateau d'Araya, et deux jaguars avoient été tués depuis peu à l'entrée du village de Maniquarez. A en juger par les peaux qu'on avoit conservées, leur taille ne cédoit pas beaucoup à celle des tigres de l'Inde. Nous avions beau faire observer à notre guide que ces animaux n'attaquent pas les hommes sur des côtes où les chèvres leur fournissent une abondante nourriture, il fallut céder et retourner sur nos pas. Après avoir marché trois quarts d'heure sur une plage couverte par la marée montante, nous fûmes rejoints par le nègre qui avoit porté nos provisions; inquiet de ne pas nous voir arriver, il étoit venu au-devant de nous. Il nous conduisit, à travers un bosquet de raquettes, à une cabane habitée par une famille indienne. Nous y fûmes reçus avec cette franche hospitalité que l'on rencontre dans ces pays parmi les hommes de toutes les castes. L'extérieur de la cabane, dans laquelle nous tendîmes nos hamacs, étoit très-propre; nous y trouvâmes du poisson, des bananes, et, ce qui, dans la zone torride, est préférable aux alimens les plus exquis, de l'eau excellente.

Le lendemain, au lever du soleil, nous reconnûmes que la cabane dans laquelle nous avions passé la nuit faisoit partie d'un groupe de petites habitations situées sur les bords du lac salé. Ce sont les foibles restes d'un village considérable qui s'étoit formé jadis autour du château. Les ruines d'une église se présentoient enfoncées dans le sable et couvertes de broussailles. Lorsqu'en 1762, pour épargner les frais qu'exigeoit l'entretien de la troupe, le château d'Araya fut totalement démoli, les Indiens et les gens de couleur, établis dans le voisinage, émigrèrent peu à peu pour se fixer à Maniquarez, à Cariaco et dans le faubourg des Guayqueries à Cumana. Un petit nombre, retenu par l'amour du sol natal, resta dans cet endroit stérile et sauvage. Ces pauvres gens vivent de la pêche qui est extrêmement abondante sur les côtes et les bas-fonds voisins. Ils paroissoient contens de leur position, et trouvoient étrange qu'on leur demandât pourquoi ils n'avoient pas de jardins et ne cultivoient pas des plantes alimentaires. Nos jardins, disoient-ils, sont au delà du golfe: en portant du poisson à Cumana, nous nous procurons des bananes, des cocos et du manioc. Ce système d'économie, qui flatte la paresse, est suivi à Maniquarez et dans toute la péninsule d'Araya. La principale richesse des habitans consiste en chèvres qui sont d'une race très-grande et très-belle. Ces chèvres errent dans les campagnes comme celles du Pic de Ténériffe: elles sont devenues entièrement sauvages, et on les marque comme les mulets, parce qu'il seroit difficile de les reconnoître à leur physionomie, à leur couleur et à la disposition de leurs taches. Les chèvres sauvages sont d'un brun fauve et ne varient pas de couleur comme les animaux domestiques. Si, dans une partie de chasse, un colon tue une chèvre, qu'il ne regarde pas comme sa propriété, il la porte de suite au voisin à qui elle appartient. Pendant deux jours, nous entendîmes citer partout, comme un exemple d'une rare perversité, qu'un habitant de Maniquarez avoit perdu une chèvre dont probablement une famille voisine s'étoit régalée dans un repas. Ces traits qui prouvent une grande pureté de mœurs parmi le bas-peuple, se répètent encore souvent dans le Nouveau-Mexique, au Canada et dans les pays situés à l'ouest des Alleghanys.

Parmi les gens de couleur dont les cabanes entourent le lac salé, se trouvoit un cordonnier de race castillane. Il nous reçut avec cet air de gravité et d'amour-propre qui, dans ces climats, caractérise presque tous ceux qui croient posséder un talent particulier. Il étoit occupé à tendre la corde de son arc et à aiguiser des flèches pour tirer des oiseaux. Son métier de cordonnier ne pouvoit être lucratif dans un pays dont la plupart des habitans vont pieds nus : aussi se plaignoit-il de ce que, par le renchérissement de la poudre d'Europe, un homme de sa qualité étoit réduit à employer les mêmes armes que les Indiens. C'étoit le savant du lieu; il connoissoit la formation du sel par l'influence du soleil et de la pleine lune, les symptômes des tremblemens de terre, les indices par lesquels on découvre les mines d'or et d'argent, et les plantes médicinales qu'il divisoit, comme tous les colons depuis le Chili jusqu'en Californie, en plantes *chaudes et* *froides*¹. Ayant rassemblé les traditions du pays, il nous donna des détails curieux sur les perles de Cubagua, objets de luxe qu'il traitoit avec le dernier mépris. Pour faire voir combien les livres saints lui étoient familiers, il se plaisoit à citer Job qui préféroit la sagesse à toutes les perles de l'Inde. Sa philosophie étoit circonscrite dans le cercle étroit des besoins de la vie. Un âne bien robuste, qui pût porter une forte charge de bananes à l'embarcadère, étoit l'objet de tous ses désirs.

Après un long discours sur le néant des grandeurs humaines, il tira, d'une poche de cuir, des perles bien petites et bien opaques, qu'il nous força d'accepter. Il nous enjoignit en même temps de marquer sur nos tablettes qu'un cordonnier indigent d'Araya, mais homme blanc et de race noble castillane, avoit pu nous donner ce qui, de l'autre côté de la mer², étoit recherché comme une chose

---

¹ Excitantes ou débilitantes, sthéniques ou asthéniques du système de Brown.

² *Por allá*, ou *del otro lado del charco* (proprement *au-delà de la grande mare*), expression figurée, par laquelle le peuple désigne l'Europe dans les colonies espagnoles.

très-précieuse. Je m'acquitte un peu tard de la promesse que je fis à ce brave homme, et je me félicite de pouvoir ajouter que son désintéressement ne lui permit pas d'accepter la plus légère rétribution. La *côte des perles* offre sans doute le même aspect de misère que les *pays de l'or et des diamans*, le Choco et le Brésil; mais la misère n'y est pas accompagnée de ce désir immodéré du gain qu'excitent les richesses minérales.

L'aronde aux perles abonde sur les bas-fonds qui s'étendent depuis le cap Paria jusqu'à celui de la Vela[1]. L'île de la Marguerite, Cubagua, Coche, la Punta Araya et l'embouchure du Rio la Hacha, étoient célèbres au seizième siècle, comme le golfe Persique et l'île Taprobane l'étoient chez les anciens[2]. Il n'est pas juste de dire, comme

---

[1] *Costa de las Perlas. Herera, Dec. I, Lib. VII*, c. 9. *Gomara, Hist.*, c. 78. *Petri Bembi Cardin. Hist. Venetæ Libri XII* (1555), p. 83. *Chancellieri, Diss. sopra Christ. Colombo* (1809), p. 101.

[2] *Strabo, Lib. XV* (*pag. Oxon.* 1017). *Plin., Lib. IX*, c. 35, *Lib. XII*, c. 18. *Solin. Polyhist.*, c. 66 (ed. 1518, p. 316 et 324), et surtout *Athen., Deipnosoph., Lib. III*, c. 45 (ed. *Schweighœuser,*

plusieurs historiens l'ont avancé, que les indigènes de l'Amérique ne connoissoient pas le luxe des perles. Les premiers Espagnols qui abordèrent à la Terre-Ferme, trouvèrent les sauvages parés de colliers et de bracelets; et, parmi les peuples civilisés du Mexique et du Pérou, les perles d'une belle forme étoient extrêmement recherchées. J'ai fait connoître le buste en basalte d'une prêtresse mexicaine[1], dont la coiffe, ressemblant d'ailleurs au *calantica* des têtes d'Isis, est garnie de perles. Las Casas et Benzoni ont décrit, et non sans quelque exagération, les cruautés que l'on exerçoit envers les malheureux esclaves indiens et nègres employés à la pêche. Au commencement de la conquête, l'île de Coche seule fournissoit 1500 marcs de perles par mois. Le *quint*, que les *officiers du roi* retiroient sur le produit des perles, s'élevoit à 15,000 ducats, ce qui, d'après la valeur des métaux dans ces temps, et d'après l'étendue de la fraude, doit être regardé comme une

---

T. I, p. 360-367), et *Animadvers. in Athen.*, T. II, p. 126.

[1] *Atlas pittoresque*, Pl. 1 et 2.

somme très-considérable. Il paroît que, jusqu'en 1530, la valeur des perles envoyées en Europe s'élevoit, année commune, à plus de 800,000 piastres. Pour juger de l'importance que l'on devoit donner à cette branche de commerce à Séville, à Tolède, à Anvers et à Gênes, il faut se rappeler qu'à la même époque toutes les mines de l'Amérique¹ ne fournissoient pas deux millions de piastres, et que la flotte d'Ovando sembloit être d'une richesse immense, parce qu'elle renfermoit près de 2600 marcs d'argent.

Les perles étoient d'autant plus recherchées que le luxe de l'Asie avoit été introduit en Europe par deux voies diamétralement opposées, par Constantinople, où les Paléologues portoient des vêtemens couverts de réseaux de perles, et par Grenade, la rési-

¹ J'ai tâché de prouver, dans un autre endroit (*Nouv.-Esp.*, T. IV, p. 259), par l'histoire détaillée des anciennes mines du Mexique et du Pérou, combien sont peu exactes les idées répandues en Europe sur l'épuisement des gîtes métallifères de l'Amérique, sur leur richesse décroissante et sur la quantité de métaux que l'Espagne a reçus pendant les règnes de Charles-Quint et de Philippe II.

dence des rois maures, qui déployoient à leur cour tout le faste de l'Orient. Les perles des Grandes-Indes furent préférées à celles de l'Occident; mais le nombre de ces dernières qui circuloient dans le commerce, n'en étoit pas moins considérable dans les temps qui suivirent immédiatement la découverte de l'Amérique. En Italie, comme en Espagne, l'îlot de Cubagua devint l'objet de nombreuses spéculations mercantiles. Benzoni[1] rapporte l'aventure d'un certain Louis Lampagnano à qui Charles-Quint avoit accordé le privilége de passer, avec cinq *caravèles*, sur les côtes de Cumana, pour y pêcher des perles. Les colons le renvoyèrent avec la réponse hardie que l'empereur, trop libéral de ce qui n'étoit pas à lui, n'avoit pas le droit de disposer des huîtres qui vivent dans le fond des mers.

La pêche des perles diminua rapidement

---

[1] *La Hist. del Mondo Nuovo*, p. 34. Louis Lampagnano, parent de celui qui avoit assassiné le duc de Milan, Galeazzo Maria Sforza, ne put payer les négocians de Séville qui avoient fait les avances de l'expédition: il resta cinq ans à Cubagua, et mourut dans un accès de démence.

vers la fin du seizième siècle; et, d'après le rapport de Laet, elle avoit cessé depuis long-temps en 1633 [1]. L'industrie des Vénitiens, qui imitoient avec une grande perfection les perles fines, et l'usage fréquent des diamans taillés [2], rendirent les pêches de Cubagua moins lucratives. En même temps les moules qui fournissent les perles devinrent plus rares, non, comme on le croit d'après une tradition populaire, parce que ces animaux, effrayés par le bruit des rames, s'étoient portés ailleurs, mais parce qu'en arrachant imprudemment les coquilles par milliers, on avoit empêché leur propagation. L'aronde aux perles est d'une constitution plus délicate encore que la plupart des autres mollusques

---

[1] « Insularum Cubaguæ et Coches quondam magna fuit dignitas, quum unionum captura floreret, nunc, illa deficiente, obscura admodum fama. » *Læt. Nov. Orbis*, p. 669. Ce compilateur exact, en parlant de la Punta Araya, ajoute que ce pays est tellement oublié: « ut vix ulla alia Americæ meridionalis pars hodie obscurior sit. »

[2] La taille des diamans fut inventée par Louis de Berquen, en 1456; mais elle ne devint très-commune que dans le siècle suivant.

acéphales. A l'île de Ceylan, où, dans la baie de Condeatchy, la pêche occupe six cents plongeurs, et où son rapport annuel est de plus d'un demi-million de piastres, on a essayé en vain de transplanter l'animal sur d'autres parties de la côte. Le gouvernement n'y permet la pêche que pendant un seul mois, tandis qu'à Cubagua on exploitoit le banc de coquilles dans toutes les saisons. Pour se faire une idée de la destruction de l'espèce causée par les plongeurs, il faut se rappeler qu'un bateau recueille quelquefois, en deux ou trois semaines, plus de 35,000 moules. L'animal ne vit que neuf à dix ans, et ce n'est que dans sa quatrième année que les perles commencent à se montrer. Dans 10,000 arondes, il n'y a souvent pas une seule perle de prix [1]. La tradition rapporte que, sur le banc de la Marguerite, les pêcheurs ouvroient les coquilles une à une : à l'île de Ceylan, on entasse les animaux, on les fait pourrir à l'air ; et, pour séparer les perles qui ne sont pas attachées à la coquille, on soumet au

---

[1] *Cordiner, Description of Ceylan*, 1807, Vol. II, p. 187.

lavage des monceaux de pulpe animale, comme font les mineurs avec les sables qui renferment des pépites d'or, de l'étain ou des diamans.

Aujourd'hui, l'Amérique espagnole ne fournit d'autres perles au commerce que celles du golfe de Panama et de l'embouchure du Rio de la Hacha. Sur les bas-fonds qui entourent Cubagua, Coche et l'île de la Marguerite, la pêche est aussi négligée que sur les côtes de Californie[1]. On croit à Cumana que l'aronde aux perles s'est multipliée sensiblement après deux siècles de repos[2]; et l'on se demande pourquoi les perles trouvées de nos jours dans les coquilles qui s'attachent[3] aux filets des pêcheurs, sont si petites et de si peu d'éclat,

---

[1] *Nouv.-Esp.*, T. II, p. 425; III, p. 263. Je suis surpris de n'avoir jamais entendu parler, dans nos voyages, de perles trouvées dans les coquilles d'eau douce de l'Amérique méridionale, quoique quelques espèces du genre *Unio* abondent dans les rivières du Pérou.

[2] En 1812, on a fait à la Marguerite quelques tentatives nouvelles pour la pêche des perles.

[3] Les habitans d'Araya vendent quelquefois de ces petites perles aux petits marchands de Cumana. Le prix commun est d'une piastre la douzaine.

tandis qu'à l'arrivée des Espagnols, on en vit de très-belles parmi les Indiens, qui sans doute ne se donnoient pas la peine de les recueillir en plongeant. Ce problème est d'autant plus difficile à résoudre que nous ignorons si des tremblemens de terre ont altéré la nature du fond, ou si des changemens de courans soumarins peuvent avoir influé, soit sur la température de l'eau, soit sur la fréquence de certains mollusques dont se nourrissent les arondes.

Le 20 au matin, le fils de notre hôte, jeune Indien très-robuste, nous conduisit, par le Barigon et le Caney, au village de Maniquarez. Il y avoit quatre heures de chemin. Par l'effet de la réverbération des sables, le thermomètre se soutenoit à 31°,3. Les cactiers cylindriques qui bordent la route, donnent au paysage un aspect de verdure sans offrir de la fraîcheur et de l'ombre. Notre guide, quoiqu'il n'eût pas fait une lieue, s'asseyoit à chaque instant. Il voulut se coucher à l'ombre d'un beau tamarinier, près des *Casas de la Vela*, pour y attendre l'entrée de la nuit. J'insiste sur ce trait de caractère que l'on observe chaque fois que l'on voyage avec des Indiens, et qui a fait naître les idées les plus fausses sur la constitution physique des différentes races d'hommes. L'indigène cuivré, plus accoutumé à la chaleur ardente du climat que le voyageur européen, s'en plaint davantage, parce qu'il n'est stimulé par aucun intérêt. L'argent est sans appât pour lui; et s'il s'est laissé tenter un moment par l'idée du gain, il se repent de sa résolution dès qu'il est en route. Le même Indien, qui se plaint lorsque, dans une herborisation, on le charge d'une boîte remplie de plantes, fait remonter un canot contre le courant le plus rapide, en ramant pendant quatorze ou quinze heures de suite, parce qu'il désire retourner dans sa famille. Pour bien juger de la force musculaire des peuples, il faut les observer dans des circonstances où leurs actions sont déterminées par une volonté également énergique.

Nous examinâmes de près les ruines du château Santiago[1], dont la construction est

---

[1] Sur la carte qui accompagne l'histoire de l'Amérique de Robertson, on trouve le nom de ce château confondu avec celui de la *Nueva Cordoba*. Nous avons

remarquable par son extrême solidité. Les murs, en pierre de taille, ont cinq pieds d'épaisseur; on est parvenu à les renverser en faisant jouer des mines : on trouve encore des masses de sept à huit cents pieds carrés qui sont à peine crevassées. Notre guide nous montra une citerne (*el aljibe*) qui a trente pieds de profondeur, et qui, quoiqu'assez endommagée, fournit de l'eau aux habitans de la péninsule d'Araya. Cette citerne a été terminée en 1681 par le gouverneur Don Juan de Padilla Guardiola, le même qui construisit à Cumana le petit fort de Sainte-Marie[1]. Comme le bassin est couvert d'une voûte en plein cintre, l'eau s'y conserve très-fraîche et d'une excellente qualité. Les conferves qui, tout en décomposant le carbure d'hydrogène, abritent aussi des vers et de petits insectes, n'y prennent pas naissance. On avoit cru, pendant des siècles, que la péninsule

---

déjà fait observer plus haut, p. 326, que cette dernière dénomination étoit jadis synonyme de Cumana. (*Herera*, p. 14.)

[1] *Castillo de Santa-Maria*, ou *Fuerte de N. S. de la Cabeza*. Voyez plus haut, p. 247. (*Caulin*, p. 284.)

d'Araya étoit entièrement dépourvue de sources d'eau douce; mais, en 1797, après beaucoup de recherches inutiles, les habitans de Maniquarez sont parvenus à en découvrir.

En traversant les collines arides du cap Cirial, nous sentîmes une forte odeur de pétrole. Le vent souffloit du côté où se trouvent les sources de cette substance, dont les premiers historiens de ces contrées ont déjà fait mention[1]. Près du village de Maniquarez, le schiste micacé[2] sort au-dessous de la roche secondaire en formant une chaîne de montagnes de 150 à 180 toises d'élévation. Cette roche primitive est dirigée, près du cap Sotto, du nord-est au sud-ouest: ses couches inclinent de 50° au nord-ouest[3]. Le schiste micacé est blanc d'argent, à texture lamelleuse et ondulée, et renferme beaucoup de grenats. Des couches de quartz, dont la puissance varie

[1] *Oviedo, Lib. XIX, cap.* 1. « Liqueur résineuse, aromatique et médicinale. »

[2] *Piedra pelada* des créoles.

[3] Hor. 3-4 de la boussole de Freiberg. Tout près du village de Maniquarez, les couches varient hor. 11 et 12 en inclinant souvent au sud-ouest.

de 3 à 4 toises, traversent le schiste micacé, comme on peut l'observer dans plusieurs ravins étroits, creusés par les eaux. Nous détachâmes avec peine un fragment de cyanite[1] d'un bloc de quartz laiteux et fendillé, qui étoit isolé sur la plage. C'est la seule fois que nous ayons trouvé cette substance dans l'Amérique méridionale[2].

Les poteries de Maniquarez, célèbres depuis un temps immémorial, forment une branche d'industrie qui se trouve exclusivement entre les mains des femmes indiennes. La fabrication se fait encore suivant la méthode employée avant la conquête. Elle annonce à la fois et l'enfance des arts et cette immobilité de mœurs qui caractérisent tous les peuples indigènes de l'Amérique. Trois siècles n'ont pas suffi pour introduire le tour de potier sur une côte qui n'est éloignée de l'Espagne que de trente ou quarante jours de navigation. Les indigènes ont des

---

[1] Disthène, Haüy.
[2] A la Nouvelle-Espagne, la cyanite n'a encore été découverte que dans la province de Guatimalá, à Estancia grande. *Del Rio, Tablas min.*, 1804, p. 27.

notions confuses sur l'existence de cet instrument, et ils s'en serviroient si on leur en présentoit le modèle. Les carrières d'où l'on tire l'argile sont à une demi-lieue à l'est de Maniquarez. Cette argile est due à la décomposition d'un schiste micacé coloré en rouge par de l'oxide de fer. Les Indiennes préfèrent les parties les plus chargées en mica. Elles façonnent avec beaucoup d'adresse des vases qui ont deux à trois pieds de diamètre, et dont la courbure est très-régulière. Comme elles ne connoissent pas l'usage des fours, elles placent des broussailles de Desmanthus, de Cassia et de Capparis arborescent autour des pots, et leur donnent la cuite en plein air. Plus à l'est de la carrière qui fournit l'argile, se trouve le ravin de la *Mina*. On assure que, peu de temps après la conquête, des orpailleurs vénitiens y ont tiré de l'or du schiste micacé. Il paroît que ce métal n'est pas réuni dans des filons de quartz, mais qu'il se trouve disséminé dans la roche, comme il l'est quelquefois dans le granite et le gneiss.

Nous rencontrâmes à Maniquarez des créoles qui venoient d'une partie de chasse de Cubagua. Les cerfs de la petite espèce sont si communs sur cet îlot inhabité, qu'une personne peut en tirer trois ou quatre dans un jour. J'ignore par quel accident ces animaux y sont venus ; car Laet et d'autres chroniqueurs de ces contrées, en parlant de la fondation de la Nouvelle-Cadix, ne font mention que de la grande abondance de lapins. Le *Venado* de Cubagua appartient à une de ces nombreuses espèces de petits cerfs américains que les zoologistes ont confondues pendant long-temps sous le nom vague de *Cervus mexicanus*. Il ne me paroît pas identique avec la *Biche des Savannes* de Cayenne ou *Guazuti* du Paraguay,¹ qui vit également en troupeau. Sa couleur est rouge brunâtre sur le dos, et blanche sous le ventre : il est moucheté comme l'Axis. Dans les plaines du Cari, on nous a montré, comme une chose très-rare dans ces climats brûlans, une variété toute blanche. C'étoit une femelle de la grandeur du chevreuil d'Europe, et

---

¹ Pennant, Quadrupèdes, p. 119, n. 52. Azara, Essai sur les quadrupèdes du Paraguay, T. I, p. 77. Cuvier, sur les Ruminans fossiles, dans les *Annales du Mus.*, T. XII, p. 365.

d'une forme extrêmement élégante. Les variétés *albines* se trouvent, dans le nouveau continent, jusque parmi les tigres. M. d'Azara a vu un jaguar dont la robe toute blanche n'offroit, pour ainsi dire, que l'ombre de quelques taches annulaires.

De toutes les productions des côtes d'Araya, celle qui est regardée par le peuple comme la plus extraordinaire, on peut dire comme la plus merveilleuse, est la *pierre des yeux*, *piedra de los ojos*. Cette substance calcaire est le sujet de toutes les conversations : d'après la physique des indigènes, c'est une pierre et un animal à la fois. On la trouve dans le sable, où elle est immobile : mais isolée, sur une surface polie, par exemple sur un plat d'étain ou de faïence, elle marche dès qu'on l'excite par du jus de citron. Placé dans l'œil, le prétendu animal tourne sur lui-même, et chasse tout autre corps étranger qui s'est introduit accidentellement. A la nouvelle saline et au village de Maniquarez, les *pierres des yeux*[1] nous furent offertes par

---

[1] On les trouve le plus abondamment près de la batterie, à l'extrémité du cap Araya.

centaines, et les indigènes s'empressoient de nous faire voir l'expérience du citron. On vouloit nous introduire du sable dans les yeux pour que nous pussions éprouver sur nous-mêmes l'efficacité du remède. Il étoit aisé de reconnoître que ces pierres sont des opercules minces et poreuses qui ont fait partie de petites coquilles univalves. Leur diamètre varie de 1 à 4 lignes; de leurs deux surfaces l'une est plane, et l'autre bombée. Ces opercules calcaires font effervescence avec le jus de citron et se mettent en mouvement à mesure que l'acide carbonique se dégage. C'est par l'effet d'une semblable réaction que des pains, placés au four, se meuvent quelquefois sur un plan horizontal, phénomène qui a donné lieu, en Europe, au préjugé populaire des *fours enchantés*. Les *piedras de los ojos*, introduites dans l'œil, agissent comme de petites perles et différentes graines rondes, employées par les sauvages de l'Amérique, pour augmenter l'écoulement des larmes. Ces explications furent peu goûtées des habitans d'Araya. La nature paroît d'autant plus grande à l'homme qu'elle est plus mystérieuse, et la physique du peuple

CHAPITRE V. 369

rejette tout ce qui porte un caractère de simplicité.

En suivant la côte méridionale, à l'est de Maniquarez, on trouve rapprochées les unes des autres trois langues de terre qui portent les noms de Punta de Soto, Punta de la Brea et Punta Guaratarito. Dans ces parages, le fond de la mer est évidemment formé de schiste micacé, et c'est de cette roche que, près du cap de la Brea,[1] mais à quatre-vingts pieds de distance de la côte, jaillit une *source de naphte*, dont l'odeur se répand dans l'intérieur de la péninsule. Il fallut entrer à mi-corps dans la mer, pour examiner de près ce phénomène intéressant. Les eaux sont couvertes de Zostera; et, au milieu d'un banc d'herbes très-étendu, on distingue un endroit libre et circulaire de trois pieds de diamètre, sur lequel nagent quelques masses éparses d'Ulva lactuca. C'est là que se montrent les sources. Le fond du golfe est recouvert

---

[1] *Cap du Goudron.* Le plus grand dépôt de pétrole (Chapapote) est celui de l'île de la Trinité, décrit par MM. Span, Hatchett, Anderson et Dauxion Lavaysse. (*Voyage aux îles de Trinidad et de Tabago*, T. I, p. 24-30.)

II. 24

de sable; et le pétrole qui, par sa transparence et sa couleur jaune, se rapproche du véritable naphte, sort par jets accompagné de bulles d'air. En raffermissant le sol avec les pieds, on aperçoit que ces petites sources changent de place. Le naphte couvre la surface de la mer, à plus de mille pieds de distance. Si l'on suppose de la régularité dans l'inclinaison des couches, le schiste micacé doit se trouver à peu de toises au-dessous du sable.

Nous avons fait observer plus haut que l'argile muriatifère d'Araya renferme du pétrole solide et friable. Ces rapports géologiques entre la soude muriatée et les bitumes se manifestent partout où il y a des mines de sel gemme ou des fontaines salées : mais un fait extrêmement remarquable est l'existence d'une source de naphte dans une formation primitive. Toutes celles que l'on connoît jusqu'ici appartiennent aux montagnes secondaires[1], et ce mode de gisement

---

[1] Pietra Mala; Fanano; Mont-Zibio; Amiano, où sont les sources qui fournissent le naphte pour l'illumination de la ville de Gênes; Backou, etc.

sembloit favoriser l'idée que tous les bitumes minéraux étoient dus à la destruction des végétaux et des animaux [1], ou à l'embrasement des houilles. A la péninsule d'Araya, le naphte découle de la roche primitive même; et ce phénomène acquiert une nouvelle importance si l'on se rappelle que le même terrain primitif renferme les feux souterrains, qu'au bord des cratères enflammés l'odeur du pétrole se fait sentir de temps en temps [2], et que la plupart des sources chaudes de l'Amérique sortent du gneiss et du schiste micacé.

Après avoir examiné les environs de Maniquarez, nous nous embarquâmes la nuit dans un canot de pêcheurs pour retourner à Cumana. Rien ne prouve plus combien la mer est paisible dans ces parages, que l'extrême petitesse et le mauvais état de ces canots, qui portent une voile très-haute. Celui que nous avions choisi comme le moins endommagé, faisoit tant d'eau que le fils du pilote étoit continuellement occupé à la puiser avec

---

[1] Hatchett, dans les *Trans. of the Lin. Society*, 1798, p. 129.
[2] Voyez plus haut, p. T. I, p. 294.

un *Tutuma* ou fruit du Crescencia cujete. Il arrive assez souvent, dans le golfe de Cariaco, et surtout au nord de la péninsule d'Araya, que les pirogues chargées de cocos chavirent, en gouvernant trop près du vent, droit contre la lame. Ces accidens ne sont redoutés que des passagers peu habitués à nager; car si la pirogue est conduite par un pêcheur indien accompagné de son fils, le père redresse la nacelle et commence à en faire sortir l'eau, tandis que le fils rassemble les cocos en nageant à l'entour. En moins d'un quart d'heure la pirogue est de nouveau sous voile, sans que l'Indien, dans son imperturbable indifférence, ait proféré une plainte.

Les habitans d'Araya, que nous avons visités une seconde fois en revenant de l'Orénoque, n'ont pas oublié que leur péninsule est un des points les plus anciennement peuplés par les Castillans. Ils aiment à parler de la pêche des perles, des ruines du château Saint-Jacques, qu'ils se flattent de voir reconstruit un jour, et de tout ce qu'ils appellent l'antique splendeur de ces contrées. En Chine et au Japon, on regarde comme des inventions récentes celles que l'on ne connoît que depuis deux mille ans : dans les colonies européennes, un événement paroît extrêmement ancien s'il remonte à trois siècles, à l'époque de la découverte de l'Amérique.

Ce manque de souvenirs qui caractérise les peuples nouveaux, soit dans les États-Unis, soit dans les possessions espagnoles et portugaises, est bien digne d'attention. Il n'a pas seulement quelque chose de pénible pour le voyageur qui se trouve privé des plus belles jouissances de l'imagination, il influe aussi sur les liens plus ou moins puissans qui attachent le colon au sol qu'il habite, à la forme des rochers qui entourent sa cabane, aux arbres qui ont ombragé son berceau.

Chez les anciens, les Phéniciens et les Grecs, par exemple, les traditions et les souvenirs nationaux passèrent de la métropole aux colonies, où, se perpétuant de générations en générations, ils ne cessèrent d'influer favorablement sur les opinions, les mœurs et la politique des colons. Les climats de ces premiers établissemens ultramarins différoient peu de celui de la mère-patrie. Les Grecs de l'Asie mineure et de la Sicile ne devinrent point étrangers aux habitans d'Argos, d'Athènes et de Corinthe, dont ils se glorifioient de descendre. Une grande analogie de mœurs contribuoit à cimenter l'union qui se fondoit sur des intérêts religieux et politiques. Souvent les colonies offroient les prémices des moissons aux temples des métropoles; et lorsque, par un accident sinistre, le feu sacré s'étoit éteint sur les autels d'Hestia, on envoyoit, du fond de l'Ionie, le chercher aux Prytanées[1] de la Grèce. Partout, dans la Cyrénaïque, comme sur les bords de la Méotide, se conservèrent les anciennes traditions de la mère-patrie. D'autres souvenirs, également propres à émouvoir l'imagination, étoient attachés aux colonies mêmes. Elles avoient leurs bois sacrés, leurs divinités tutélaires, leur mythologie locale, et ce qui donne de la vie et de la durée aux fictions des premiers âges, des poètes dont la gloire étendoit son éclat jusque sur la métropole.

Ces avantages, et bien d'autres encore, manquent aux colonies modernes. La plupart sont fondées dans une zone où le climat,

---

[1] *Clavier*, *Hist. des premiers temps de la Grèce*, T. II, p. 67 (T. I, p. 188).

les productions, l'aspect du ciel et du paysage diffèrent totalement de ceux de l'Europe. Le colon a beau donner aux montagnes, aux rivières, aux vallées des noms qui rappellent les sites de la mère-patrie; ces noms perdent bientôt leur attrait, et ne parlent plus aux générations suivantes. Sous l'influence d'une nature exotique naissent des habitudes adaptées à de nouveaux besoins; les souvenirs nationaux s'effacent insensiblement, et ceux qui se conservent, semblables aux fantômes de l'imagination, ne se rattachent plus ni à un temps, ni à un lieu déterminé. La gloire de Don Pélage et du Cid Campeador a pénétré jusque dans les montagnes et les forêts de l'Amérique; le peuple prononce quelquefois ces noms illustres, mais ils se présentent à son esprit comme appartenant à un monde idéal, au vague des temps fabuleux.

Ce ciel nouveau, ce contraste des climats, cette conformation physique du pays agissent bien plus sur l'état de la société dans les colonies, que l'éloignement absolu de la métropole. Tel est le perfectionnement de la navigation moderne que les bouches de l'Orénoque et du Rio de la Plata semblent plus rapprochées de l'Espagne que ne l'étoient jadis le Phase et Tartessus des côtes de la Grèce et de la Phénicie. Aussi observons-nous que, dans des régions également éloignées, les mœurs et les traditions de l'Europe se sont plus conservées dans la zone tempérée et sur le dos des montagnes équatoriales que dans les plaines de la zone torride. L'analogie de position contribue, jusqu'à un certain point, à maintenir des rapports plus intimes entre les colons et la métropole. Cette influence des causes physiques sur l'état des sociétés naissantes se manifeste surtout lorsqu'il s'agit de portions de peuples d'une même race et qui se sont nouvellement séparés. En parcourant le nouveau monde, on croit trouver plus de traditions, plus de fraîcheur dans les souvenirs de la mère-patrie partout où le climat permet la culture des céréales. Sous ce rapport, la Pensylvanie, le Nouveau-Mexique et le Chili, ressemblent à ces plateaux élevés de Quito et de la Nouvelle-Espagne qui sont couverts de chênes et de sapins.

Chez les anciens, l'histoire, les opinions religieuses et l'état physique d'un pays se tenoient par des liens indissolubles. Pour oublier l'aspect des sites et les anciennes révolutions de la métropole, le colon auroit dû renoncer au culte transmis par ses ancêtres. Chez les peuples modernes, la religion n'a plus, pour ainsi dire, une teinte locale. En donnant plus d'étendue aux idées, en rappelant à tous les peuples qu'ils font partie d'une même famille, le christianisme a affoibli le sentiment national; il a répandu dans les deux mondes les traditions antiques de l'Orient et d'autres qui lui sont propres. Des nations qui diffèrent d'origne et d'idiomes ont reçu par lui des souvenirs communs; et l'établissement des missions, après avoir jeté les bases de la civilisation dans une grande partie du nouveau continent, a donné aux idées cosmogoniques et religieuses une prééminence marquante sur les souvenirs purement nationaux.

Il y a plus encore: les colonies de l'Amérique sont fondées presque toutes dans des contrées où les générations éteintes ont à peine laissé quelque trace de leur existence. Au nord du Rio Gila, sur les bords du Missouri, dans les plaines qui s'étendent à l'est des Andes, les traditions ne remontent pas au-delà d'un siècle. Au Pérou, à Guatimala et au Mexique, des ruines d'édifices, des peintures historiques et des monumens de sculpture attestent, il est vrai, l'ancienne civilisation des indigènes; mais, dans une province entière, on trouve à peine quelques familles qui aient des notions précises sur l'histoire des Incas et des princes mexicains. L'indigène a conservé sa langue, son costume et son caractère national: mais le manque de quippus et de peintures symboliques, l'introduction du christianisme et d'autres circonstances que j'ai développées ailleurs, ont fait disparoître peu à peu les traditions historiques et religieuses. D'un autre côté, le colon de race européenne dédaigne tout ce qui a rapport aux peuples vaincus. Placé entre les souvenirs de la métropole et ceux du pays qui l'a vu naître, il considère les uns et les autres avec la même indifférence; sous un climat où l'égalité des saisons rend presque insensible la succession des années, il ne se livre qu'aux jouissances du présent, et porte rarement ses regards dans les temps écoulés.

Quelle différence aussi entre l'histoire

monotone des colonies modernes et le tableau varié qu'offre la législation, les mœurs et les révolutions politiques des colonies anciennes! Leur culture intellectuelle, modifiée par les formes diverses de leur gouvernement, excitoit souvent l'envie des métropoles. Par cette heureuse rivalité, les arts et les lettres atteignirent le plus haut degré de splendeur en Ionie, dans la Grande-Grèce et en Sicile. De nos jours, au contraire, les colonies n'ont ni histoire ni littérature nationales. Celles du nouveau monde n'ont presque jamais eu de voisins puissans, et l'état de la société n'y a subi que des changemens insensibles. Sans existence politique, ces établissemens de commerce et d'agriculture n'ont pris qu'une part passive aux grandes agitations du monde.

L'histoire des colonies modernes ne présente que deux événemens mémorables, leur fondation et leur séparation de la mère-patrie. Le premier de ces événemens est riche en souvenirs qui appartiennent essentiellement aux pays occupés par les colons; mais, loin de rappeler les progrès paisibles de l'industrie ou le perfectionnement de la législation coloniale, il n'offre que des actes d'injustice et de violence. Quel charme peuvent avoir ces temps extraordinaires où, sous le règne de Charles-Quint, les Castillans déployoient plus de courage que de vertus, et où l'honneur chevaleresque, comme la gloire des armes, furent souillés par le fanatisme et la soif des richesses ? Les colons, doux de caractère, et affranchis par leur position des préjugés nationaux, apprécient à leur juste valeur les exploits de la conquête. Les hommes qui ont brillé à cette époque sont des Européens, ce sont les soldats de la métropole. Ils paroissent étrangers aux habitans des colonies, car trois siècles ont suffi pour dissoudre les liens du sang. Parmi les *conquistadores*, il s'est trouvé sans doute des hommes probes et généreux ; mais, confondus dans la masse, ils n'ont pu échapper à la proscription générale.

Je crois avoir indiqué les causes principales qui, dans les colonies modernes, font disparoître les souvenirs nationaux sans les remplacer dignement par d'autres qui aient rapport au pays nouvellement habité. Cette circonstance, nous ne saurions le répéter assez, exerce une grande influence sur la position des colons. Dans les tems orageux d'une régénération politique, ils se trouvent isolés, semblables à un peuple qui, renonçant à l'étude de ses annales, cesseroit de puiser des leçons de sagesse dans les malheurs des siècles antérieurs.

TABLE DES MATIÈRES

CONTENUES DANS LE DEUXIÈME VOLUME.

SUITE DU PREMIER LIVRE.

CHAPITRE III. Traversée de Ténériffe aux côtes de l'Amérique méridionale. — Reconnoissance de l'île de Tabago. — Arrivée à Cumana. *Pag.* 1

CHAPITRE IV. Premier séjour à Cumana. — Rives du Manzanares. 230

CHAPITRE V. Péninsule d'Araya. — Marais salans. — Ruines du château St.-Jacques. 303

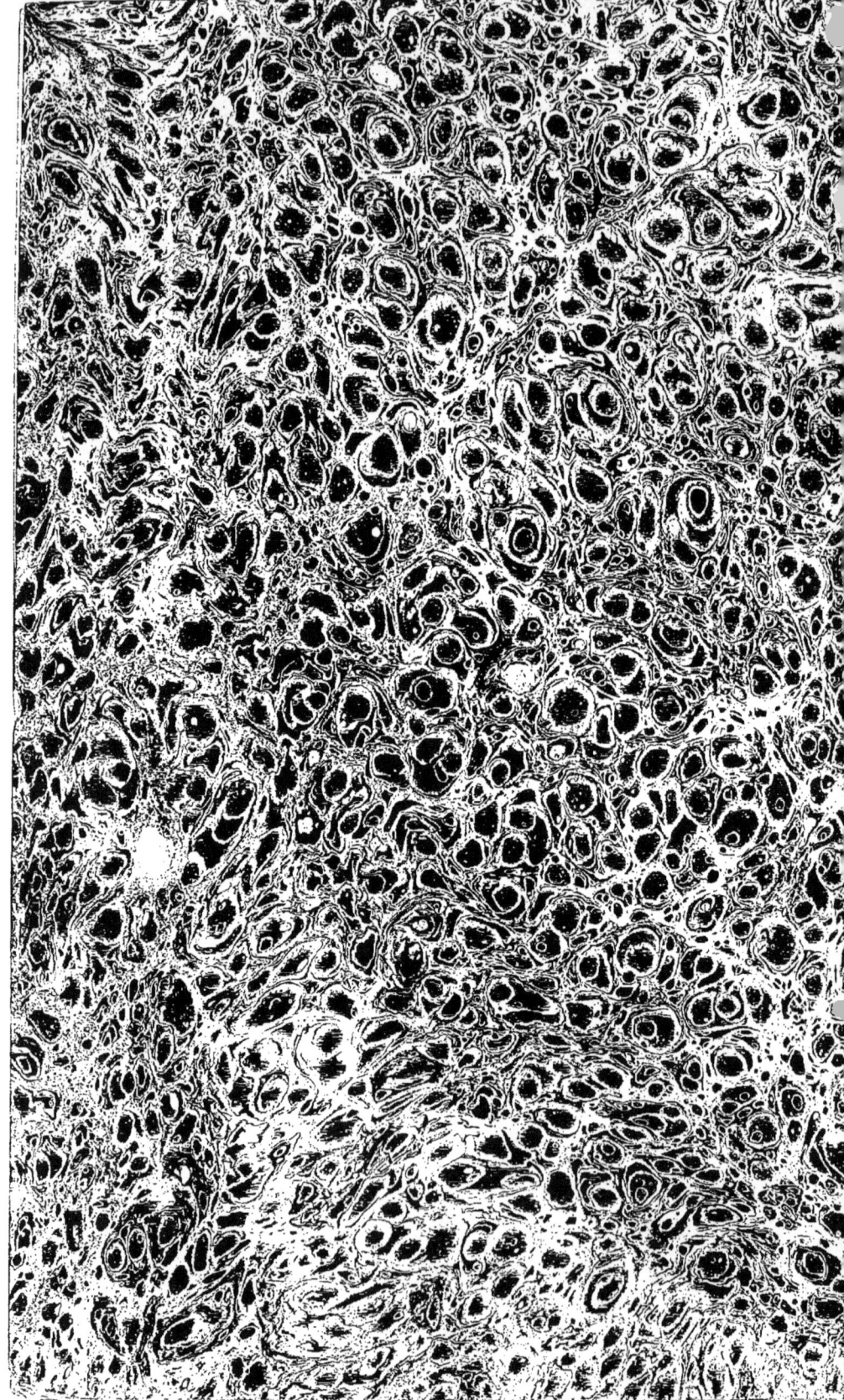

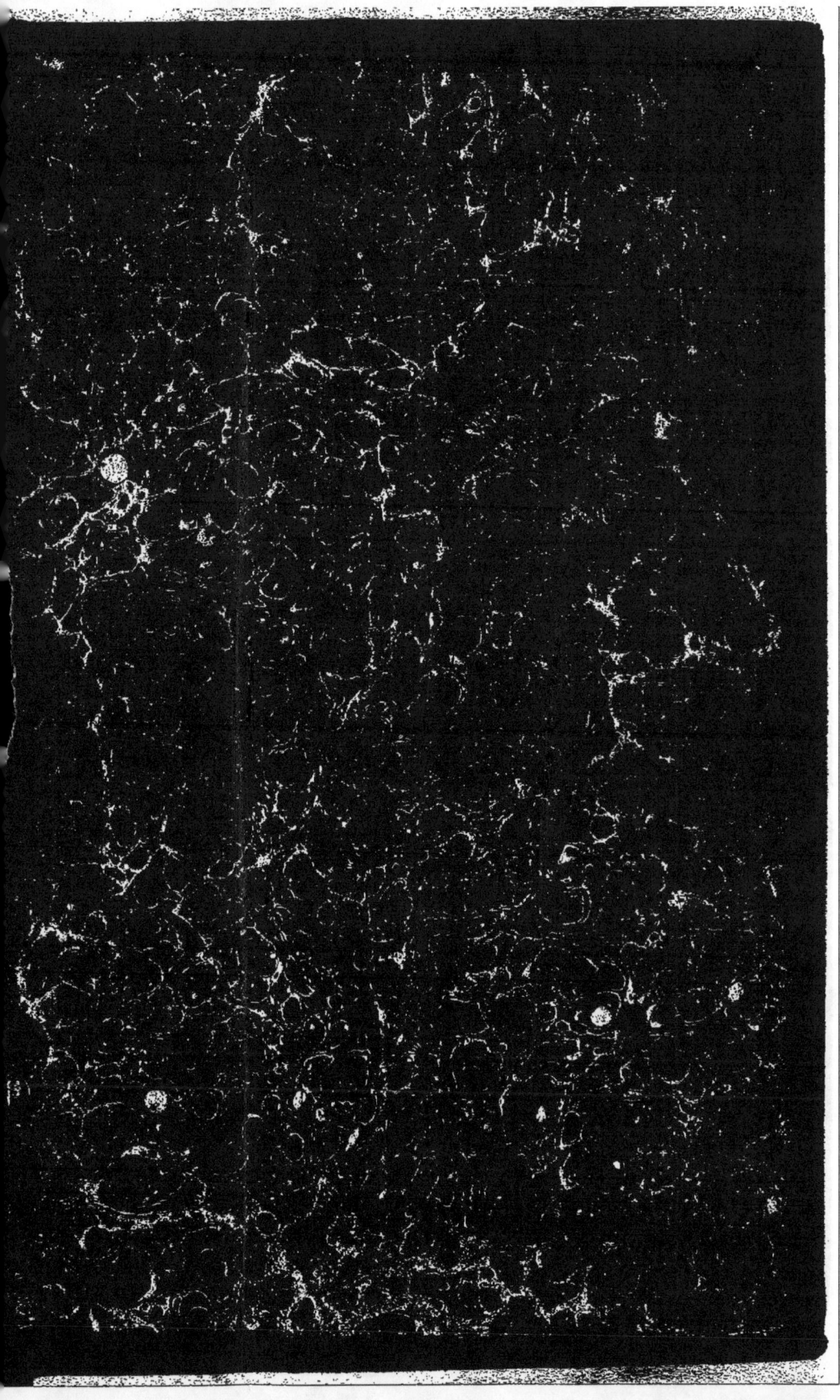

www.ingramcontent.com/pod-product-compliance
Lightning Source LLC
Chambersburg PA
CBHW050424170426
43201CB00008B/532